Der Nordwesten
83

Erste Orientierung
In drei Tagen
Nicht verpassen!
■ La Orotava ■ Puerto de la Cruz ■ Icod de los Vinos
■ Garachico ■ Masca ■ Acantilado de los Gigantes
Nach Lust und Laune! ■ Weitere Adressen zum
Entdecken **Wohin zum ...** ■ Übernachten? ■ Essen
und Trinken? ■ Einkaufen? ■ Ausgehen?

Der Süden
113

Erste Orientierung
In drei Tagen
Nicht verpassen!
■ Parque Nacional del Teide
■ Los Cristianos, Playa de las Américas und Costa
Adeje ■ Pirámides de Güímar ■ Candelaria
Nach Lust und Laune! ■ Weitere Adressen zum
Entdecken **Wohin zum ...** ■ Übernachten? ■ Essen
und Trinken? ■ Einkaufen? ■ Ausgehen?

La Gomera
139

Erste Orientierung
In drei Tagen
Nicht verpassen!
■ San Sebastián ■ Villages of the North
■ Valle Gran Rey ■ Parque Nacional de Garajonay
Nach Lust und Laune! ■ Weitere Adressen zum
Entdecken **Wohin zum ...** ■ Übernachten? ■ Essen
und Trinken? ■ Einkaufen? ■ Ausgehen?

Wanderungen & Touren
157

■ **1** El Barranco del Infierno
■ **2** Der Nordosten und das Anaga-Gebirge
■ **3** Nordwesten und Teno-Gebirge

Praktisches 167
■ Reisevorbereitung ■ Reisezeit
■ Das Wichtigste vor Ort
■ Sprachführer

Reiseatlas 175

Register 187

Autor: Damien Simonis
»Wohin zum ...?« Lindsay Hunt
Aktualisierung: Lindsay Bennett
Redaktion: Claire Strange
Design: Alison Fenton
Redaktion der Reihe: Karen Rigden
Design der Reihe: Catherine Murray

Übersetzung »Das Magazin«: Joachim Nagel und Dagmar Lutz

© MAIRDUMONT GmbH & Co. KG, Ostfildern, 2. Auflage 2010

„NATIONAL GEOGRAPHIC" ist eine eingetragene Marke der
National Geographic Society. Deutsche Ausgabe lizenziert durch
NATIONAL GEOGRAPHIC DEUTSCHLAND
(G+J/RBA GmbH & Co. KG), Hamburg 2008
www.nationalgeographic.de

Unsere Autoren haben nach bestem Wissen recherchiert.
Trotzdem schleichen sich manchmal Fehler ein,
für die der Verlag keine Haftung übernehmen kann.
Hinweise, Verbesserungsvorschläge und Korrekturen
sind jederzeit willkommen. Einsendungen an:
E-Mail: spirallo@nationalgeographic.de oder
NATIONAL GEOGRAPHIC SPIRALLO-Reiseführer
MAIRDUMONT GmbH & Co. KG,
Postfach 31 51, D-73751 Ostfildern

Original 3ʳᵈ English Edition
© AA Media Limited
Kartografie: © AA Media Limited 2009
Maps in this title produced from mapping
© MAIRDUMONT, Ostfildern
Covergestaltung und Art der Bindung
mit freundlicher Genehmigung von AA Publishing

Herausgegeben von AA Publishing, einem Unternehmen
der AA Media Limited, Fanum House, Basing View, Basingstoke,
Hampshire RG21 4EA, UK. Handelsregister Nr. 06112600.

Farbauszug: Keenes, Andover
Druck und Bindung: Leo Paper Products, China

A04457

NATIONAL
GEOGRAPHIC

TENERIFFA

& LA GOMERA

Inhalt

5

Das Magazin
■ Insel-Leben ■ Karneval und andere Feste
■ Im Land der Guanchen ■ Bizarre Blüten
■ Piraten, Freibeuter und ein schlechter Tag
für Lord Nelson ■ Aktiv werden! ■ Aufgepasst: Wale
■ Teneriffas explosive Geschichte
■ Wind of Change – Zukunftsmusik
■ Nach Sonnenuntergang

29

Erster Überblick
■ Ankunft
■ Unterwegs auf Teneriffa
■ Übernachten
■ Essen und Trinken
■ Einkaufen
■ Ausgehen

43

Santa Cruz de Tenerife
Erste Orientierung
An einem Tag
Nicht verpassen!
■ Plaza de España und Plaza de la Candelaria
■ Plaza de la Iglesia ■ Plaza del Príncipe de Asturias
■ San Andrés
Nach Lust und Laune! ■ Weitere Adressen zum
Entdecken **Wohin zum ...** ■ Übernachten? ■ Essen
und Trinken? ■ Einkaufen? ■ Ausgehen?

65

La Laguna und der Nordosten
Erste Orientierung
In zwei Tagen
Nicht verpassen!
■ La Laguna ■ Montañas de Anaga
Nach Lust und Laune! ■ Weitere Adressen zum
Entdecken **Wohin zum ...** ■ Übernachten? ■ Essen
und Trinken? ■ Einkaufen? ■ Ausgehen?

Magazin

Zu einem tollen Urlaub gehört mehr als genüssliches Faulenzen am Strand oder Shoppen bis zum Umfallen – damit die Reise sich wirklich lohnt, muss man das Besondere seines Zieles kennen und schätzen. Im Magazin erfahren Sie kurz und unterhaltsam alles über Land, Leute und Kultur, was den unverwechselbaren Charme dieser Insel ausmacht.

INSEL-LEBEN

Auf den ersten Blick könnte man glauben, Teneriffa sei ein Stück England unter südlicher Sonne: üppiges Frühstück, schmackhaftes Essen und Premier-League-Fußball im TV sind allgegenwärtig in den Sport-Bars an den Playas des las Américas und de los Cristianos.

Touristisch ist die Insel fest in britischer Hand: So kamen von 3,4 Millionen ausländischer Besucher 2007 fast die Hälfte (1,5 Mio.) aus Großbritannien, gefolgt von den Deutschen mit ca. 800 000 als zweitstärkster Fraktion. Über 50 000 Deutsche überwintern jährlich auf Teneriffa, wesentlich mehr besitzen hier Ferienhäuser und Zweitdomizile.

Mehr als eine Touristen-Enklave

Trotz der immensen Touristeninvasion, die Teneriffa jährlich überrollt, ist es eine echte Kanareninsel geblieben, mit solider kultureller Tradition.

Ein Gegengewicht zum Euro-Ferienland bildet etwa die Universidad de la Laguna, mit 25 000 Studenten aus dem ganzen Land, die auf spanische Art für zeitgemäßen Schwung sorgen. Von authentischem Gepräge ist auch die Inselhauptstadt Santa Cruz de Tenerife, wo man so anregend

Der Strand Playa de las Teresitas ist ein künstliches Wunderwerk

wie kaum auf dem Festland dem spanischsten aller Vergnügen frönen kann: dem abendlichen *paseo* (Spaziergang).

Wussten Sie das?
Zwischen Marokko und Spanien herrscht seit langem Streit über territoriale Rechte an den Kanaren. Dabei geht es auch um Ölvorkommen, die auf dem Meeresgrund rund um die Inseln vermutet werden. Im Jahre 2002 hat Marokko zwar den letzten spanischen Lösungsvorschlag abgelehnt, doch ist kaum zu erwarten, dass der Konflikt je über Wortgefechte hinausgeht.

FAKTEN ZU TENERIFFA

- Teneriffa ist eine der sieben größeren Kanarischen Inseln *(Islas Canarias)*.
- Die autonome Region besteht administrativ aus zwei Provinzen – Santa Cruz de Tenerife im Westen (Teneriffa, La Palma, La Gomera, El Hierro) und Las Palmas im Osten (Gran Canaria, Fuerteventura, Lanzarote).
- Die Kanaren verfügen über vierzehn Sitze im spanischen Senat, davon drei Abgeordnete, die vom kanarischen Parlament gewählt werden. Drei Abgeordnete stellt Teneriffa.
- Auf den Kanarischen Inseln leben 4,5 Prozent der spanischen Bevölkerung. Die durchschnittliche Bevölkerungsdichte beträgt 268 Personen pro Quadratkilometer, auf Teneriffa sind es 419.

KARNEVAL
UND ANDERE FESTE

Der Kalender Teneriffas birgt einen bunten Reigen von *fiestas*, vom Spektakel städtischer Prozessionen bis hin zu stillen *romerías* – Wallfahrten aufs Land, oft mit einer abgelegenen, hübschen Kapelle als Ziel.

Wenn die Städter sich in traditioneller Tracht versammeln, gleicht dies oft eher einer mobilen Party als einem religiösen Zeremoniell: Kirchliche Feste und Heiligenverehrung bieten stets willkommenen Anlass zum Feiern. Der Karneval *(carnaval)* macht hierin erst recht keine Ausnahme, auch wenn er zurückgeht auf heidnische Riten zur Begrüßung des Frühlings.

Santa Cruz im Maskentaumel

Karneval wird auf ganz Teneriffa gefeiert, nirgends jedoch so ausgelassen wie in der Hauptstadt Santa Cruz. Höhepunkt der dreiwöchigen Festivitäten im Februar sind die Umzüge in der letzten Woche, mit deren Farbenpracht und spärlich bekleideten Tänzerinnen sich einzig der Karneval von Rio de Janeiro messen kann.

Der Karneval steht jedes Jahr unter einem anderen Motto (2009 zum Beispiel: Monster in Literatur und Film). Nach zehntägigem Vorlauf mit Konzerten, Maskenprämierungen, Umzügen, Kinderfesten und Vorausscheidungen zur Wahl der Faschingsprinzessin *(Reina del Carnaval)* beginnt die heiße Phase mit der Galanacht ihrer Krönung, meist an einem Mittwoch. Am Freitag darauf erfolgt der große Umzug, mittwochs danach abschließend die »Beerdigung der Sardine«: Ein Sardinen-Symbol wird in feierlichem Trauerzug durch die Stadt zum Hafen geleitet und in Brand gesetzt: Ende des Karnevals, Frühlingserwachen. Die Nächte werden aber noch bis zum nächsten Wochenende durchtanzt.

> »Nur in Rio ist der Karneval verrückter als auf Teneriffa.«

Auch andere traditionelle Feste auf der Insel, wie sie jährlich zu teils unterschiedlichen Zeitpunkten stattfinden, lohnen den Besuch.

Luz Yurena Martin beim Wettbewerb für die Karnevalskönigin in Santa Cruz

Bauern mit ihrem Vieh bei der Fiesta Romería

Mai

Los Realejos: Romería de San Isidro Labrador

Bis ins Jahr 1676 ist diese Wallfahrt dokumentiert. Damals versammelten sich Bauern aus dem Ort nahe Puerto de la Cruz und fuhren mit ihren Ochsenkarren durch die steilen Straßen der Stadt. Nach einer Andacht zu Ehren des heiligen Isidro, des Schutzpatrons der Bauern, werden die bunt geschmückten Wagen heute von Lastern durch den Ort gezogen.

Juni

La Orotava: Octava de Corpus Cristi – Fiesta de las Alfombras

In La Orotava scheut man an Fronleichnam (Donnerstag nach dem achten Sonntag nach Ostern) keine Mühe. Höhepunkt, neben Gottesdiensten und Prozessionen, ist jeweils die Enthüllung kunstvoller Teppiche aus Blüten und Vulkansand. Schon Tage zuvor ist die ganze Stadt emsig beschäftigt mit ihrem Entwurf und dem Abzupfen ganzer Blütenberge. Der schönste Teppich ziert meist den Platz vor dem Rathaus (Plaza del Ayuntamiento) – dort wird als Triptychon eine Bibelszene dargestellt, für die man tonnenweise farbigen Sand aus den Bergen des Circo de las Cañadas (im Teide Nationalpark, ➤ 118) herbeischafft.

Juni

La Orotava: Romería de San Isidro Labrador y Santa María de la Cabeza

Am Sonntag nach Fronleichnam (➤ oben) ist wieder ganz La Orotava auf der Straße, bei einer farbenfrohen Wallfahrt zu Ehren von San Isidro und der Maria von La Cabeza. Wie in Los Realejos ist diese Tradition auch hier Jahrhunderte alt und verbreitet ländliches Flair mit Ochsenkarren und Bauern, die sich als Zauberer verkleiden.

Juli

La Laguna: Romería de San Benito Abad

Im Mittelpunkt der berühmten Prozession stehen sieben Frauen in Tracht als Repräsentantinnen der Inseln des Archipels. Gefolgt von einer lärmenden Menschenmenge, Umzugswagen und Karren verwandeln sie die Straßen der Universitätsstadt einen Tag lang in ein buntes Chaos, samt Tanz um den Maibaum.

15. August
Candelaria: Fiesta de Nuestra Señora de la Candelaria (Mariä Himmelfahrt)

Der Festtag der Ortsheiligen ist eigentlich der 2. Februar, doch begeht man ihn seit Langem im August gemeinsam mit Mariä Himmelfahrt. Zu Fuß strömen die Wallfahrer nach Candelaria, wo am 14. August eine Andacht auf der Plaza de la Basilica stattfindet, zur Erinnerung an die wundertätige Marienfigur, die einst den Guanchen erschien (► 128f). Anschließend bewegt sich eine Prozession zum Pozo de la Virgen (Brunnen der Jungfrau), der Abend klingt mit einem Feuerwerk aus. Tags darauf wird vor der Basilika eine große Messe abgehalten.

August
Garachico: Romería de San Roque

Als im 17. Jh. die Pest Garachico und Umgebung heimsuchte, rief man den heiligen Rochus von Montpellier um Hilfe an, der seit seinem Tod am 16. August 1327 als Pestpatron verehrt wird. Noch heute kommen die Einwohner von Garachino einmal im Jahr zu seinem Gedächtnis in der Capella San Roque am Ortsrand zusammen und tragen sein Bildnis zur Iglesia de Santa Ana, wo eine Messe zelebriert wird. In einer feierlichen Prozession bringen danach Städter und Bauern, begleitet von Musikkapellen, Gespannen und Viehherden, den Pestheiligen in seine Kapelle zurück.

30. November
Puerto de la Cruz and Icod de los Vinos: Festividad de San Andrés

Bis heute ist ungewiss, was der heilige Andreas eigentlich mit dem Trinken zu tun hat. Schon am Vorabend des Festtages jedenfalls öffnen die bodegas (Weinkeller) auf Teneriffa ihre Tore zum Erstausschank des neuen Weines. Mancherorts, so in Puerto de la Cruz (► 93) und Icod de los Vinos (► 96), wird das Ereignis auch mit Umzügen begangen.

Zur Fiesta trägt man gerne Tracht

Im Land der
Guanchen

Im Mai 1493 landeten spanische Streitkräfte mit 1000 Mann Infanterie und 150 Pferden unter dem Befehl Alonso Fernández de Lugos unweit des heutigen Santa Cruz, um Teneriffa als letzte der sieben Kanarischen Inseln zu erobern.

Gemälde mit einer Darstellung der Guanchen im Rathaus von Santa Cruz

Die anderen sechs Inseln waren seit 1402 nach und nach von Söldnern, Freibeutern und anderen Randexistenzen für die spanische Krone in Besitz genommen worden. Eroberungsversuche hatten sich bislang auf eine traurige Ereignisfolge von Betrug, Massakern, Versklavung und Exil beschränkt, wobei die Spanier dem Guerillakampf der nur mit Pfeil und Bogen bewaffneten Inselbewohner erstaunlich wenig entgegenzusetzen vermochten.

So waren alle Bemühungen, Teneriffa zu besetzen, erfolglos geblieben, und in Europa kursierten erstaunliche Berichte über seine Menschen, die als groß, blond und blauäugig beschrieben wurden. Sie nannten sich *Guanchen*, von *guan* (Mensch) und *che* (weißer Berg), einem Begriff, der sich auf den Pico de Teide bezog. Die Guanchen waren somit das »Volk vom Teide« (und, weiter gefasst, von Teneriffa). Später verwendete man den Namen für die Ureinwohner aller Kanarischen Inseln, obwohl sie sich aus vielen unterschiedlichen Stämmen zusammensetzten.

Wer waren die Guanchen?

Wer aber waren die Guanchen, und woher kamen sie? Hierüber weiß man wenig. Mit der Radiokarbonmethode datierte archäologische Funde lassen darauf schließen, dass die Kanaren spätestens seit 200 v. Chr. besiedelt wurden, vermutlich vom nur 100 km entfernten Nordafrika aus. Die Bewohner der östlichsten Inseln, Lanzarote und Fuerteventura, sind mit großer Wahrscheinlichkeit Nachfahren von Berber-Stämmen, worauf heute noch viele Ortsnamen deuten. Das Blondhaar und die blauen Augen der Urbevölkerung stammten nach Meinung der Forschung von eingewanderten Basken oder altnordischen Abenteurern.

Die Kultur der Guanchen bewegte sich auf primitivem Steinzeit-Niveau, mit Höhlen als Wohnstätten sowie Jagd, Viehhaltung und einfachem Feldbau als Lebensgrundlage. Die Ernährung bestand vorwiegend aus Fisch, Ziegenfleisch und *gofio*, einem Brei aus gerösteter, gemahlener Gerste, der heute noch in Teneriffa auf den Tisch kommt. Mit Einbäumen umfuhr man die Küsten und wagte gelegentlich auch eine Überfahrt auf eine der Nachbarinseln.

Erster Kontakt

Erste Kontakte zwischen Guanchen und Europäern gab es wohl im 13. Jh., historisch belegt ist eine Expedition des Jahres 1341. Möglicherweise verirrten sich jedoch schon früher Glücksjäger nach Teneriffa, auf der Suche nach der Mündung des legendären afrikanischen Rio de Oro (Goldfluss) in den Atlantik, der angeblich große Mengen des Edelmetalls mit sich führte.

Niedergang der Kultur

Teneriffa zerfiel in neun Lehen, jeweils regiert von einem *mencey* (Führer) und dem *taoro* (Adelsrat). Letztlich wurden Stammesfehden den Guanchen zum Verhängnis. Obwohl sie Kenntnis haben mussten vom katastrophalen Schicksal ihrer Verwandten auf den Nachbarinseln, schlugen sich mindestens zwei Stammesführer auf die Seite der spanischen Invasoren. Als deren erbittertster Feind wiederum erwies sich der *mencey* Bencomo, der Unterstützung von drei weiteren Führern erhielt. Der erste bewaffnete Vorstoß der Spanier unter de Lugo im Frühjahr 1494 endete in einem Desaster, und die Guanchen kapitulierten erst nach über zwei Jahren – allerdings weniger vor der militärischen Übermacht der Eindringlinge als vor der Heimsuchung durch eine mysteriöse Epidemie.

Trotz zähen Kleinkriegs, den die Guanchen in entlegenen Regionen der Insel entfachten, war ihr Widerstand nach 100 Jahren gebrochen. Wenige Generationen nach der Invasion hatten sich die Ureinwohner den Eroberern angepasst. Von ihrer Sprache blieben lediglich ein paar merkwürdig klingende Ortsnamen.

Standbild eines Guanchen-Führers in Candelaria

BIZARRE BLÜTEN

Trotz der Jahrhunderte lang in großem Stil betriebener Waldrodung, rascher Verstädterung und des zunehmenden Tourismus erfreut sich Teneriffa mit 1400 Pflanzenarten heute noch einer höchst artenreichen Flora.

Passionsblumen, auf den Kanaren ursprünglich nicht heimisch, gedeihen dort prächtig

Dieser Reichtum erwächst zum Teil auch aus der Vielfalt des Mikroklimas auf Teneriffa, mit an die 50 unterschiedlichen Zonen. Auf der Insel selbst sind nicht weniger als 140 Pflanzenarten endemisch, 200 auf dem gesamten Archipel. In voller Pracht bewundern lässt sich die üppige Flora Teneriffas am besten gegen Ende des Winters oder im Frühjahr.

Bäume

Zu einem Symbol der Insel wurde der Drachenbaum (*drago*), ein markanter Bursche mit glattem hohen Stamm, aus dem oben Äste wie dicke Würste herauswachsen, mit bizarr aussehenden langen Blättern an den Enden.

Ein anderer typischer Baum hier ist der Lorbeer, der in einigen Regionen im Nordosten von Teneriffa und im Nationalpark Garajonay auf La Gomera (▶ 150) gedeiht. Meist in Dunst gehüllt und flechtenüberwachsen, bilden seine Wälder das einzige Überbleibsel voreiszeitlichen Baumbestandes: Vor Millionen Jahren war, man glaubt es kaum, ein Großteil des Mittelmeer-

raums weitläufig von Lorbeerwäldern bedeckt. Verbreiteter als Drachen-
und Lorbeerbaum ist die Kanarische Kiefer, aus deren Holz traditionell
Balkone, Türen und Fenster gezimmert werden.

Blüten aller Art

Das neben dem Drachenbaum bekannteste Gewächs der Insel ist der
Wildprets Natternkopf (*tajinaste rojo*), der auf 2000 bis 2500 m Höhe
am Teide gedeiht. Sein hoch aufragender, mit kleinen roten Blümchen
bedeckter Blütenstand sticht sofort ins Auge (Blütezeit: Mitte Frühjahr bis
Frühsommer). Ebenfalls heimisch im Teide Nationalpark (▶ 118) sind der
gelb blühende Teide-Ginster und die rosa Teide-Skabiose.

Irrtümlich für eine Kakteenart gehalten wird häufig die seltsame
Kandelaberwolfsmilch (*cardón*), die vorwiegend in halbtrockenen Gebieten
wächst. Ihre schlanken, zartgrünen, röhrenartigen dornenbewehrten Arme
können eine Höhe von rund drei Metern erreichen.

Herrlich rosa blüht im Winter die Kanarische Orchidee, rot-orangefarben
die Kanarische Glockenblume. Eigentlich wachsen überall auf der Insel
interessante Pflanzen und Blumen, in großer Vielfalt beispielsweise der
Farn in den Lorbeerwäldern.

Strelitzien werden auch Paradiesvogelblumen genannt

PIRATEN, FREIBEUTER
UND EIN SCHLECHTER TAG FÜR
LORD NELSON

Am 30. April 1657 kreuzte Admiral Robert Blake mit 33 Kriegsschiffen vor Santa Cruz auf. England und Spanien befanden sich damals im Krieg, und Blake sollte hier eine Flotte mit Edelmetall beladener Segler kapern.

Seit Beginn der spanischen Eroberung Südamerikas warf England begehrliche Blicke auf die reichen Frachten Edelmetalls, die von dort ins Mutterland verschifft wurden, und 1572 stellte Königin Elisabeth I. Sir Francis Drake offiziell als Freibeuter in Dienst. Damals unterstützte England die protestantischen Niederlande im Freiheitskampf gegen die Spanier, und Drake sah die Stunde der Rache für die ungute Behandlung gekommen, die sie ihm vier Jahre zuvor in der Karibik angedeihen ließen. Reihenweise kaperte er im Atlantik spanische Segler und bedrohte dabei mitunter auch die Kanaren als deren wichtigste Zwischenstation auf dem Heimweg.

Freibeuter oder Pirat?

In Madrid galten Drake und Blake schlicht als Piraten, weshalb man in Santa Cruz umgehend das Feuer eröffnete, als Blakes Flotte 1657 dort auftauchte. Er brüstete sich nach der Schlacht damit, den Großteil der spanischen Schiffe im Hafen versenkt zu haben, die Spanier reklamierten, angesichts 200 getöteter und verletzter englischer Seeleute bei nur fünf eigenen Verlusten, den Sieg für sich. Voller Stolz nahm Santa Cruz sogar einen Löwen in sein Stadtwappen auf. Den nächsten verdiente sich die Stadt im Jahre 1706, als die Engländer, dieses Mal unter

**Nelsons Verwundung vor Santa Cruz 1797
(Gemälde von Richard Westall)**

Führung von Admiral Jennings, mit einem Angriff erneut scheiterten.

(H)armlos?

Ziel der Stadt war nun ein dritter Löwe, und die Gelegenheit ergab sich im Sommer 1797, als der junge Konteradmiral Horatio Nelson den Befehl erhielt, Santa Cruz zu erobern. Mit einem Geschwader von acht Schiffen griff er die Stadt am 22. Juli an und landete zwei Tage später mit seinen Truppen. Doch stand bereits im Morgengrauen des dritten Tages fest, dass die 390 Kanonenschüsse, die seine Schiffe auf die spanischen Stellungen feuerten, fruchtlos geblieben waren. Was die Niederlage für ihn noch bitterer machte: Sein

> »Die Briten lichteten Anker und segelten still davon«

von einem Hagelgeschoss verletzter rechter Arm musste amputiert werden.

Die siegreichen Spanier zeigten sich gnädig: Verwundete wurden medizinisch versorgt und durften auf ihre Schiffe zurückkehren. Am 26. Juli lichteten die Briten ihre Anker und segelten still davon. Die damals eroberte Schiffsflagge befindet sich heute im Museo Militar von Santa Cruz (▶ 59). Und die Stadt Santa Cruz benannte später sogar edelmütig eine Straße nach Admiral Nelson, der es 1805 als Sieger der Schlacht von Trafalgar zu höchstem Ruhm brachte.

Links: Englische Kriegsschiffe greifen Santa Cruz an

Aktiv werden!

Keine Lust, nur am Strand abzuhängen? Aktivurlaubern hat Teneriffa viel zu bieten! Man kann hier wunderbar in neue Sportarten reinschnuppern oder sich an traditionelle Freizeitvergnügen der Einheimischen wagen.

Tauchen

Teneriffa liegt an tiefen Ozeangräben, was eine erstaunlich artenreiche Meeresfauna anlockt, bei der auch anspruchsvollste Taucher auf ihre Kosten kommen. Zu sehen bekommt man hier beispielsweise Papageienfische, Thunfische, Rochen, Barrakudas, Mantas und gelegentlich auch – falls Sie Glück haben – Delphine oder Wale. Außerdem machen die vulkanischen Felsformationen Teneriffa zu einem besonderen Tauchrevier. Tauchzentren mit Schulen und Ausrüstungsverleih finden Sie in allen größeren Ferienorten (▶ »Wohin zum Ausgehen?« in den jeweiligen Regionenkapiteln).

Kite-Surfing

Für diesen Energie verschleißenden Adrenalin-Sport, der in den letzten zehn Jahren so viele neue Anhänger gewann, bieten die Untiefen bei El Médano an der Südostküste Teneriffas ideale Bedingungen. Der Passat bläst hier sehr verlässlich, und die Gewässer bieten hinsichtlich der Wind- und Wasserverhältnisse viele Unterschiede. Hierhin zieht es Profis wie

Windsurfer finden hier exzellente Bedingungen vor

Die Golfanlage von Arona liegt landeinwärts der Playa de las Américas

Steve Verelst zum Training, und Ex-Weltmeister Mark Shinn eröffnete hier 2006 sogar ein eigenes Trainingszentrum, das zu den besten weltweit gehört (The Shinn Centre, Tel. 922 179 401, www.theshinncentre.com).

Golf

Sonniges, warmes Wetter rund ums Jahr: Was will man als Golfer mehr? Zwei der acht Kurse auf Teneriffa – Golf del Sur und Costa Adeje – stammen von der Hand des prominenten Designers José »Pepe« Gancedo, eines erfolgreichen Amateurspielers (sechsmal spanischer Meister) und »Picasso« seiner Zunft. Eher als Golfprofi hat sich Seve Ballesteros verdient gemacht (fünf große Turniersiege während seiner Karriere von 1974 bis 1995), hinterließ aber auch seine Handschrift beim Bau von Buenavista Golf.

Ringkampf einmal anders

Die Ureinwohner Teneriffas, die Guanchen, waren kühne Krieger. Um fit zu bleiben, veranstalteten sie regelmäßig Kraft- und Geschicklichkeitswettkämpfe, wie sie auf der Insel heute noch ausgetragen werden, in Form des Kanarischen Ringkampfs (*lucha canaria*): Bis zu zwölf Mann starke Teams liefern sich eine Kombination aus griechisch-römischem Stil und japanischem Sumo. Dabei dürfen prinzipiell nur die Fußsohlen den Boden berühren – sonst hat man verloren. Informationen zu Kampfveranstaltungen gibt die Federación de Lucha Canaria, Calle Maya 3 in La Laguna (Tel. 922 251 452, www.federaciondeluchacanaria.com).

Juego del Palo

Die Guanchen kannten mehrere Varianten des *juego del palo* (Stockspiels), darunter auch eine mit schweren Knüppeln und Steinen, die geeignet war, unliebsamen Gegnern Schädel und Knochen zu zertrümmern. In der modernen Version beschränkt man sich auf 2m lange Stöcke.

Aufgepasst: WALE

Teneriffa ist einer der weltbesten Plätze zum Whale Watching – zu jeder Jahreszeit. Und die Gewässer rund um die Insel sind Tummelplatz eines bunten Reigens einheimischer Meeresfauna und Gesellen auf der Durchreise.

Am häufigsten sieht man hier Grind- oder Pilotwale, von denen eine große Familie an der Südküste lebt – besonders herzerhebend sind Mutter-und-Kind-Gruppen oder der Wal-Kindergarten, nicht minder aufregend Begegnungen mit dem Großen Tümmler: Die geselligen Delphine begleiten gern Schiffe, in hohem Bogen tauchend und springend. Eine umfangreiche Population hat sich vor Los Gigantes niedergelassen, und auch kleine, flinke Zügel- und Blau-Weiße Delphine lassen sich öfters blicken.

Wale kann man auf Teneriffa rund ums Jahr beobachten

Mit etwas Glück bekommt man sogar rare Exemplare zu Gesicht, wenn sie im Frühjahr auf der Reise zu Futterplätzen im Norden hier vorbeikommen, oder auf der Rückreise im Herbst. In den Gewässern um Teneriffa sind mehr als 25 Spezies der Ordnung *cetacea*: (Wale, Delphine und Tümmler) gesichtet worden, darunter Pott- und Glattwale – rund ein Drittel aller bekannten Arten dieser Ordnung.

Schauen und Lernen

Die meisten Whale Watching-Unternehmen starten von Häfen bei Los Gigantes oder entlang der Costa Adeje (➤ 125). Die Trips dauern rund zwei Stunden, inklusive Mittagessen oder Snacks an Bord. Aus der Phalanx der Veranstalter sticht die Atlantic Whale Foundation (www.whalenation.org) heraus, eine der wichtigsten Schutzorganisationen zur Erhaltung des Meeres.

Wenn wir mit den Tieren reden könnten ...

Bei Los Gigantes läuft ein ungewöhnliches Experiment der Atlantic Whale Foundation, das D Nome Project: Man versucht mit Delphinen musikalisch zu kommunizieren. Geplant ist der Aufbau einer Datenbank ihrer Laute und Gebärden, von der man sich Hinweise zur Erhaltung ihrer Art verspricht. Darüber hinaus sollen die Ergebnisse auch für die Behandlung menschlicher Gebrechen ausgewertet werden – etwa des Autismus, bei dem man mit »Delphintherapie« bereits Erfolge erzielte.

Teneriffas
EXPLOSIVE GESCHICHTE

Die Kanaren sind Relikte des untergegangenen Atlantis – zumindest der Sage nach. Die tatsächliche Entstehungsgeschichte des Archipels ist kaum weniger faszinierend: Vulkanische Kräfte des Erdinnern haben die Inseln geformt, feurig-explosiv.

Die moderne Wissenschaft teilt die Erdoberfläche in tektonische Platten ein, die miteinander verbunden sind, aneinander stoßen oder sich gegenseitig verschieben. Einer Theorie nach wurden die Kanarischen Inseln in einem schwächeren Teil der Erdkruste aufgeworfen, als vor rund 20 Millionen Jahren die Kontinentalplatten Afrikas und Amerikas in Bewegung gerieten.

Vulkanausbrüche

Alle Kanarischen Inseln sind vulkanischen Ursprungs, doch nicht alle so spektakulär wie Teneriffa. Der letzte große Vulkanausbruch ereignete sich dort 1798, ein kleinerer 1909, als sich an der Südwestflanke des Pico Viejo (Alter Gipfel) eine riesige Spalte auftat, die geschmolzenes Magma ausspie.

Der Pico del Teide

Der Teide, obschon höchste Erhebung der Insel und ganz Spaniens, bildet nur einen von zahlreichen Vulkanen und Spalten, die sich auf Teneriffa vor Jahrmillionen an einer Verwerfung entlang gebildet haben. Er selbst entstand im Laufe von Jahrtausenden als Schicht- oder Stratovulkan.

Stratovulkane sind komplexe Gebilde, ein Ergebnis wiederholter Eruptionen, bei denen Lavaströme austreten und vulkanisches Material in die Luft geschleudert wird. Diese sog. Pyroklasten entfallen in unterschiedliche Kategorien, von Asche bis zu schweren Steinen (Vulkanbomben). Bei jeder Eruption entsteht eine neue Schicht des Vulkankegels. Manchmal bildet abgekühltes Magma einen Pfropf in seinem Innern, der bei einem späteren Ausbruch wie der Deckel auf einem Dampfkochtopf wirkt – kommt es schließlich zur Eruption, geht viel vom Kegel mit in die Luft.

Junges Gebirge

Der Pico del Teide und seine Nebengipfel sind relativ jung, verglichen mit den ältesten vulkanischen Formationen Teneriffas, wie dem Teno-Gebirge (▶ 163f) und den Anaga-Bergen im Nordwesten (▶ 73), beide sieben Millionen Jahre alt.

Vor drei Millionen Jahren verlegte sich die vulkanische Aktivität weitgehend ins Zentrum der Insel, wo ein gewaltiger Vulkan entstand. Der halbkreisförmige Gebirgszug des Circo de las Cañadas südlich des Teide ist ein Restrand des einstigen Kraters, in dem sich vor 500 000 Jahren bei weiteren Eruptionen das Teide-Massiv bildete.

Die spektakuläre Silhouette des Pico del Teide

Die Roques de Garcia im Parque Nacional del Teide

Solche bei der Zerstörung eines Kegels entstandenen Riesenkrater nennt man Caldera, und die des Teide gehört zu den größten der Welt. Mit 3718 m ist er auf gleicher Schulterhöhe mit Vesuv, Kilimandscharo, Fujiyama und Ätna. Und mit gerade mal einer halben Million Jahre eben ein Youngster in der langen Vulkangeschichte der Insel.

Erstarrte Flüsse

Ein Vulkanausbruch vollzieht sich in zwei Phasen: Zunächst steigt kochendes Magma aus einer Tiefe von bis zu 600 km in einem Kamin hoch.

> »1798 öffnete sich ein gähnender Abgrund an der Südwestflanke des Pico Viejo«

Kommt es schließlich durch den Druck zur Explosion, sprüht das Magma in einer 700 bis 1200 Grad heißen Fontäne an die Luft.

Wie weit es dann die Bergflanken herabfließt, bevor es abkühlt, hängt von seiner geologischen Beschaffenheit und Viskosität ab. Beim Austritt aus dem Kegel und dessen Fissuren ist es oft von sirupartiger Konsistenz und kühlt erst ab auf dem Weg über die Bergflanken, wo es irgendwann fest wird. Manche solcher »erstarrten Flüsse« an den Hängen des Teide reichen hinab bis zur Straße durch den Nationalpark.

Vulkanische Fissuren

Vulkanausbrüche vollziehen sich oft nicht über den Hauptkegel und einen zentralen Kamin, sondern über weiter abwärts gelegene Öffnungen. Auch das lässt sich am Teide beobachten. Das dominierende Element bei einem Ausbruch ist Gas – es kommt als Erstes an die Oberfläche und besteht vorwiegend aus Wasserdampf. Gaseruptionen von entsprechendem Druck können auf dem Weg nach oben den geschmolzenen Fels aufbrechen, dessen Fragmente als Pyroklasten in die Luft geschleudert werden.

Mondlandschaft

Das vorherrschende Gestein in der wilden Landschaft um den Teide ist Basalt, doch sieht man auch glasartigen Obsidian oder Vulkanschlacke, erkennbar an ihrer rötlichen Färbung. Teneriffa ist immer noch vulkanisch aktiv, was die *fumarolas* bezeugen: Gasdampfsäulen, die mancherorts nahe dem Gipfel aus dem Boden steigen. Es ist also nicht ausgeschlossen, dass der Teide sich irgendwann wieder von seiner höllischen Seite zeigt.

Typische Vulkanlandschaft im Hochland Teneriffas

WINDS OF CHANGE
Zukunftsmusik

Eólica ist das größte Musikfestival Teneriffas und das weltweit einzige CO_2-neutrale. Zwei Tage und Nächte im Juli schwirrt die Luft im Süden der Insel von heißen Sounds, die nicht die Welt kosten.

Hier handelt es sich um das wohl dramatischste improvisierte Festivalereignis des Planeten! Der Bühnenaufbau besteht aus einer Phalanx mächtiger Windräder (spanisch: *eólico*), aufgestellt vom ITER, dem Instituto Tecnológico de Energías Renovables (Technischen Institut für Erneuerbare Energien), einer der führenden Forschungseinrichtungen dieser Art in Europa und Spaniens originärer bioklimatischer Park (www.iter.es). ITER produziert den Strom für das Festival mit Windenergie und Solarzellen, ohne Verbrennung fossiler Stoffe und Ausstoß von Kohlendioxid in die Atmosphäre.

Manche Infostände sind dabei zwar in der Hand von Umweltschutzorganisationen, doch wird man hier nicht ideologisch bedrängt. Auf dem Eólica-Festival (www.eolica.es) geht es um Spaß und gute Musik, wovon auch entsprechende Clips auf You Tube einen Eindruck vermitteln. Künst-

lerisch ist das Spektrum weit gefächert, vom Mainstream über Tanz und Circus bis zu elektronischen Multimedia-Events. 2008 traten hier mehr als 40 Künstler auf, darunter die für den britischen Mercury Award nominierte Band Asian Dub Foundation; El Columpio Asesino, eine Punkrockband aus Pamplona, und Juliette and the Licks, eine US-Indie-Rock-Truppe mit der Schauspielerin Juliette Lewis als Frontfrau. Auch in der globalen DJ-Szene wird Eólica langsam hip – so waren hier schon der Lokalmatador Alberto »Beto« Uña; DJonston

> »Bei Eólica geht es um Spaß und gute Musik«

vom BeCool Club in Barcelona, der Brite DJ Jim Rivers und die amerikanischen Remix-Künstler Masters at Work und Ursula 1000 an den Plattentellern zu erleben.

Das Instituto Tecnológico de Energías Renovables (ITER)

Die Forschungen von ITER könnten unser aller Leben verändern. Hier arbeitet man an effizienterer Wind- und wirtschaftlicher Solarenergie, was im Laufe des Jahrhunderts vielleicht das Betreten von Neuland bei der Energieproduktion bedeutet. Die Anlage Solten I – im Moment die größte von ITER – sichert die Stromversorgung von 5300 Familien und spart dabei jährlich 1000 Tonnen fossiler Brennstoffe und den Ausstoß von 18 000 Tonnen CO_2 ein.

Windräder an der Punta de Teno

NACH SONNENUNTERGANG

Heißen Tagen am Strand folgen an der Playa de las Américas und der Playa de los Cristianos ebenso heiße Nächte.

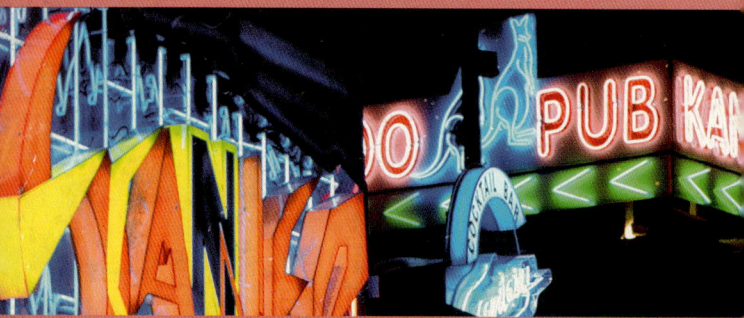

An der Playa de las Américas tobt das Nachtleben wie sonst nirgends auf der Insel

Die Gegend um die Playa de las Américas und Los Cristianos ist ein Mekka partysüchtiger junger Europäer.

Auf Teneriffa ist die Clubszene nicht so knallhart wie auf Ibiza. Hier regiert eher das Prinzip des »Free Shot« oder »Two for one« – untermalt von ausführlicher Berichterstattung über den Fußball aller wichtigen europäischen Ligen. Später am Tag verwandeln diese Örtlichkeiten sich in Diskos und Clubs, mit DJ-Programmen bis in den frühen Morgen.

Im Süden scharen sich die Bars um zwei Highlights: das Veronica's an der Playa de las Américas und The Patch in Los Cristianos.

IMMER DEM LÄRM NACH

- In den Diskos der Calle de Hoya in Puerto de la Cruz wird an Wochenenden bis in die frühen Morgenstunden gefeiert.
- Der Liquid Club ist die Super-Adresse an der Playa de las Américas. Sein sinnlich-psychedelisches Interieur stammt vom preisgekrönten spanischen Designer Tomás Alia.
- Außerdem angesagt an der Playa de las Américas: Pleasure Island, Oasis und American Dream.
- An der Hauptstraße bei der Playa de Troya (Playa de las Américas) finden sich ebenfalls Diskos und Bars für jeden Musikgeschmack.
- Das Joy in Santa Cruz ist der Dauerbrenner in der Hauptstadt – hier geht die Post ab von ein Uhr nachts bis zum Morgengrauen.

Erster Überblick

Ankunft

Flughafen Tenerife Sur (Reina Sofia)

Der größere der beiden Flughäfen auf Teneriffa, Tenerife Sur (Reina Sofia), liegt im Süden, 20 Kilometer von der Playa de las Américas entfernt. Hier werden fast alle **internationalen Linien- und Charterflüge** abgefertigt (Tel. 902 404-704).

- Die **Touristeninformation** in der Ankunftshalle des Flughafens (Tel. 922 392037) ist Okt–April Mo–Fr 9–21, Sa/So 9–17 und Mai–Sept. Mo–Fr 9–19, Sa,So 9–17 Uhr geöffnet.
- Hier erhalten Sie **allgemeine Informationen** sowie Hilfe bei der Suche nach einem Quartier und beim Umgang mit öffentlichen Verkehrsmitteln.
- Sie sollten sich hier eine **Landkarte** der Insel geben lassen.

Transport vom Flughafen

Autovermietung

- Ein **Mietwagen** ist **preiswerter** als in Spanien oder in anderen Ländern Europas, da es auf den Kanarischen Inseln Steuerermäßigungen gibt.
- Sie können sich einen Mietwagen **im Voraus** als Bestandteil einer Pauschalreise reservieren lassen oder sich an eine der internationalen Autovermietungen wenden.
- Wer ein Auto mietet, benötigt seinen **Führerschein** und muss mindestens 21 Jahre alt sein. Sie sollten den Führerschein, den Pass und den Fahrzeugschein immer bei sich haben.
- Generell benötigen Sie eine **Kreditkarte**, wenn Sie ein Auto mieten möchten.
- Bevor Sie ein Auto mieten, sollten Sie die **Preise vergleichen** und dabei auch auf Versicherungsschutz, Unfallversicherung, eine extra Insassenversicherung und die IGIC (Mehrwertsteuer) achten. Die **einheimischen Anbieter** sind oft billiger als die großen internationalen Firmen, außerdem ermäßigt sich der Preis, je länger man das Auto behält.
- Die meisten Mietwagen haben **keine Kilometerbeschränkung**.
- Einige der eingeführten Autovermietungen, die am Flughafen von Teneriffa und auch anderswo eine Niederlassung haben:
  Avis Tel. 922/392-056; www.avis.com
  Europcar Tel: 922/359-313; www.europcar.com
  Hertz Tel. 922/759-319; www.hertz.es
  Cicar Tel. 922/759-329; www.cicar.com
- Erkundigen Sie sich, ob man den Mietwagen am Flughafen übernehmen und woanders abgeben kann.
- Letztlich sind die Wagen der großen und bekannten Anbieter meist in **technisch besserem Zustand**. Bei den kleinen lokalen Anbietern hat man oft nicht die Gewähr, dass der Wagen ordnungsgemäß gewartet wurde.
- Wenn Sie ein **Moped** oder einen **Motorroller** mieten, sollten Sie keinesfalls auf einen Helm verzichten.

Bus

- Mit den öffentlichen Überlandbussen **TITSA** (Transportes Interurbanos de Tenerife SA; www.titsa.com) können Sie viele Orte erreichen.
- **Linie 488** fährt halbstündlich von 6.50 Uhr morgens bis 21.50 Uhr abends über Los Cristianos nach Playa de las Americas (die Busse, die um 9.20 Uhr, 12.50 Uhr und 15.20 Uhr abfahren, enden in Los Cristianos). Auch während der Nacht fahren drei Busse. Die Fahrzeit beträgt etwa eine Stunde.

- Die **Linie 341** fährt über die Autobahn nach Santa Cruz. Diese Busse starten etwa im Ein-Stunden-Takt ab 6.50 Uhr und benötigen rund 90 Minuten bis zum Ziel.
- Die **Linie 340** geht viermal am Tag nach Puerto de la Cruz; in eineinhalb Stunden ist man dort.

Taxi
- Der Preis für ein Taxi nach Los Cristianos oder Playa de las Américas bleibt im Rahmen; teuer wird es nach Santa Cruz oder Puerto de la Cruz.

Flughafen Tenerife Norte (Los Rodeos)
Am kleineren und älteren Flughafen Tenerife Norte (Los Rodeos) im Norden (Tel. 922 635998) werden hauptsächlich Flüge von und nach Spanien und den anderen Kanarischen Inseln abgefertigt. Er befindet sich zehn Kilometer westlich von Santa Cruz und 26 Kilometer östlich von Puerto de la Cruz. Das Terminal ist komplett neu renoviert.

Transport vom Flughafen

Autovermietung
- Allgemeine Informationen zu Mietwagen siehe Flughafen Tenerife Sur (Reina Sofia).
- Dieselben Verleihfirmen sind mit denselben Telefonnummern auch an diesem Flughafen vertreten.

Bus
- Der **TITSA-Bus Nr. 107** verkehrt etwa alle zwei Stunden (Mo–Fr) und viermal täglich (Sa/So) zwischen dem Flughafen und dem Zentrum von Santa Cruz, nämlich dem Busbahnhof, Estación de Guaguas. Die Fahrt dauert etwa 30 Minuten.
- Die **Linie 108** nach Icod de los Vinos über La Orotava fährt alle zwei Stunden und benötigt eine Stunde.
- Die **Linie 102** (ca. alle 30 Minuten) ist ein bisschen langsamer, weil sie über das drei Kilometer vom Flughafen entfernte La Laguna und weiter nach Buc navista fährt.
- **Busfahrten** sind eine günstige Möglichkeit, auf der Insel zu reisen.

Taxi
- Sie können zu akzeptablen Preisen **jeden Ort** im Nordosten der Insel mit dem Taxi erreichen.
- Die Fahrt nach Santa Cruz dauert 20 Minuten und kostet ungefähr 10-15 Euro.
- Die Fahrt nach Puerto de la Cruz dauert eine halbe Stunde und sind teuer und kosten typischerweise 16-20 Euro.

Santa Cruz Estación Marítima (Fährhafen)
- Der **Hauptfährhafen** befindet sich im Nordosten der Stadt.
- Die spanische Fährgesellschaft **Trasmediterránea** (Tel. 902 454645; www.trasmediterranea.es) betreibt einmal wöchentlich Fährdienste von Cádiz in Spanien und einen Fährdienst nach Las Palmas de Gran Canaria (einmal wöchentlich), Arrecife/Lanzarote (einmal wöchentlich), Puerto del Rosario/Fuerteventura (einmal wöchentlich) und Santa Cruz auf La Palma (dreimal wöchentlich). Der **Fred Olsen Express** (Tel. 902 100107; www.fredolsen.es) bietet eine Schnellfährverbindung nach Gran Canaria (Ageate).

- **Andere Gesellschaften** arbeiten von Kais aus, die etwas näher bei der Innenstadt liegen.
- Vom Haupthafen, der **Muelle de Ribera**, aus erreichen Sie das Zentrum zu Fuß in etwa zehn Minuten; Sie können natürlich auch ein Taxi nehmen.
- **Fahrkarten** für die Fähren erhalten Sie bei den meisten Reiseveranstaltern oder direkt an den Verkaufsständen der Betreiber im Muelle-de-Ribera-Gebäude in der Avenida Anaga nahe am Wasser.

Los Cristianos Estación Marítima (Fährhafen)
- Hier legen die Schiffe nach La Gomera ab sowie zu den westlichsten Inseln La Palma und El Hierro.
- Es gibt **ein bis zwei Fährverbindungen pro Tag** nach El Hierro und La Palma.
- Der Fährhafen lässt sich zu Fuß vom Zentrum von Los Cristianos aus erreichen. Dort gibt es Banken, eine Touristeninformation und ein Postamt.
- Nach einer kurzen Busfahrt erreicht man die Playa de las Américas.

La Gomera
- Tägliche Flüge von **Binter Canarias** (Tel. 902 391391; www.bintercanarias. com) verbinden beide Flughäfen auf Teneriffa mit dem Flughafen von La Gomera, zwei Flüge pro Tag gehen nach Gran Canaria.
- **Fred Olsen** (Tel. 902 100107; www.fredolsen.es) betreibt fünf Schnellboote pro Tag nach Los Cristianos: Fahrzeit 40 Minuten (16–20 Euro). Zusätzlich gibt es eine Autofähre: Fahrzeit 80 Minuten.
- **Garajonay Exprés** (Tel. 902 343450; www.garajonayexpres.com) bietet täglich drei Schnellfähren von Los Cristianos nach San Sebastián de La Gomera an. Weiterfahrt nach Playa Santiago und Valle Gran Rey ist möglich. Preis: 16–20 Euro.

Zur Orientierung
- Teneriffa ist die größte der Kanarischen Inseln mit einem Gebiet von 2034 Quadratkilometern.
- Das Eiland ist an der breitesten Stelle etwa 130 Kilometer lang und bringt es von Norden nach Süden auf 90 Kilometer Länge.
- Etwa 300 Kilometer ist die Insel von Marokko entfernt.
- Der **Archipel** liegt somit viel näher bei Afrika als beim spanischen Festland.

Touristeninformationen
- **Santa Cruz:** Cabildo Insular de Tenerife, Plaza de España s/n, 38003 Santa Cruz de Tenerife, Tel. 922 239592, Okt.–April Mo–Fr 9–18, Sa 9–13 Uhr; Mai–Sept. Mo–Fr 9–17, Sa 9–12 Uhr
- **La Laguna:** Plaza del Adelantado s/n, Tel. 922 631194, tägl. 9–17 Uhr
- **La Orotava:** Carrera del Escultor Estévez 2, Tel. 922 323041, Mo–Fr 8.30–18 Uhr
- **Puerto de la Cruz:** Plaza Europa s/n, Tel. 922 386000, Mo–Fr 9–20, Sa–So 9–17 Uhr
- **Playa de las Américas:** Avenida Rafael Puig 1, Tel. 922 750633, tägl. 9–17 Uhr
- **San Sebastián de La Gomera:** Calle Real 4, San Sebastián, Tel. 922 870281, Mai–Okt. Mo–Fr 8–20, Sa 9–13.30, 15.30–18, So 10–13 Uhr; Nov.–April Mo–Sa 9–13.30, 15.30–18, So 10–13 Uhr

Unterwegs auf Teneriffa

Auch wenn die Entfernungen generell nicht besonders groß sind, sollte man sich nicht täuschen lassen. Mit Ausnahme der praktischen, aber monotonen Autobahn, die Santa Cruz mit Playa de las Américas verbindet, kommt man mit dem Auto nur langsam voran, da die Straßen sich kurvenreich dahinschlängeln und oft recht schmal sind. Das gilt vor allem für die Bergregionen im Nordosten und Nordwesten.

Busse

- **TITSA** (Transportes Interurbanos de Tenerife SA, Tel. 922 531300, www.titsa.com) betreibt ein sehr effizientes Busnetz quer über die Insel, außerdem gibt es die städtischen Busse in der Hauptstadt Santa Cruz und in anderen größeren Orten.
- Busse heißen auf Teneriffa *guaguas*; wer nach dem *autobús* fragt, bekommt aber auch Auskunft.
- Der Hauptbusbahnhof auf Teneriffa ist die **Estación de Guaguas.** Er liegt an der Avenida de la Constitución in Höhe der Avenida Tres de Mayo, 1,5 Kilometer südlich des Stadtzentrums von Santa Cruz.
- Die Bushaltestellen in anderen Ballungsgebieten wie dem Konglomerat aus Los Cristianos, Playa de las Américas und Costa Adeje sind nicht immer angenehm.
- Die **weiteste Busfahrt** (zum Beispiel von Santa Cruz bis Playa de las Américas) ist mit rund zehn Euro überaus günstig.
- Wer die Insel ausgiebig mit dem Bus erkunden will, kauft sich eine **Bono Bus-Karte** für etwa zwölf bzw. 30 Euro. Bei jeder Fahrt bekommen Sie dann eine Ermäßigung von 50 Prozent (bei Strecken unter 20 Kilometern nur 30 Prozent). Man steckt die Karte in den Fahrkartenautomaten, der ermäßigte Preis wird abgezogen, wenn man dem Fahrer das Ziel nennt. Wenn auf der Karte nicht mehr ausreichend Geld verbucht ist, kann man den Differenzbetrag beim Fahrer begleichen.
- **Sieben Buslinien** (vier- oder fünfmal am Tag, So zwei- oder dreimal) gibt es auf La Gomera. Sie starten in San Sebastián und fahren das Valle Gran Rey, die Playa de Santiago und Hermigua an.

Strassenbahn

- In Santa Cruz de Tenerife gibt es ein **Straßenbahnsystem** (Tel. 922 024800; www.metrotenerife.com) mit einer einzigen Linie, die von 6 Uhr morgens bis Mitternacht alle dreißig Minuten nach La Laguna fährt. An Freitagen und Samstagen fährt die Linie die ganze Nacht.

Autofahren

- Man fährt auf der **rechten Seite**.
- Der **Zustand der Straßen** ist allgemein gut.
- Zum Zeitpunkt der Entstehung dieses Reiseführers wurden die **Geschwindigkeitsbeschränkungen** geändert. Prüfen Sie also die aktuellen Bestimmungen, bevor Sie losfahren.
- Die **Promillegrenze** liegt bei 0,5.
- Es sind **Sicherheitsgurte** anzulegen, auch hinten, falls vorhanden.
- Die **Geldbußen** für Verkehrsdelikte können sehr hoch sein, für Fremde gilt oft Sofortkasse.
- Das **Parken** kann in Städten wie Santa Cruz zum Problem werden. In den meisten Innenstädten gibt es Parkuhren; es sind aber auch ausgewiesene Parkplätze vorhanden.

- In **blau gekennzeichneten Bereichen** muss man während der angegebenen Zeit – oft zwischen 9 und 14 Uhr sowie 16 und 18 Uhr – ein **Parkticket** lösen. Ansonsten wird ein Bußgeld erhoben.
- Fahren Sie besonders in den Bergen sehr **vorsichtig**; halten Sie auf schmalen Bergstraßen niemals an, um die Aussicht zu genießen, es sei denn, Sie können die Straße vollständig verlassen. Zu diesem Zweck gibt es befestigte Aussichtspunkte.
- Lassen Sie nie etwas offen im Auto liegen, und verstauen Sie auch keine Wertsachen im Kofferraum – besonders Mietwagen erwecken schnell die Aufmerksamkeit von Langfingern!
- Wegen niedrigerer Steuern ist Benzin auf Teneriffa preiswerter als auf dem Festland. **Diesel** heißt *gasoleo*, **bleifrei** *sin plomo*.
- An den Hauptstraßen sind viele **Tankstellen** rund um die Uhr geöffnet. Fahren Sie aber nie ohne gefüllten **Reservekanister** in die Berge.

Taxis

- **Lange Strecken** wie beispielsweise von Puerto de la Cruz im Norden nach Playa de las Américas im Südwesten können teuer werden, für viele Routen gibt es jedoch Festpreise.
- Bestehen Sie darauf, dass das **Taxameter** eingeschaltet wird, oder handeln Sie vorher einen Festpreis aus.

Fahrräder

- In den touristisch erschlossenen Gegenden kann man **Fahrräder** oder **Mountainbikes** mieten. Die Insel lässt sich auf Radtouren bestens erkunden – allerdings brauchen Sie etwas Kondition, wenn es in die Berge hinaufgeht.
- Denken Sie daran, stets frisch aufgefüllte **Wasserflaschen** mitzunehmen, weil es auf der Straße besonders heiß werden kann.

Wandern

- Wandern wird auf Teneriffa und La Gomera immer beliebter, vor allem im **Parque Nacional del Teide** auf Teneriffa (▶ 118ff) und im **Parque Nacional de Garajonay** auf La Gomera (▶ 150f).
- Sie können jedoch auch in anderen Regionen schöne Wanderungen unternehmen, beispielsweise im **Anaga-Gebirge** im Nordosten von Teneriffa (▶ 73ff), rings um **Masca** im Nordwesten (▶ 100f) und im **Barranco del Infierno** im Südwesten (▶ 158f).
- **Wanderkarten und -führer** werden in mehreren Sprachen in den Buchläden in Santa Cruz und in den Touristeninformationen angeboten.

Boote

- Zwischen Los Cristianos (▶ 123ff) und La Gomera verkehren mehrmals täglich **Fähren** und **Schnellboote**.
- **Bootsausflüge** geben Ihnen die Möglichkeit, Teneriffa einmal vom Meer aus kennen zu lernen.
- Vor allem die Ferienorte im Süden bieten Bootsausflüge mit **Delphin- und Walbeobachtung** an; eine schöne Tour führt die Küste hinauf zu den Acantilado de los Gigantes (▶ 102f).

Eintrittsgelder
Die Eintrittspreise für Museen und andere Sehenswürdigkeiten werden in diesem Führer in folgenden Kategorien angegeben (Kinder über 12 Jahren zahlen normalerweise den vollen Preis):

Preiswert: unter 2 Euro   **Mittel:** 2–5 Euro   **Teuer:** über 5 Euro

Übernachten

Die Kanarischen Inseln sind das beliebteste Reiseziel all jener Europäer, die im Winter Sonne tanken möchten. Die meisten Touristen kommen aus Großbritannien, gefolgt von Deutschland und Skandinavien. Aber es sind auch viele Spanier da, vor allem während der Sommerferien. Auf Teneriffa konzentrieren sich mehr als 230 Hotels und zahllose Ferienwohnungen sowie Apartments auf ein paar perfekt erschlossene Küstenstreifen, die völlig in der Hand der Touristen sind. Auf La Gomera ist das Angebot an Übernachtungsmöglichkeiten begrenzter, doch auch hier nimmt die Bettenzahl konstant zu.

Wie Sie eine Unterkunft finden

- Viele Hotels und Ferienwohnungen sind von ausländischen **Reiseagenturen** belegt, sodass es für Individualtouristen in der Hochsaison schwierig werden kann, ein Zimmer zu finden. Die Schulferien im Februar sind besonders beliebt; zu dieser Zeit kommen aber auch viele zum Karneval (► 8).
- In der Regel ist es günstiger, die Unterkunft **im Voraus** samt Flug, Verpflegung und gegebenenfalls einem Mietwagen zu buchen. Aber es ist natürlich nicht unmöglich, auf eigene Faust eine Bleibe zu finden, wenn man etwas flexibel ist.
- Wegen des **ausgeglichenen Klimas** sind die Hotels auf den Kanaren generell immer gut gebucht, die Hochsaison – mit den höchsten Preisen – ist jedoch von November bis April.
- Viele Reisebüros in den Ferienorten haben sich spezialisiert auf die Vermietung von Immobilien, deren Eigentümer nicht vor Ort sind. Solche Ferienwohnungen mit **Selbstversorgung** sind öfter auch kurzfristig zu haben. Sie sollten sich aber in jedem Fall das Angebot erst einmal ansehen.

Übernachtungsmöglichkeiten

Hotels

- Die meisten Touristenhotels sind **modern** und verstecken sich mehr oder weniger in der üppigen subtropischen Vegetation der Insel. Die Angebote variieren nur wenig. Der ältere Ferienort Puerto de la Cruz kann mit mehreren netten **Hotels im kanarischen Stil** mit Holzbalkonen aufwarten.
- Der Pauschaltourismus ist der wichtigste Wirtschaftsfaktor auf der Insel, mittlerweile bemüht man sich jedoch um mehr **Ästhetik** als früher in den 1960er- und 1970er-Jahren. Die Gärten und Pools sind größer, die Architektur ist abwechslungsreicher und die Ausstattung nicht mehr so stereotyp.
- Das schnell expandierende Gebiet Costa Adeje nördlich der Playa de las Américas zielt auf das obere Marktsegment ab, d. h. hier gibt es kaum preiswerte Unterkünfte. **Luxusanlagen** wie das extravagante Bahía del Duque (► 134) sind praktisch in sich geschlossene Ferienorte.
- Auf **La Gomera** gibt es keine großflächigen Urlaubsorte im Stil von Playa de las Américas. Vom Parador und dem teureren Jardín Tecina an der Südküste einmal abgesehen sind die Unterkünfte generell kleiner und einfacher, was Individualreisenden sehr entgegenkommt.

Selbstversorgung

- Es gibt eine breite Auswahl an **Unterkünften mit Selbstverpflegung**. Auf Teneriffa werden rund 260 Apartmentanlagen, Bungalows und Villen angeboten, auf La Gomera etwa 130.

- Die **Qualität** schwankt sehr.
- **Aparthotels** (Wohnungen mit Hotelservice) bieten eine Mischung für all diejenigen, die sich selbst verpflegen, aber dennoch nicht jeden Tag kochen möchten. Manche Unterkünfte schreiben eine Mindestaufenthaltsdauer vor. Die meisten bieten Zimmerservice.

Für weitere Informationen wenden Sie sich an:
- **Paradores de España** (zentrale Buchung in Madrid), Tel. 902 547979; www.parador.es
- **Acantur** (Asociación Canaria de Turismo Rural), Tel. 902 21582; www.ecoturismocanarias.com
- **Viajes Aecan** Calle Villalba Hervás 2, Santa Cruz de Tenerife), Tel. 922 248114; www.cip.es/aecan
- **Camping Nauta**, Arona, Cañeda Blanca, Las Galletas, Tel. 922 785118; www.campingnauta.com

---

Unterkünfte mit Flair
- **Außergewöhnliche Unterkünfte** wie die ländliche Idylle auf einer alten Avocado-Farm, einen Hauch von Luxus in Santa Cruz oder eine Pension in einem Bischofspalast bieten die gängigen Reisebüros kaum an. Man sollte sich deshalb im Internet informieren.
- Auf Teneriffa und La Gomera gibt es einen schönen, komfortablen **Parador**; das sind hochkarätige Hotels, die vom spanischen Staat betrieben werden. Billig sind sie nicht, dafür bieten sie einen denkwürdigen Aufenthalt in herrlichem Ambiente. Der Parador von Teneriffa steht in einer spektakulären Mondlandschaft im Nationalpark am Berg Teide (► 133).

Unterkunft auf dem Land
- Auf Teneriffa und auf La Gomera gibt es immer mehr **Landhotels und Landhäuser** *(casas rurales)* mit Selbstversorgung.
- Einige sind reizende **Bauernhäuser** *(fincas)* im Landesinneren. Der Standard variiert, aber die besten machen den Urlaub wirklich zu einem Vergnügen.
- Manchmal nutzen Reiseunternehmen diese Quartiere als Ausgangspunkte für **Wanderungen**, aber wenn Sie als Individualtourist reisen, brauchen Sie in der Regel ein eigenes Fahrzeug.

Billigunterkünfte
- Wenn der Geldbeutel schmal ist, stehen einfache Zimmer in **Pensionen** und *hostales* zur Verfügung. Meistens handelt es sich um ältere Familienbetriebe unterschiedlichen Standards. In den Ferienorten an der Küste wie an der Playa de las Américas gibt es dergleichen nicht, sehr wohl aber in der Altstadt von Los Cristianos und Puerto de la Cruz oder auch in größeren Orten wie Santa Cruz oder San Sebastián auf La Gomera.
- **Zeltplätze** gibt es nur vereinzelt.
- **Jugendherbergen** sind weder auf Teneriffa noch auf La Gomera zu finden.

Preise
Für ein Doppelzimmer gelten in der Hauptsaison folgende Preise, Mehrwertsteuer inklusive:
€ unter 70 Euro   €€ 70–120 Euro   €€€ über 120 Euro

Essen und Trinken

Wenn Sie nicht gerade zu den Touristen zählen, die sich über ein Schild mit dem Hinweis »deutsche Küche« freuen, können Sie auf Teneriffa viele Lokale finden, in denen typische Gerichte der Kanaren auf den Tisch kommen. Die kanarische Küche ist im Grunde spanisch, jedoch mit dem gewissen kleinen Unterschied. Viele klassische Speisen wie Gazpacho, Paella, Chorizo und Tapas werden angeboten, doch mischt sich hier in die Chilisoße ein Hauch des salzigen Ozeans oder der tropischen Süße von Bananen.

Lateinamerika lässt grüßen

- Seit Kolumbus' Zeiten dienen die Kanaren als Zwischenstation auf dem Weg von Spanien nach Lateinamerika. So ist es keine Überraschung, dass viele Gerichte einen lateinamerikanischen Touch haben. Bananen, Tomaten, Kartoffeln, Paprika, Mais, Avocados und Papayas – sie alle sind von Südamerika nach Teneriffa gekommen, was sich in der Küche bemerkbar macht.
- **Kakao**, der von Montezuma und den Azteken schon als Zaubertrank gepriesen wurde, ist heute Bestandteil eines nahrhaften Frühstücks: Man taucht seine *churros* (süßes Ölgebäck) hinein.
- Auch sollten Sie nach einer Spezialität aus Venezuela Ausschau halten: *arepas*, die in den *areperas*, Cafés, serviert werden. Es handelt sich dabei um kleine Maisfladen, die unterschiedlich pikant gefüllt sind und mit scharfen Soßen gegessen werden. Zwei oder drei reichen, um preiswert den kleinen Hunger zu stillen.

Köstlichkeiten aus dem Meer

- Es ist nicht verwunderlich, dass Fisch auf Teneriffa ein Grundnahrungsmittel ist; viele Arten sind jedoch wegen der Überfischung schon ausgestorben. Typische Fischspezialitäten sind *vieja* (Sonnenhai) und **cherne** (Brasse).
- Fischeintöpfe wie **sancocho** oder **zarzuela** bestimmen die Tageskarte, viele gute Restaurants passen ihre Speisekarte jedoch dem Angebot an und bereiten ein, was gerade frisch auf dem Markt zu haben ist.
- *Papas arrugadas* (Pellkartoffeln mit Salzkruste) sind eine typisch kanarische Beilage, die perfekt zu Fisch passt. Die Kartoffeln wurden traditionell in Meerwasser gekocht, heute nimmt man weniger bakterienbelastetes Salzwasser, das eine weiße Kruste hinterlässt; so reduziert sich der Wassergehalt und der Geschmack wird intensiver.

Regionale Varianten

- **Suppen** und **Eintöpfe** sind traditionelle Speisen. Fleisch und Fisch werden jedoch auch köstlich a la plancha (gegrillt) oder gebraten serviert. Hase, Ziege und Jungschwein sind eine leckere Alternative zu Steak, Lamm und Huhn.
- Lokale, die als *típico* bezeichnet werden, bringen in der Regel gute Hausmannskost auf den Tisch. Oft kann man im Freien sitzen.
- Zu Fleisch und Fisch isst man zwei **klassische Soßen**: *Mojo picón* oder *mojo rojo* ist eine scharfe, rote Soße mit viel Chili und Knoblauch. Die grüne Variante, *mojo verde*, enthält Petersilie und Koriander und ist weniger scharf.
- **Gofio**, geröstetes Getreidemehl, ist eine Besonderheit der Kanaren und war angeblich das Grundnahrungsmittel der Guanchen.
- **Nachspeisen und Kuchen** sind meist sehr süß. *Bienmesabe* aus Honig und Mandeln ist ein typisches Beispiel.
- La Gomera ist für seinen würzigen Ziegenkäse bekannt, der geräuchert oder mit frischen Kräutern angeboten wird.

Das beste
… **spanische Restaurant:** Los Cuatros Postes (➤ 61)
… **Café für Kaffee und Kuchen:** Pastelaría El Aderno (➤ 111)
… **Restaurant mit klassischer Küche:** El Drago (➤ 81)
… **Klosterambiente:** Méson El Monasterio (➤ 109)
… **Hotelrestaurant:** El Patio (➤ 135)
… **Restaurant für Tapas:** Casa de Miranda (➤ 109)
… **Essen im Freien:** Casa Pancho (➤ 110)
… **traditionelle kanarische Ambiente:** El Rincón de la Piedra (➤ 62)
… **Weinlokal:** Casa del Vino La Baranda (➤ 80)

Getränke

■ In den letzten zehn bis zwanzig Jahren hat sich der **Wein** der Kanaren dank strikter Auflagen enorm verbessert. Teneriffa ist der Hauptproduzent der Kanaren; der meiste Wein wird im Norden der Insel angebaut, vor allem bei Tacoronte, Güímar und Icod de los Vinos. Auch von La Gomera kommen interessante Sorten. Umfassendere Informationen bekommt man in der **Casa del Vino La Baranda** (➤ 80).

■ Wer Hochprozentiges aus heimischer Produktion probieren möchte, gönnt sich ein Glas *ron* (Rum), *cobana* (Bananenlikör) oder *mistela* (die gomerische Variante von Honigwein aus Palmsirup und Honig).

■ Das einheimische **Bier** heißt La Dorada. Man bestellt eine *caña* (kleines Glas) oder eine *jarra* (Krug), wenn man Bier vom Fass bevorzugt.

■ **Sangría** gibt es vom Fass; die Einheimischen selbst trinken diese Rotweinbowle allerdings kaum.

■ **Kaffee** ist eine Kunst mit vielen Varianten. Wer seinen Kaffee als Espresso mag, bestellt einen *café solo,* mit etwas Milch einen *cortado.* Die Einheimischen trinken ihren Kaffee mit Kondensmilch *(condensado)* oder mit einem Schuss Alkohol – *corajillo* oder *barraquito. Café con hielo* ist Kaffee mit Eis.

■ **Frische Obstsäfte** sind sehr beliebt. Halten Sie Ausschau nach einer *zumería* (Saftbar), wo exotische Mixturen wie Papaya mit Avocado oder Mango angeboten werden – alles frisch von der Insel.

Essenszeiten

■ Das Essen wird **generell später** serviert als in Nordeuropa. Das Mittagessen gibt es etwa ab 14 Uhr, das Abendessen etwa um 21 Uhr. Die Hotels und einige Lokale haben sich jedoch den Bedürfnissen ihrer Gäste angepasst.

■ Die meisten Lokale bieten ein preiswertes *menú del día* an; es besteht meistens aus drei recht durchschnittlichen Gängen mit Brot und einem Getränk. Mehr Spaß macht es, an der Bar ein paar Tapas zu essen – was aber sicher nicht billiger kommt.

■ **Mehrwertsteuer und Bedienung** sind im Preis inbegriffen, ein kleineres Trinkgeld wird dennoch erwartet. Wer auf der Terrasse im Freien isst, muss bisweilen mit einem Aufpreis rechnen.

■ **Vegetarier** kommen auf den Kanaren nicht gerade auf ihre Kosten. Die Einheimischen finden derartige Speisen eher verwunderlich.

Restaurantpreise
Das €-Symbol bezeichnet, wie viel Sie pro Person für eine Mahlzeit mit Getränk, Mehrwertsteuer und Trinkgeld bezahlen müssen.
€ unter 20 Euro   €€ 20–40 Euro   €€€ über 40 Euro

Einkaufen

Dem Status von Teneriffa als steuerfreiem Basar mitten im Atlantik hat die EU-Gesetzgebung ein Ende bereitet, dennoch erreichen Unmengen von Konsumgütern die Insel und locken die Urlauber mit Niedrigpreisen.

Artikel ohne Steuer

■ Die Steuer auf Luxusartikel (IGIC) ist im Vergleich zu anderen Ländern Europas – auch zum spanischen Festland – erstaunlich niedrig. Die Ersparnis, die an den Kunden weitergegeben wird, variiert sehr von einem Geschäft zum anderen. Generell günstig sind Alkohol und Tabak – besonders beliebt sind die Zigarren aus heimischer Produktion, außerdem Parfüm, Kosmetik, Schmuck, Leder, Bekleidung, Fotoapparate und Ferngläser, Uhren, Elektrogeräte und Elektronik.

Duty Free?

■ Duty free ist nicht gleichbedeutend mit steuerfrei, und der Wettbewerb hält das Preisniveau in den Ferienorten niedrig. Deshalb sollten Sie mit Ihrem Einkauf nicht bis zum Abflug warten, denn am Flughafen ist die Auswahl begrenzt und die Preise liegen höher als irgendwo sonst auf der Insel.

Gute Adressen für den Einkauf

■ *Mercados* (Märkte) gibt es in allen Varianten und Größen, von täglich abgehaltenen Lebensmittelmärkten mit Fisch, Blumen und Obst bis zu den wöchentlichen Flohmärkten *(rastros)* mit Unmengen von Tand.

■ Andenken von den Kanaren bekommt man in den ***centros de artesanía*** (Kunsthandwerkszentren); sie sind manchmal an Werkstätten angeschlossen, in denen die Produkte auch hergestellt werden.

■ ***Centros comerciales*** (Einkaufszentren) und Basare, die oft in der Hand von Asiaten sind, finden sich in allen großen Urlaubsorten; die großen Kaufhäuser und Supermärkte sind hauptsächlich auf Santa Cruz beschränkt.

■ In den meisten Geschäften gelten Fixpreise, aber handeln kann man immer, und man sollte ruhig nach einem Rabatt fragen.

■ Die meisten auf Touristen eingestellten Geschäfte nehmen **Kreditkarten**; bevor Sie unterschreiben, sollten Sie den Ausdruck genau prüfen und dann später mit dem Kontoauszug vergleichen.

■ Achten Sie auf Schilder mit dem Hinweis ***rebajas*** (Schlussverkauf, Sonderverkauf) oder ***liquidación*** (Ausverkauf kompletter Bestände), wenn Sie besonders günstige Angebote nutzen wollen.

■ **Markenpiraterie** und sonstige **Fälschungen** sind auf den Kanarischen Inseln weit verbreitet. Am besten verzichten Sie darauf, Raubkopien von MusikCDs oder Videos oder vermeintliche Markenkleidung an Marktständen oder sonstigen etwas zweifelhaften Orten zu kaufen.

■ **Elektronische Bauteile** oder Zusatzgeräte für Computer oder Handys zu kaufen, kann riskant sein, wenn Sie sich nicht gut auskennen; es ist möglich, dass die Teile nicht zu dem System, das Sie zu Hause haben, passen.

■ Nicht jedes Angebot auf Teneriffa ist gleich ein **Schnäppchen**. Wenn Sie schon vorher wissen, wonach Sie suchen, notieren Sie sich zum Vergleich vor der Abreise die entsprechenden Preise in Ihrer Heimatregion.

Handwerksmärkte

Diese Märkte *(ferias de artesanía)*, die im Sommer in manchen Städten Teneriffas stattfinden, können sehr vergnüglich sein – und nicht selten findet man dort wirklich ansprechende Souvenirs. Die Termine wechseln von Jahr zu Jahr.

■ **Juni:** Güímar, La Orotava, Los Realejos

- **Juli:** El Sauzal, La Laguna, Santiago del Teide
- **August:** Arona, Fasnia, Garachico, La Victoria de Acentejo, Buenavista del Norte, La Matanza
- **September:** Vilaflor, San Miguel de Abona, Guía de Isora, Tacoronte
- **Oktober:** El Tanque

Einkaufstipps

- **Stickereien** sind ein beliebtes Andenken. Bei Tisch- und Bettwäsche findet man oft *calados,* Lochstickerei. Angeboten wird dergleichen auf Märkten und Basaren. In anerkannten Kunsthandwerksläden wie der Casa de los Balcones können Sie bedenkenlos kaufen. Dem größten Geschäft in La Orotava ist eine Stickereischule angeschlossen; Filialen gibt es in mehreren Ferienorten.
- **Spitze** ist eine Besonderheit des Bergdorfes Vilaflor. Originale Handarbeiten sind teuer; lassen Sie sich nicht von billiger maschineller Ware aus dem Fernen Osten täuschen.
- **Lederartikel** sind eine Handwerkskunst, die es in ganz Spanien gibt. Sie finden Taschen, Schuhe, Gürtel und Brieftaschen unterschiedlicher Qualität in allen Urlaubsorten und auf allen Märkten.
- **Keramik** beruht auf traditionellen Entwürfen der Guanchen und wird sowohl auf Teneriffa, vor allem in Arguayo bei Los Gigantes, als auch auf La Gomera, nämlich in El Cercado, angeboten. Traditionell wird keine Töpferscheibe benutzt; die Arbeiten werden mit einer Glasur aus rotem Lehm gebrannt.
- **Korbwaren** von den Kanaren, *cestería,* gibt es in mehreren Varianten: aus Peddigrohr, Stroh, Palm- oder Bananenblättern.
- Aus einheimischen **Hölzern** werden attraktive Schalen, Teller und Löffel gefertigt; viele sind jedoch aus importiertem Olivenholz.
- *Chácaras,* Kastagnetten, lassen sich gut als Souvenir mit nach Hause nehmen, darüber hinaus werden noch andere Musikinstrumente von den Kanaren angeboten wie Yukulelen. Auf Märkten und in Handwerkszentren bekommen Sie CDs mit Volksmusik. Besonders die Gruppe Los Sabandeños hat begeisterte Anhänger.
- Auf Messer und andere Andenken, die aus unter Schutz stehenden Materialien wie Elfenbein, Koralle, Fell, Schildplatt o. Ä. gefertigt sind, sollten Sie verzichten. Außerdem können diese Souvenirs vom Zoll in Deutschland konfisziert werden.

Andenken aus heimischer Produktion

- An essbaren Souvenirs gibt es die hübsch verpackten Flaschen mit grüner oder roter *Mojo*-Soße (▶ 37). Auf La Gomera sollten Sie nach **miel de palma** (Palmsirup) Ausschau halten oder nach in Öl eingelegtem Ziegenkäse.
- Kekse, Kuchen und Süßigkeiten, kanarischer Wein oder **Likör,** der aus **Bananen** (*cobana*) oder **Honig** (*mistela* oder *ronmiel*) hergestellt wird, sowie **Zigarren** aus heimischem Tabak geben weitere nette Andenken ab.
- Kleine **Drachenbäume** oder Samen von exotischen Pflanzen werden in vielen Andenkenläden verkauft; sie sind allerdings nicht winterhart und gedeihen selten außerhalb ihres natürlichen Lebensraum. Ein Strauß **Strelitzien,** die leuchtenden Paradiesvogelblumen, sind ein hübsches Souvenir. Wenn Sie sie vor der Heimreise bestellen, werden sie als Luftfracht ausgewiesen.

Öffnungszeiten

- Generell sind die Geschäfte montags bis freitags von 9 bis 13 und von 16 bis 20 Uhr, samstags von 9 bis 14 Uhr geöffnet, in Touristengebieten auch bis 22 Uhr, einschließlich sonntags. An öffentlichen Feiertagen sind die meisten Läden geschlossen.
- **Märkte** werden in der Regel **morgens** abgehalten; einige fangen recht früh an.

Ausgehen

Veranstaltungshinweise
In vielen Hotels liegen Zeitungen in mehreren Sprachen aus, die wie die kanarische Wochenzeitung *La Gaceta de Canarias* viele nützliche Veranstaltungshinweise bieten. Weitere Zeitungen mit Informationen sind *Island Connections* und *Tenerife News* sowie das monatlich auf spanisch erscheinende Magazin *Lagenda*. Die Touristeninformationen erteilen Auskünfte über Fiestas, Märkte, Sporteinrichtungen und kulturelle Veranstaltungen.

Nachtleben
Wer in einem der großen Ferienorte wohnt, kann dem Nachtleben gar nicht ausweichen, das gilt vor allem für Playa de las Américas. In den größeren Hotels wird viel Abendunterhaltung geboten mit Cocktails, Kabarett und Tanz – und viel Animation, damit die Gäste auch mitmachen. In der Nähe dieser Urlaubsorte zieht sich eine endlose Reihe von Kneipen, Klubs und Diskos am Strand entlang.

- Ein Toplokal mit beeindruckender **Dinnershow** (darunter Flamenco) ist das Pirámide de Arona (Hotel Mare Nostrum, Los Cristianos, ➤ 137).
- In der Altstadt von Santa Cruz und Puerto de la Cruz geht es abends hoch her, wobei aber hauptsächlich **gebummelt** und **gespeist** wird.
- Beim *carnaval* feiern alle tagelang ohne Unterlass.
- Ausserhalb der Ferienorte existiert so gut wie kein Nachtleben.

Aktivitäten im Freien
- Wagemutige kommen beim **Klettern** und **Drachen- und Gleitschirmfliegen** auf ihre Kosten. Andere sind zufrieden mit einer schönen **Wanderung** (siehe unten) oder einer Runde **Golf** (siehe unten).
- **Höhlenforschung** ist sicher ein ausgefallenes Hobby, dem man aber in einem der größten Höhlensysteme der Welt, der Cueva del Viento bei Icod de los Vinos, nachgehen kann.

Zuschauersport
- Die traditionellen Kraftproben *lucha canaria* (Kanarisches Ringen ➤ 19) oder *juego del palo* (Steckenkampf ➤ 19) sind wirklich etwas Besonderes.
- Natürlich darf auch der **Fußball** nicht fehlen.

Wassersport
- Vielerlei Wassersportarten – Segeln, Fischen, Wasserskifahren, Tauchen, Surfen, Schnorcheln, Kajakfahren, Tretbootfahren, Jetskifahren und Bananenbootfahren – versöhnen mit den generell dunklen, steinigen Stränden der westlichen Kanaren.
- Die besten **Tauch- und Angelreviere** befinden sich bei Los Gigantes, Las Galletas und südlich von Los Cristianos.

Golf
- Der älteste (1932) und nobelste Golfclub auf Teneriffa ist der **RCG Tenerife** (Real Club de Golf) in der Nähe von La Laguna (➤ 82).
- Im Süden der Insel befinden sich einige neuere Golfplätze in exotischer Landschaft mit Palmen und Meerblick.
- Die Internetseite *www.webtenerife.com* listet alle Golfplätze der Insel auf.
- Mehrere große Hotels haben spezielle Golf-**Pauschalangebote**.

Wandern

- Die **spektakuläre Landschaft** und die Natur machen Teneriffa und La Gomera zu einem Wanderparadies.
- Auf beiden Inseln bekommen Sie in den Nationalparks **dramatische Bergszenerien** zu sehen. Wanderungen können – auf eigene Faust oder in der Gruppe mit Führer – auf den markierten Wegen problemlos organisiert werden.
- Spezialveranstalter bieten **Wanderurlaube** an, manchmal mit Vogelbeobachtung oder Pflanzenbestimmung. Sie können sich aber auch vor Ort einer der eigenen Kondition angemessenen Gruppe anschließen. Eine beliebte Tour verbindet eine Wanderung von Masca aus mit einer Bootsfahrt zu den Klippen von Los Gigantes.
- Wer gern auf eigene Faust unterwegs ist, sollte sich in den Touristeninformationen und in den Besucherzentren der Nationalparks Landkarten mit Tourenvorschlägen besorgen. Auf der Website www.webtenerife.com finden Sie Details und Karten zu 25 Wanderungen auf der Insel zum Herunterladen.

Organisierte Touren

- Wer kein Auto mieten möchte, kann einfach an einer organisierten Tour teilnehmen, um so noch andere Teile der Insel kennen zu lernen, zum Beispiel den **Loro Parque** (► 104), das **Castillo de San Miguel** (► 98) oder den **Teide-Nationalpark** (► 118).
- Weitere beliebte Routen führen nach **Masca** und ins **Teno-Gebirge** oder auch nach **Santa Cruz** zum Einkaufen.

Reservierung

- Viele Urlauber nehmen an **organisierten Ausflügen** teil, die von Hotels und Tourenveranstaltern angeboten werden. **Reisebüros und Touristeninformationen** sorgen für weitere Abwechslung. Das Angebot hängt in der Regel am schwarzen Brett des jeweiligen Veranstalters aus. Dort können Sie sich viele Anregungen holen.
- Wem nach **Kultur** der Sinn steht, fährt nach Santa Cruz oder La Laguna; in beiden Orten gibt es ein Theater und Konzerte mit klassischer Musik.
- Wer gern allein unterwegs ist, lässt sich in der Touristeninformation Fahrpläne der öffentlichen TITSA-Busse geben. Auf La Gomera verkehren die Busse recht unregelmäßig, da ist man mit einem Mietwagen besser dran.

Bootsausflüge

- **Wal- und Delphinbeobachtungen** sind an der Westküste von Teneriffa ein Riesengeschäft. Über 20 Arten sind hier im Meer zu sehen, vor allem Grindwale und Flaschennasendelphine. Wie es scheint, machen die vielen Boote den Tieren Probleme, und es kommt manchmal sogar zu Verletzungen. Sie sollten sich deshalb eine Agentur mit Lizenz aussuchen.
- **Piratenfahrten**, Picknick am Strand und Grillen schließen meist einen kleinen Imbiss und Zeit zum Schwimmen mit ein.
- Der schönste Bootstrip führt nach **La Gomera** – ein Tagesausflug von Los Cristianos aus. Sie können den Ausflug mit einer organisierten Inselrundfahrt kombinieren oder sich La Gomera auf eigene Faust ansehen; den Mietwagen müssen Sie in diesem Fall in den Docks von San Sebastián reservieren, da man die Autos nicht von einer Insel zur anderen mitnehmen darf.

Jeep-Safaris

- Von den großen Ferienorten, vor allem um Puerto Colón in Playa de las Américas, können Sie per **Geländewagen** in abgelegene Teile der Insel fahren.

Santa Cruz de Tenerife

Erste Orientierung   44
An einem Tag   46
Nicht verpassen!   48
Nach Lust und Laune!   57
Wohin zum …   60

Erste Orientierung

Santa Cruz ist das urbane Herz von Teneriffa. Hier tobt das pralle Leben – weitab von jeglichen Touristenklischees. Santa Cruz ist die Hauptstadt der Insel und zugleich der Provinz, zu der noch die Inseln La Gomera, La Palma und El Hierro gehören. Die Stadt hat einen bedeutenden Hafen und beherbergt über 200 000 Einwohner, fast ein Drittel der Bevölkerung von Teneriffa. Santa Cruz bietet sehenswerte Kirchen, interessante Museen, einen Wasserpark und einen schönen Sandstrand.

Und es gibt noch eine weitere Attraktion: Die Kanaren haben als Freihandelszone eine sehr niedrige Mehrwertsteuer, die IGIC. Auf diesen Ruf hat Santa Cruz gesetzt, und so werden viele Pauschaltouristen hierher gebracht, um mindestens einen Vormittag mit einem ausgiebigen Einkaufsbummel zu verbringen.

Mit das Beste an Santa Cruz ist die Möglichkeit, sich einmal so richtig im Chaos einer echt spanischen Stadt treiben zu lassen. Es gibt genug zu sehen und zu tun, um einen ganzen Tag zu füllen. Aber es macht auch Spaß, sich in der Innenstadt auf eine *terraza* zu setzen, die Leute zu beobachten und einfach einen Nachmittag zu entspannen. Wer seine Reise gut geplant hat, ist ja vielleicht sogar vor Ort, wenn der Winter ausgetrieben wird – zum Karneval nämlich! Seit 2000 hat sich die Stadt sehr verändert. Es sind zahlreiche moderne Gebäude und öffentliche Plätze hinzugekommen, was wesentlich zur coolen Optik beigetragen hat. Ein schönes Spaßbad und ein feiner Sandstrand im Norden der Stadt machen das Image perfekt.

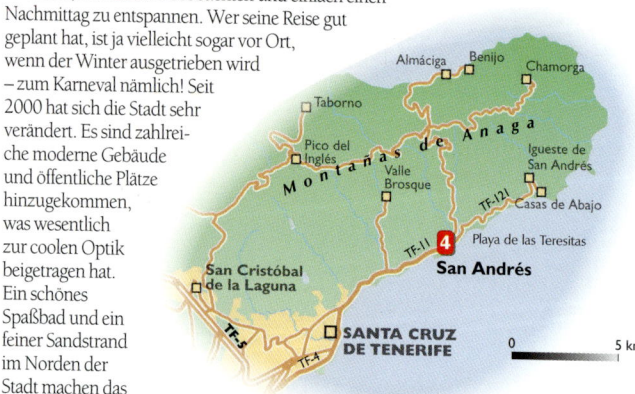

★ Nicht verpassen!

1 Plaza de España und Plaza de la Candelaria ➤ 48

2 Plaza de la Iglesia ➤ 50

3 Plaza del Príncipe de Asturias ➤ 53

4 San Andrés ➤ 55

Seite 43: Yachten aus aller Welt kommen in den Hafen von Santa Cruz

Links: Weihnachtsfeuerwerk auf der Plaza de España, Santa Cruz

Nach Lust und Laune!

5 Castillo de San Juan und Auditorio ➤ 57

6 Parque Marítimo ➤ 57

7 Mercado de Nuestra Señora de Africa ➤ 57

8 Tenerife Espacio de las Artes ➤ 58

9 Plaza 25 de Julio ➤ 58

10 Parque García Sanabria ➤ 59

11 Museo Militar ➤ 59

An einem Tag

Wenn Sie nicht ganz sicher sind, wo Ihre Reise beginnen soll: Dieses Ausflugsprogramm ist ein praktischer Vorschlag für einen angenehmen Entdeckungstag in Santa Cruz de Tenerife mit einigen der schönsten Sehenswürdigkeiten aus dem Orientierungsplan auf der vorherigen Seite. Weitere Informationen finden Sie unter den Haupteinträgen.

10 Uhr

Der Rundgang beginnt an der ❶ **Plaza de España** (► 48), wo Sie sich in der Touristeninformation im Cabildo-Insular-Gebäude mit allen erdenklichen Informationen eindecken können. Bevor Sie in die Innenstadt spazieren, bummeln Sie ein Stück am Meer entlang. Wieder an der Plaza de España angelangt, machen Sie sich auf den Weg zur ❶ **Plaza de la Candelaria** (► 49).

11.30 Uhr

Nun geht es zur Plaza Isla de la Madera ins **Centro de Fotografía**, bevor Sie durch die letzten alten Straßen der Stadt flanieren. Auf der ❷ **Plaza de la Iglesia** (► 50ff) sollten Sie der Iglesia de Nuestra Señora de la Concepción einen Besuch abstatten. Über den Barranco de los Santos gelangt man dann zum **Museo de la Naturaleza y el Hombre** (► 51). Gleich in der Nähe wartet der größte Markt der Stadt, der ❼ **Mercado de Nuestra Señora de Africa** (► 57f).

13 Uhr

Zum Mittagessen sollten Sie das **Tasca Sáffron & Porron** (► 62) in der Calle Antonio Domínguez Alfonso aufsuchen.

14.30 Uhr

Nach dem Essen ist die **3** **Plaza del Príncipe de Asturias** (➤ 53f) schnell erreicht. Hier gibt es im Museo de Bellas Artes einheimische Kunst zu bewundern, anschließend lockt eine Tasse Kaffee im Café del Príncipe. Von hier aus kann man nun die Calle del Pilar bis zum **9** **Parque García Sanabria** (➤ 59) hinaufspazieren, wo man auf einer der *terrazas* etwas trinkt oder weiter zur Rambla del General Franco (links).

15.30 Uhr

Wer das Bedürfnis hat, einmal aus der Stadt herauszukommen, nimmt den Bus (Nr. 245, 246, 247 oder 910) oder ein Taxi, um ein Stück die Küste hinauf zum weißen Sandstrand von Las Teresitas (unten) in **4** **San Andrés** (➤ 55) zu fahren. Werktags ist es hier recht ruhig. Wer Zeit und ein eigenes Auto hat, fährt zur abgeschiedeneren **Playa de las Gaviotas** (➤ 56) weiter.

18 Uhr

Nun geht es zurück nach Santa Cruz, wo Sie den Blick über die ganze Hafenanlage genießen können, ehe Sie das Zentrum wieder erreichen.

20 Uhr

Abends sollten Sie eines der Restaurants oder *tascas* auf der Straße südlich vom Hotel Contemporáneo ausprobieren. Es lohnt ein Konzert im **Teatro Guimerá** (➤ 64) und Auditoro de Tenerife (➤ 57). Kneipen und Diskos finden Sie an der **Avenida Anaga**.

◘ Plaza de España und Plaza de la Candelaria

Die beiden Plätze gehen praktisch ineinander über und eignen sich hervorragend als Ausgangspunkt für einen Stadtrundgang. Sie sind das direkt am Meer liegende Verwaltungszentrum von Santa Cruz, und es lohnt sich, hier herumzubummeln, um langsam ein Gefühl für die Stadt zu entwickeln.

Architektur

Die runde Plaza de España, ist der zentrale Drehpunkt dieser Küstenstraße, wurde vor Kurzem von den preisgekrönten Architekten Herzog und de Meuron modernisiert, die als Kernstück einen atemberaubenden See geschaffen haben. Über dem Ganzen thront ein düsteres Kriegsdenkmal des spanischen Diktators General Franco flankiert von monumentalen Bronzestatuen und offenen Triumphbögen im griechischen Stil. Im Hintergrund erhebt sich der ebenfalls schwerfällig wirkende neoklassizistische Regierungssitz, das Cabildo Insular. Die ursprünglich nach der Machtübernahme Francos entworfene und im Juli 2008 neu eröffnete Plaza befindet sich jetzt an der Stelle, wo einst eine Wehrburg, das Castillo de San Cristóbal, stand; es wurde 1929 abgerissen. Etwa drei Wochen im Februar geht es hier und in den Straßen ringsum hoch her, wenn der *carnaval* (➤ 8) gefeiert wird.

Im Februar herrscht auf der Plaza de España der Karneval

Der Platz liegt auf halbem Weg zum Hafen von Santa Cruz. In Richtung Südwesten befinden sich die Container-Docks, im Nordwesten kämpfen Fähren, Kreuzschiffe und Handelsschiffe um einem Platz am Kai.

Abseits des Hafens

Landeinwärts wirkt die **Plaza de la Candelaria** eher wie eine Fußgängerzone, die mit der Plaza de España verbunden ist. Der Platz hieß früher Plaza Real (Königsplatz) und bis 1787 Plaza de la Constitución (Platz der Verfassung); er hat seitdem viel von seinem Charme verloren. Die Nordostecke wird vom barocken Palacio de la Carta – heute eine Bank – mit einem schönen Innenhof, um den Holzbalkone herumlaufen, beherrscht. Auf der gleichen Seite des Platzes befindet sich das Casino der Stadt. Über den ganzen Platz wacht die Barockfigur der Virgen de la Candelaria.

Die für den Verkehr gesperrten Straßen, die vom Platz landeinwärts führen, vor allem die **Calle Castillo**, bieten Geschäfte jeder Art mit einem starken Trend zu Elektroartikeln. Einheimische werden ebenso angelockt wie Touristen auf Schnäppchenjagd. Gleich in der Nähe befindet sich an der Plaza Isla de la Madera das **Teatro Guimerá** (➤ 64). Es wurde Mitte des 19. Jahrhunderts erbaut und ist nach einem Stückeschreiber der Insel, Ángel Guimerá, benannt. Das 1851 eingeweihte Gebäude ist ein Bespiel für die reichhaltige Dekoration in dieser Ära. In seiner Blütezeit fanden hier viele Theater-, Opern- und Konzertveranstaltungen statt.

Oben: Große Ozeankreuzer gehen in Santa Cruz vor Anker

Rechts: Seit 150 Jahren gilt das Teatro Guimerá als wichtigste Bühne

KLEINE PAUSE

Probieren Sie das **Olympo** an der Plaza de la Candelaria oder das **Mesón Los Monjes** (➤ 62) in der Nähe der Plaza de España aus.

✚ 183 D2

② Plaza de la Iglesia

Das alte Santa Cruz, eine winzige Oase, wird von der bemerkenswertesten Kirche der Stadt beherrscht, der Iglesia de Nuestra Señora de la Concepción. Gleich in der Nähe bietet sich mit einem schönen Museum eine weitere Attraktion an. Den größten Teil von Santa Cruz hat das 20. Jahrhundert verschluckt, oft recht brutal. Doch die sorgsam gehegten Häuser hier vermitteln noch einen Eindruck von der alten Kolonialstadt.

Iglesia de Nuestra Señora de la Concepción

Diese **Kirche** ist von vielen Standorten aus an ihrem hohen, eleganten Glockenturm zu erkennen, einer Mischung aus portugiesischem Barock und maurischem Stil. Bereits Ende des 15. Jahrhunderts stand hier ein Gotteshaus, doch wurde das Original im 17. Jahrhundert durch ein Feuer zerstört.

Die **Fassade** der jetzigen Kirche ist eigentlich eine Kuriosität: Ein Atrium, über dem ein Holzbalkon verläuft, befindet sich vor

Die Iglesia de Nuestra Señora de la Concepción im Herzen von Santa Cruz

dem Haupteingang. Da die Kirche im 17. und 18. Jahrhundert immer wieder umgebaut wurde, bietet sie im Innern eine nicht minder bemerkenswerte Stilmischung. Die fünf Kirchenschiffe werden durch Säulenarkaden aus rotem Stein gegliedert.

Rechts befindet sich die **Santa Cruz de la Conquista** (Heiliges Kreuz der Konquista), die der Stadt ihren Namen verliehen hat. Der Eroberer der Insel, Alonso Fernández de Lugo, stellte das Kreuz auf, als er 1493 an Land ging. Das schöne Chorgestühl wurde 1862 aus London hierher gebracht, und die Kanzel aus Alabaster ist ein Juwel. Ein Großteil der Holzelemente in der Kirche, etwa die beiden **Altaraufsätze**, wurden aus einem speziellen Holz gefertigt: Es wurde vom spanischen Handelsschiff *La Camorra* gerettet, das englische Piraten im 18. Jahrhundert versenkten. Zu den sehenswerten Gemälden

Die reichen *retablos* in der Iglesia de Nuestra Senora

hier zählt ***La Adoración de los Pastores*** (*Anbetung der Hirten*) von Juan de Miranda (1723–1805).

Museo de la Naturaleza y el Hombre

Auf der anderen Seite des meist ausgetrockneten Barranco de Santos (Heiligenschlucht) steht das nüchterne ehemalige Hospital de la Caridad (Krankenhaus der Barmherzigen Brüder), das 1745 erbaut wurde, um die Armen und Kranken zu versorgen. Heute ist hier das Museo de la Naturaleza y el Hombre (Museum für Natur- und Menschheitsgeschichte) untergebracht.

Die Sammlung des Museums ist breit gefächert, wobei das Hauptgewicht auf der Kultur der Guanchen liegt. Mit am beeindruckendsten sind die **Mumien der Guanchen** sowie Skelette und über tausend Schädel, die Archäologen auf der Suche nach der vorkolonialen Vergangenheit auf der Insel fanden. Einige weisen Trepanationen, also Schädelbohrungen auf. Es gibt natürlich viele Erklärungsversuche, warum die Guanchen zu diesem medizinischen Mittel griffen, einen speziellen Grund hat man jedoch nicht gefunden. Weitere archäologische Funde sind Werkzeuge, Scherben von Töpfereiwaren und Schmuck.

Andere Ausstellungen beschäftigen sich mit der **Flora und Fauna** der Insel, vor allem mit der Unterwasserwelt. Interessanter ist jedoch die Abteilung im Erdgeschoss, die sich – in Form einer Multimediapräsentation – dem **Vulkanismus** auf Teneriffa und den Nachbarinseln widmet.

DAS GESCHÄFT MIT DEM TOD

Die Guanchen zählen zu den wenigen alten Völkern, die ihre Toten mumifiziert haben – zumindest diejenigen, die wichtig genug waren. Die Guanchen hatten sehr viel Respekt vor dem Tod und entwickelten deshalb eine wahre Meisterschaft beim Einbalsamieren ihrer Toten. Diese Behandlung war hauptsächlich verstorbenen Stammesführern und Adeligen vorbehalten; ihre Leichen wurden später in entfernten Begräbnishöhlen ausgestellt. Wenngleich die Guanchen in ihrer Mumifizierungskunst nicht mit den Ägyptern zu vergleichen sind, müssen sie ihr Handwerk recht gut verstanden haben, da sich einige Mumien bis zum heutigen Tag erhalten haben. Woher sie diese Kenntnisse hatten und wozu sie dienten, weiß allerdings keiner. Die Einbalsamierer wurden von einem Großteil der Gesellschaft wie Leprakranke ausgegrenzt, da sie als ebenso abschreckend galten wie die Leichen, die sie präparierten.

KLEINE PAUSE

Probieren Sie einmal das **JC Murphy**, ein irischer Pub an der Plaza de la Iglesia, aus. Das Lokal ist in einem makellosen Gebäude im traditionell kanarischen Stil untergebracht. Die Terrasse eignet sich hervorragend für eine kleine Pause. Wem der Sinn nach einer richtigen Mahlzeit steht, geht ins **Cañas y Tapas** (➤ 61).

➕ 183 E2

Iglesia de Nuestra Señora de la Concepción
✉ Plaza de la Iglesia s/n 🕐 tägl. 9–13, 17.30–20 Uhr 🎫 frei

Museo de la Naturaleza y el Hombre
✉ Calle Fuente Morales s/n ☎ 922 535816 🕐 Di–So 9–19 Uhr 🎫 mittel

PLAZA DE LA IGLESIA: INSIDER-INFO

Top-Tipp: Im Vorraum zur Sakristei der Iglesia de Nuestra Señora de la Concepción befindet sich eine schöne **Kapelle**, gestiftet von Don Matías Carta, einem prominenten Bürger der Stadt. In der Sakristei hängt ein Porträt von ihm, das erst nach seinem Tod gemalt wurde – deshalb die eigentümliche Pose und Blässe.

③ Plaza del Príncipe de Asturias

Zentrum der Kunst der Kanarischen Inseln ist das Museo de Bellas Artes (Museum der Schönen Künste) an der begrünten Plaza del Príncipe de Asturias. Nebenan ragt die Iglesia de San Francisco auf, eine beeindruckende Barockkirche.

Museo de Bellas Artes

Über ein paar Treppen hinunter gelangen Sie zur Calle José Murphy. Hier befindet sich die Stadtbibliothek, in der auch das Museo de Bellas Artes untergebracht ist. Oben im ersten Raum befinden sich **Skulpturen**. Weiter rechts wird eine Kunstausstellung mit Werken aus dem 16. bis 18. Jahrhundert präsentiert. Viele davon stammen von unbekannten Künstlern, dennoch sind einige **Gemälde** wirklich bemerkenswert, etwa das Porträt von San Andrés (hl. Andreas), das José Ribera (1591–1652) zugeschrieben wird. Wieder im ersten Raum, zeigen geradeaus mehrere Säle Kunstwerke von den Kanaren aus dem 19. Jahrhundert. Die ersten beiden Räume sind den Landschaften und Porträts Nicolás Alfaros (1826–1905) gewidmet sowie seinem Schüler, Valentín Sanz Carta (1849–98). Ein weiterer bedeutender Maler dieser Epoche war Manuel González Méndez (1843–1909), dessen Porträts – darunter

Fassadendetail des Círculo de Amistad XII de Enero an der Plaza del Príncipe de Asturias

ein besonders markantes von
einem Guímar-Kahnfahrer mit
rotem Kopfschmuck und Ohr-
ringen – einen der Säle füllen.

Im ersten Stock befindet
sich die Statue einer *lechera
canaria*, eines Milchmädchens,
mit Gefäßen auf dem Kopf. Ansonsten finden sich auf dieser
Etage noch weitere Kunstwerke
von kanarischen Malern, die
vom 19. Jahrhundert bis zur
Moderne reichen. Zu den inter-
essanteren Künstlern, die sich
die Inseln zum Thema gewählt
haben, zählt Alfredo Torres Ed-
wards (1889–1943), dessen farbenfrohe Szenen mit in Tracht
gekleideten kanarischen Frauen
besonders ins Auge stechen.

Iglesia de San Francisco

Neben dem Museum sieht man
die ockerfarbene Rückwand
der Iglesia de San Francisco.
Die **Barockfassade** der Kirche
– eine Kombination aus dunklem Stein und weißer Tünche
– ist typisch für die Insel. Das

Die Decke der
Iglesia de San
Francisco ist
ein Kunstwerk
aus Holz

Gotteshaus wurde 1680 geweiht und wird von hohen Bögen und
einer Holzdecke im Artesonado-Stil, die wie ein umgedrehter
Bootsrumpf aussieht, in drei Gänge gegliedert. Wichtigstes Deko-
rationselement sind die barocken **Altaraufsätze**.

KLEINE PAUSE

Nachdem Sie im Museo de Bellas Artes der Kunst gefrönt haben,
mundet ein Kaffee im **Café del Príncipe** auf dem Platz.

✚ 183 D3

Museo de Bellas Artes
✚ 183 E3 ✉ Calle José Murphy 12, Plaza del Príncipe
☎ 922 244358 ⏰ Di–Fr 10–20, Sa–So 10–15 Uhr ✋ frei

Iglesia de San Francisco
✚ 183 E3 ✉ Calle Villalba Hervás s/n ⏰ Mo–Fr 9–13, 17.30–20 Uhr ✋ frei

PLAZA DEL PRÍNCIPE: INSIDER-INFO

Top-Tipp: An der Plaza del Príncipe des Asturias steht auch der **Círculo de Amistad XII Enero**, ein prächtiges Jugendstilgebäude aus dem Jahr 1904, das heute
einen Privatclub beherbergt. Deshalb ist leider nur die außergewöhnliche Fassade
zu bewundern.

4 San Andrés

Wer Santa Cruz einmal entfliehen möchte, fährt ein kurzes
Stück in Richtung Norden – und schon ist die fröhliche Stadt
San Andrés erreicht mit dem weißen Sandstrand von Playa de
las Teresitas gleich nebenan. Fährt man weiter nach Norden
in die Berge hinauf, stößt man auf einen abgelegeneren
Strand, die Playa de las Gaviotas. Und noch ein Stück weiter
stellt das typisch kanarische Städtchen Igueste einen guten
Ausgangspunkt für Wanderungen in die Berge dar.

**San Andrés
schmiegt sich ans
Ende der Playa de
las Teresitas**

Trotz seiner Nähe zu Santa Cruz hat sich **San Andrés** seinen
Charakter als Fischerdorf bewahrt. Nur einen Kilometer weiter ist
der schönste Strand der ganzen Insel erreicht, die **Playa de las
Teresitas**; im zugehörigen Dorf kann man sich nach Sonne und

Sand verwöhnen lassen. Dass die Touristen hier hauptsächlich Einheimische sind, ist eine angenehme Abwechslung. Die Stadt wird von einem halb verfallenen Rundturm bewacht, dem *castillo* (Burg). Spaß macht ein Bummel zum begrünten Platz im Zentrum, an dem es Unmengen von Kneipen sowie eine Kapelle aus dem 18. Jahrhundert aus rotem Stein mit weißer Tünche gibt.

Die Strände

Die **Playa de las Teresitas** ist ein künstlich geschaffenes Juwel. Sie kann als Beweis dienen, dass der Geschmack der 1970er-Jahre doch nicht immer so schlecht war. Damals ließ die Regierung 100 000 Kubikmeter Saharasand hierher schaffen, um die Bevölkerung mit einem schönen, geschützten Strand zu beglücken. Palmen säumen das breite Ufer und bieten willkommenen Schatten. Weitere Palmen verdecken den Parkplatz und einige Lokale direkt hinter dem Strand.

Meistens ist der Strand nicht übermäßig gefüllt, von den Sommerwochenenden einmal abgesehen. Wem das Treiben dennoch zu bunt ist, der fährt ein paar Kilometer weiter gen Norden und ist schon an der Playa de las Gaviotas.

Igueste

Vier Kilometer nordöstlich der Playa de las Gaviotas endet die Straße TF-11 in dem ruhigen Bauerndorf Igueste. Wie in den anderen Dörfern, die über das Anaga-Gebirge (► 73ff) verstreut sind, ist man auch in Igueste Lichtjahre von den Tourismushochburgen im Süden entfernt. Hier ist Teneriffa noch echt, ein Prädikat, das bis 1960 für die ganze Insel galt. Das Dorf zieht sich auf beiden Seiten eine Schlucht die Berge hinauf. Im meist ausgetrockneten Flussbett wird alles angepflanzt – von Bananen bis hin zu Avocados und Kartoffeln.

Palmen verleihen der Playa de las Teresitas einen tropischen Touch

KLEINE PAUSE

Ein Mangel an Lokalen besteht an der Playa de las Teresitas sicher nicht; z. B. gibt es die **Marisquería Ramón** (► 62) oder das **La Gran Paella** in San Andrés.

 181 E4

Nach Lust und Laune!

5 Castillo de San Juan und Auditorio

Praktisch direkt neben Manriques phantasievollem Parque Marítimo (siehe unten) steht das prosaischere und ältere Castillo de San Juan, eine der alten Wehrburgen der Stadt. Sie wurde 1679 aus dem dunklen Basaltstein der Region erbaut und heißt deshalb auch Castillo negro, Schwarze Burg. Das gedrungene, runde Bauwerk erinnert an die ersten Tage von Santa Cruz und ist heute nicht mehr zugänglich. Früher befand sich die Festung außerhalb der Stadtmauern; Sklavenhändler verkauften hier unter dem wachsamen Blick der Soldaten ihre Ware: Menschen aus Schwarzafrika.

Ein Stück östlich von der Burg entstand Stück für Stück ein neues Monument, das der modernen Kultur huldigt: Der **Auditorio**, designed von Santiago Calatrava, ist eine futuristisch aussehende Konzerthalle. Calatrava (geb. 1951) ist einer der bekanntesten Architekten Spaniens. Mit einem Hintergrund als Bauingenieur entwirft er wahre Designergebäude mit sinnlichen Kurven wie das Cuitat de les Arts y les Ciències in Valencia oder den Turning Torso in Malmö. Das Auditorio ist aber eines der eindrucksvollsten Gebäude in seinem Portfolio.

Auf der anderen Seite der Schnellstraße wartet ein weiteres Zeugnis der Vergangenheit: die **Eremita de la Virgen de la Regla** aus dem Jahr 1643. Sie könnte – umgeben von all den Baustellen – nicht deplatzierter wirken; das ganze Viertel soll nämlich in ein Wohngebiet mit Wohnblöcken und Hochhäusern umgestaltet werden.

➕ 183 D1 ✉ Avenida de la Constitución s/n

6 Parque Marítimo

Der Park wurde von dem Künstler César Manrique (1919–92) aus Lanzarote entworfen, der auf den Kanaren zu einer Art von Legende geworden ist. Die ganze Anlage wirkt wie ein Gemälde oder ein kunstvoller Garten. Die kleinen, seichten Seen sind dunkelblau und mit Palmen und Steinsetzungen umgeben. Es gibt mehrere Cafeterias und Lokale. Irgendwie erinnert der ganze Park erstaunlich deutlich an den Lago Martiánez in Puerto de la Cruz (➤ 93). Ein Stück weiter südlich erstreckt sich das **Palmeteum**, ein riesiger Palmenpark, der der größte der Welt sein soll, mit 5000 Bäumen und 300 Pflanzenarten.

➕ 183 D1
✉ Avenida de la Constitución s/n
☎ 922 202995 🕐 Sommer tägl. 10–19 Uhr; Winter tägl. 10–18 Uhr 💶 mittel

7 Mercado de Nuestra Señora de Africa

Auf diesem Markt werden typisch spanische Produkte angeboten. Er erstreckt sich über mehrere Höfe, die miteinander verbunden sind. Man findet hier

César Manrique schuf das glasklare Wasserparadies am Atlantik von Santa Cruz

alles, von Obst und Nüssen bis hin zu Schinken und Käse. Im Tiefgeschoss befindet sich außerdem eine zusätzliche *pescadería*, der Fischmarkt. Wer das echte Spanien kennen lernen möchte, mischt sich einfach unter die Einheimischen und lässt den Anblick samt Geräuschkulisse und Gerüchen auf sich

Einheimische strömen zum Mercado de Nuestra Señora de Africa in Santa Cruz, auf dem frische Lebensmittel aller Art feilgeboten werden

wirken. Gleich in der Nähe findet sonntags ein Flohmarkt statt; ein paar Buden sind auch unter der Woche in Betrieb.

✚ 183 D2 ✉ Plaza de Santa Cruz de la Sierra s/n ⏰ tägl. 6–15 Uhr

❽ Tenerife Espacio de las Artes (TEA)

Dieser 2008 eröffnete Platz schafft eine Verbindung zwischen mehreren der führenden Kunstorganisationen und einen neuen Blickpunkt in der Stadt. Der »Arts Space«, entworfen von Herzog und de Meuron, hat eine Größe von 2 Hektar und beherbergt das Oscar Dominguez Institut für moderne Kunst und Kultur, das Fotozentrum von Teneriffa und die Inselbibliothek Alejandro Cioranescu.

✚ 183 D2 ✉ Avenida de San Sebastian ☎ 922 849057, www.teatenerife.es ⏰ Di–So 10–20 Uhr 💶 mittel

❾ Plaza 25 de Julio

Der Platz ist besser unter dem Namen Plaza de los Patos (Entenplatz) bekannt.

Die Keramikbänke und Brunnen geben der Plaza 25 de Julio leuchtende Farbtupfer

Seine offizielle Bezeichnung stammt vom Datum der militärischen Niederlage Lord Nelsons im Jahr 1797. Der Brunnen in der Mitte weist maurische Architektur- und Dekorationselemente auf, die als Mudéjar-Stil bezeichnet werden. Gekrönt wird der Brunnen von einer Ente, rund um das Becken hocken Keramikfrösche. Wirklich schön sind die Bänke, die mit Keramiken versehen sind; sie nennen den Namen der Firmen, die sie Anfang des 20. Jahrhunderts gespendet haben.

✚ 182 C4

✉ auf halber Höhe an der Avenida de 25 de Julio

⑩ Parque García Sanabria

Dieser Stadtpark ist voll von tropischen und subtropischen Bäumen und Pflanzen, dazu kommen mehrere Brunnen und einige modernen Skulpturen, die von einem Kunstwettbewerb übrig geblieben sind, sowie Bänke zum Rasten. Der Brunnen in der Mitte ehrt den Bürgermeister García Sanabria, der den Park 1922 ins Leben rief. Am südlichen Ende ist abends viel los, wenn die Leute auf den *terrazas* ein Bier trinken und die Kinder sich auf den Schaukeln austoben.

✚ 182 C4

✉ zwischen La Rambla del General Franco und der Calle Méndez Núñez

⑪ Museo Militar

Das Museum ist in der ehemaligen Festung Almeida untergebracht, mitten in den Resten des ehemaligen Militärpostens. Vom Tor aus wird man von einem Soldaten zum Obergeschoss geführt, wo eine Ausstellung die Geschichte von Horatio Nelsons Niederlage auf Santa Cruz im Jahr 1797 erzählt. Nach einer Runde durch das Museum steht fest, dass dieses Ereignis für die Kanaren der stolzeste Moment war, zumindest militärgeschichtlich. Spaziert man im Halbkreis, gelangt man zuerst zur Ausstellung von spanischen Flaggen und Fahnen, dann kommen Waffen und Medaillen sowie eine umfassende Abteilung, die sich der heroischen Verteidigung der Stadt gegen Lord Nelson widmet. Abgerundet wird die Ausstellung durch so

Ruhe und Frieden im Parque García Sanabria

interessante Objekte wie die britische Kapitulationsfahne oder eine Kopie der Karten, die Nelson höchstpersönlich zeichnete, um die Schlacht zusammenzufassen. Das Paradestück der Ausstellung ist der *tigre*, eine Kanone, die Nelson den rechten Arm abgefegt haben soll.

Die letzte Abteilung im Obergeschoss präsentiert Memorabilien der Bürgerkriegshelden der Kanaren sowie eine kleine Ausstellung über die Philippinen und Kuba, die Spanien 1898 an die Vereinigten Staaten verlor, als die USA die spanische Flotte versenkte.

Das Erdgeschoss widmet sich Waffen und anderen Relikten aus den verschiedenen Kolonialkriegen. Im Hof sind Geräte der Artillerie aufgereiht.

✚ 183 E5

✉ Calle San Isidro 2

☎ 922 843500

🕐 Di–Sa 10–14 Uhr

🎫 frei

Wohin zum ... Übernachten?

Preise

Für ein Doppelzimmer gelten in der Hauptsaison folgende Preise, Mehrwertsteuer inklusive:

€ unter 70 Euro   €€ 70–120 Euro   €€€ über 120 Euro

Atlántico €

Sie werden kaum ein zentraler gelegenes Hotel finden als dieses freundliche, preiswerte Haus, nur einen Steinwurf von der Plaza de España entfernt. Es ist ein bisschen altmodisch, für einen Kurzaufenthalt aber bestens geeignet. Ein Restaurant gibt es nicht, dafür aber eine Café-Bar mit Terrasse im Obergeschoss, die auf die Fußgängerzone mit den vielen Geschäften hinausgeht. Hier trifft man sich zu einem Imbiss und um etwas zu trinken. Das Frühstück ist inklusive.

✚ 183 E3
✉ Calle Castillo 12
☎ 922 246375

Contemporáneo €€

Das Haus ist leicht zu finden, denn es liegt an der Durchgangsstraße ins Zentrum. Das moderne, komfortable Business-Hotel mit schönem Design ist eine gute Wahl. Der Verkehrslärm lässt sich nicht leugnen, das Hotel hat aber Schallschutz, und nebenan liegt der Parque García Sanabrina, eine grüne Oase (▶ 59). Die Café-Bar und das Restaurant haben Stil. Die Zimmer sind gut ausgestattet und mit Holzmöbeln und bunten Stoffen eingerichtet.

✚ 182 C5
✉ Rambla General Franco 116
☎ 922 271571;
www.hotelcontemporaneo.com

NH Tenerife €€

Dieses ultramoderne Hotel mit seinem klaren Design aus Glas und Metall ist bei weitem der coolste Ort der Stadt. Die Zimmer sind zwar nicht riesig, machen aber mit dem schwarzgrauen Farbschema einen geräumigen Eindruck und sind mit Flachbildfernseher und deckenhohen Fenstern gut ausgestattet. Die Loungebar im Garten eignet sich hervorragend für einen schönen Abend, auch wenn die Verlockungen der Stadt direkt vor der Tür liegen. Vor Ort gibt es hervorragendes Bistro (▶ 62), eine Bar, ein Fitnessstudio, einen Jacuzzi und eine Sonnenterrasse. Die Atmosphäre entspricht eher Erwachsenen/Geschäftsreisenden als Familien.

✚ 183 E3
✉ Candelaria Esquina Doctor Allart
☎ 922 534422; www.nh-hotels.com

Taburiente €€

Dieses etablierte, zentrale Hotel ist nicht besonders alt, hat aber durch seine große Marmoreingangshalle und die klassische Möblierung einen Hauch von Grandezza. Ausgestattet ist es mit einem Kraftraum, einer Sauna, Tennis- und Squashplätzen und sogar einem Pool auf dem Dach, außerdem gibt es eine Parkgarage. Viele Zimmer haben Balkon und einen schönen Blick auf den Parque García Sanabria (▶ 59) nebenan. Alle Zimmer sind mit Safe und Kühlschrank gut ausgestattet, das Restaurant bietet internationale Küche. Die Hauptsehenswürdigkeiten und die Einkaufszone erreicht man zu Fuß.

✚ 183 D5
✉ Avenida Doctor José Naveiras 24A
☎ 922 276000;
www.hoteltaburiente.com

Wer vorhat, den **carnaval in Santa Cruz zu erleben** (Mitte Februar), sollte sehr frühzeitig buchen und sich auf erhöhte Zimmerpreise einstellen.

Wohin zum ...
Essen und Trinken?

Preise
Die Preise gelten pro Person für eine Mahlzeit inklusive Getränk, Mehrwertsteuer und Service:

€ unter 20 Euro   €€ 20–40 Euro   €€€ über 40 Euro

SANTA CRUZ DE TENERIFE

Bulan €–€€

Das Bulan liegt in einem typischen alten Haus von Santa Cruz mit einer gewissen orientalischen Chillout-Atmosphäre. Die Gäste genießen die östlich beeinflusste Küche in einer der vielen gemütlichen Speisebereiche im Erdgeschoss. Pinchos Katmandu sind Hähnchenteile mit Erdnusssoße und einem Schuss Honig. Sie können einfach an der Bar sitzen oder auf die luftige Dachterrasse mit zwei weiteren Bars hochsteigen.

✚ 183 D5
🏠 Calle Antonio Domínguez Alfonso 35
☎ 922 274116; www.bulantenerife.com
🕐 tägl. 12.30–16, 20–1 Uhr

Cañas y Tapas €€

Diese Außenstelle einer spanischen Tapas-Bar vom Festland liegt direkt am Meer. Auf der Speisekarte stehen Tintenfisch und Blutwurst. Das Ambiente ist eine klassische Mischung aus dunklem Holz und Kacheln. Am besten bestellt man als Gruppe, denn die vielen kleinen Tapas lassen die Rechnung für eine Einzelperson in die Höhe schießen.

✚ 183 F5
🏠 Avenida de Anaga 15   ☎ 922 246972
🕐 So–Mi 12–2, Do–Sa 12–3 Uhr

Clavijo Treinta y Ocho €€€

Der grüne Hofgarten dieses traditionellen Restaurants ist ein idealer Ort für ein Mittagessen oder Abendessen unter freiem Himmel. Auf der Speisekarte stehen vor allem spanische Gerichte. Angeboten werden sehr gute Fleischgerichte sowie eine hervorragende Karte lokaler kanarischer sowie spanischer Weine vom Festland. Die Atmosphäre lädt zu einem langen, gemütlichen Essen ein, der Service ist entspannt.

✚ 182 C4
🏠 Calle Vierra y Clavijo 38
☎ 922 271065   🕐 Mo–Sa 13–16, 20–24 Uhr

El Coto de Antonio €€

Das schicke Lokal hat ein unaufdringliches, aber elegante Ambiente. Die Küche ist solide und authentisch – eine Mischung aus kanarischen und baskischen Köstlichkeiten. Man sollte nach Sonnenbarsch und Meeresfruchte-Eintöpfen Ausschau halten, Wage-

mutige bestellen Schweinefüße. Eine der Spezialitäten des Hauses ist *pejines*, in der Sonne getrockneter Fisch in Alkohol mariniert und flambiert.

✚ 182 A4
🏠 Calle General Goded 13   ☎ 922 272105
🕐 Mo–Sa 13–16, 20–24 Uhr; geschl. Ende Aug. oder Anfang Sept. für 2 Wochen

Los Cuatro Postes €€–€€€

Eines der besten spanischen Restaurants der Stadt mit einer lokalen Fangemeinde. Hier ist zur Mittagszeit immer Etwas los und Sie können die Atmosphäre eines typisch spanischen Mittagessens genießen – denken Sie aber an eine Reservierung. Auf der Speisekarte stehen hervorragendes Grillfleisch, vor Ort gefangener Fisch sowie luxuriöse Leckereien wie Gänseleber.

✚ 183 E3
🏠 Calle Emilio Calzadilla 5
☎ 922/287-394
🕐 Mo–Sa 12–16, 20–24 Uhr, So geschl.

El Libano €€

In einer Seitenstraße versteckt sich dieses hervorragende libanesische

Lokal, das zur Mittagszeit von vielen *aficionados* besucht wird. Auf der reichhaltigen Speisekarte findet man Bekanntes wie Kebabs und gefüllte Weinblätter, jedoch auch eine Auswahl an vegetarischen Gerichten.

📍 183 E5
✉ Calle Santiago Cuadrado 36
☎ 922 285914 ⏰ tägl. 12–16, 20–24 Uhr

Mesón Los Monjes €€

Das angesehene Gartenlokal befindet sich günstig gelegen im Norden der Plaza de España. Mittags sind die Gäste meist Geschäftsleute, Familien kommen zum Abendessen her. Das Restaurant liegt auf zwei Ebenen und ist rustikal im kastilischen Stil eingerichtet, mit schlichten Wänden und viel Holz. Zu den Spezialitäten des Hauses zählen baskische und andere Gerichte vom Festland wie *merluza con mojo* (Seehecht in pikanter Soße). Achten Sie auf die berühmten Ribero del Duero-Weine.

📍 183 E4
✉ Calle La Marina 7 ☎ 922 246576
⏰ Mo–Sa 13.30–15.30, 20–24 Uhr

Mesón el Portón €€

Besuchen Sie dieses typisch kanarische Restaurant für ein herzhaftes Essen. Die Einheimischen entscheiden sich entweder für den Restaurantbereich mit Balkondecke und leinengedeckten Tischen oder für die urigere *tasca* nebenan, eine Bar, in der Sie in der fröhlichen trinkenden Menge speisen können. Diese Location abseits des Strands bietet wahres Teneriffa-Feeling.

📍 183 D5
✉ Calle Doctor Guigou 20
☎ 922 280764 ⏰ Mo–Sa 11–23 Uhr

Nhube €€–€€€

Die kühlen Marmorböden, die gläsernen Wände und die Designermöbel in diesem aktuellen Restaurant passen zur modernen Fusion-Küche von Chefkoch Ferrán Adriá. Zur Mittagszeit ist es beliebt bei den Power-Lunchern, am Abend treffen Sie hier junge, modebewusste Einheimische. Ein Ort zum Sehen und Gesehen werden.

📍 183 E3
✉ Candelaria Esquina Doctor Allart
☎ 922 534422; www.nh-hotels.com
⏰ Mo–Sa 7–11 (Frühstücksbuffet), 11–23 Uhr nach Karte; So 8–12 (Frühstücksbuffet), 12–23 Uhr nach Karte

El Rincón de la Piedra €€–€€€

Das Restaurant ist für sein reizendes Ambiente bekannt – in einem alten kanarischen Haus mit schönem Holz und Schnitzarbeiten. Auf den Tisch kommen lecker zubereitete Spezialitäten der Kanaren, zum Beispiel Fisch, knackige Salate und gigantische *solomillos* (Filetsteaks).

📍 182 B3
✉ Calle Benavides 32
☎ 922 249778
⏰ Mo 19.30–23.30, Di–Sa 12–16.30, 19.30–23.30 Uhr

Tasca Sáffron & Porron €–€€

Eine ausgelassene Stimmung herrscht in diesem Restaurant, das höher zu sein scheint als breit. Es liegt in einem klassischen Gebäude des alten Santa Cruz und bietet mit Stierkampfpostern an den Wänden und Flamencomusik eine lebhafte spanische Atmosphäre. Auf der Speisekarte steht eine Auswahl an Meeresfrüchte-Snacks, von großen roten Carabinero-Garnelen bis zu kleinen Schwertmuschelhäppchen (*navajas*).

📍 183 D2
✉ Calle Antonio Domínguez Alfonso 36
☎ 922 151867
⏰ Di–Do, So 13–16.30, 20–24 Uhr; Fr–Sa 13–16.30, 20–1.30 Uhr

SAN ANDRÉS

Marisquería Ramón €€

Das Ramón hat sich auf Meeresfrüchte spezialisiert und ist eines der renommiertesten Lokale hinter der Playa de Las Teresitas. Wie könnte man einen faulen Tag an einem der herrlichsten Strände Teneriffas besser unterbrechen als mit einer Kostprobe der Kreationen des Küchenchefs? Die Ausstattung des Lokals ist einfach, hell und freundlich.

📍 181 E4
✉ Calle Dique 23
☎ 922 549308;
⏰ tägl. 12–23 Uhr

Wohin zum … Einkaufen?

Santa Cruz ist der Haupteinkaufsort auf Teneriffa. Passagiere von Kreuzfahrtschiffen gehen von Bord, um in den Geschäften beim Hafen zu bummeln; von Ferienorten aus gibt es Ausflugsfahrten eigens zum Einkaufen. Die meisten Geschäfte finden sich rund um die Plaza de la Candelaria und in der autofreien Calle Castillo. Die Läden haben in der Regel am Sonntag geschlossen, ebenso an Feiertagen und nachmittags zwischen 13 und 15 Uhr – man sollte also rechtzeitig kommen.

BOUTIQUEN UND BASARE

Geschäfte, die Artikel wie Parfum, Alkohol oder Tabak verkaufen, locken ihre Kunden mit Duty-free- oder Tax-free-Etiketten in den Straßen rund um den Hafen. Zigarren, puros, aus heimischer Produktion werden gern gekauft. Viele Basare sind auf Schmuck, Porzellan, Teppiche und Seide, Uhren, Fotoapparate, Handys, optische Geräte und Elektroartikel spezialisiert. Oftmals lässt sich der an der Ware angegebene Preis noch herunterhandeln. Allerdings ist zu bedenken, dass Elektrogeräte oder Computerzubehör nicht unbedingt mit der Technik zu Hause kompatibel sind. Außerdem sollte geprüft werden, ob der Garantieschein international gültig ist. Großhandelsgeschäfte konkurrieren mit Kaufhäusern, egal, ob es um Billigjeans oder Designer-Sportmoden geht. Die etwas stilvolleren Boutiquen liegen an der Calle Castillo.

KAUFHÄUSER / SUPERMÄRKTE

Santa Cruz kann mit Niederlassungen der großen Ladenketten vom spanischen Festland aufwarten wie **El Corte Inglés** (ein Block westlich des Busbahnhofs) oder **Cortefiel**, außerdem mit einem einheimischen Geschäft: **Maya**. Sie alle haben eine breite Auswahl an Lebensmitteln, Wein, Kleidung, Gepäck, Elektroartikeln etc.

Gigantische Supermärkte wie **Continente** bieten vor den Toren der Stadt zu Dumpingpreisen alles für den Bedarf der Einheimischen (Autopista del Sur, Ausfahrt Santa Maria del Mar, 6 km).

Weitere riesige Einkaufszentren sind das **Las Chumberas** und **Alacampo** (an der Straße nach La Laguna).

KUNSTHANDWERK

Die breite Auswahl und die zivilen Preise in einigen renommierten Kunsthandwerksläden machen Santa Cruz zum geeigneten Ziel für den Einkauf von Andenken und Geschenken – wobei so spezialisierte Kunsthandwerkszentren wie in La Orotava (▶ 88ff) allerdings fehlen. In den folgenden Geschäften finden Sie **Inseltypisches** wie Stickerei, Spitze, Korbwaren, Schnitzereien und Puppen in Tracht, außerdem Delikatessen wie Honig oder mojo, eine pikante Soße: Arte Tenerife, Plaza de España; Artesanía Celsa, Calle Castillo 8; Casa de los Balcones, Plaza de la Candelaria.

MÄRKTE

Ein vergnügliches Einkaufserlebnis ist der Markt von Santa Cruz, den Sie täglich besuchen können. Die 300 Stände mit Obst, Gemüse, Blumen, Kräutern, Gewürzen, Käse, Fleisch und Fisch, lebenden Kaninchen und Geflügel des **Mercado Nuestra Señora de Africa** (▶ 58) sind eine Freude fürs Auge (tägl. 6–15 Uhr). Am Sonntagmorgen findet in den Straßen in der Umgebung ein Flohmarkt statt, der **Rastro**. Hier gibt es Haushaltsartikel, Kleidung und allen möglichen Tand. Achtung: Hier sind öfters Taschendiebe unterwegs.

Wohin zum ...
Ausgehen?

Lokalblätter wie *La Gaceta* oder *Tenerife News* bieten Infos zu Veranstaltungen.

ÜBERBLICK

Vom zentralen Franco-Denkmal fährt eine kleine **Touristen-Bimmelbahn** in die historische Altstadt (stündlich ab 10 Uhr). Die Rundfahrt dauert 45 Minuten und bietet einen guten Überblick über die Stadt. Die **Touristeninformation** im Cabildo Insular an der Plaza de España (Okt.–April Mo–Fr 9–18, Sa 9–13 Uhr; Mai–Sept. Mo–Fr 9–17, Sa 9–12 Uhr, Tel. 922 239592) hält auch viel Wissenswertes parat.

THEATER UND KONZERTE

In Santa Cruz gibt es zwei wichtige Veranstaltungsorte: Das moderne **Auditorio de Tenerife** (▶ 57, Avenida de la Constitución, Büro Tel. 902 317327; Tel. 922 568600; www.auditoriodetenerife.com) sowie das klassische **Teatro Guimerá** in der Calle Imeldo Seris (Tel. 902 364603; www.teatroguimera.es).

FESTIVALS UND VERANSTALTUNGEN

Der **carnaval** (Karneval) von Santa Cruz stellt alle anderen Ereignisse in den Schatten. Die Umzüge finden an unterschiedlichen Terminen statt. Am Aschermittwoch wird aber immer in einem bizarren Trauerzug eine »Sardine« beerdigt und schließlich in der Nähe vom Hafen in Flammen gesteckt. **Silvester** wird mit einer Party auf dem Hauptplatz gefeiert. Um Punkt 12 Uhr Mitternacht müssen in Höchstgeschwindigkeit zwölf Trauben gegessen werden. Die **Cabalgata de los Reyes Magos** (Heilige Drei Könige, 5./6. Jan.) und die **Semana Santa** (Karwoche) werden mit farbenfrohen Prozessionen begangen. Das **internationale Musikfestival** (Jan.–März) lockt Besucher von der ganzen Insel an. Am 25. August verbindet Santa Cruz das **Fest des Schutzheiligen** von Spanien, Santiago Apóstolo, mit einer Feier, die Nelsons Niederlage (▶ 14) im Juli 1797 gedenkt.

AM MEER

Hinter dem betriebsamen Hafen von San Andrés liegt einer der schönsten Strände von Teneriffa, die **Playa de las Teresitas** (▶ 56), ein von einem Riff geschützter, künstlich angelegter Sandstrand.

Südlich von der Plaza de España wurde das Hafengelände beim Castillo de San Juan in einen Lido mit ausgiebiger Badelandschaft, den **Parque Marítimo** (▶ 57),

umgestaltet. Informationen über Wassersport gibts im **Club Náutico** (Avenida de Anaga, Tel. 922 273700; www.rcnt.es).

NACHTLEBEN

Die Plätze in der Innenstadt, allen voran die Plaza de la Paz, sind voll von Cafés und Kneipen. Diverse Nachtlokale finden sich an der **Avenida Anaga** und an der **Rambla General Franco.**

Zu den besseren Clubs zählen das **Musa** (Avenida Anaga) für Cocktails sowie das **Klan-D-Stino** (Avenida Anaga 31) mit seiner jungen Tanzszene. Im Hotel Mencey an der Rambla General Franco gibt es ein **Casino** (formelle Kleidung, Pass mitnehmen). Die Spielautomaten sind ab 16 Uhr, die Spieltische ab 20 Uhr in Betrieb. In der **Arena von Santa Cruz** (Plaza de Toros) finden keine Stierkämpfe statt, sie wird zurzeit als Mehrzweck-Ausstellungsbereich mit Geschäften und Wohnungen renoviert.

La Laguna und der Nordosten

Erste Orientierung	66
In zwei Tagen	68
Nicht verpassen!	70
Nach Lust und Laune!	76
Wohin zum …	79

Erste Orientierung

Nur wenige unter den Millionen von Touristen, die jährlich nach Teneriffa kommen, besuchen das Nordostende der Insel, obwohl sich hier viel unternehmen lässt, von Bergwanderungen im Anaga-Gebirge bis zum Surfen an der Nordküste. Außerdem lädt die hübsche alte Stadt La Laguna zu Erkundungen ein, und die Weinproduzenten der Insel warten auf Besucher.

Kaum zehn Kilometer landeinwärts von Santa Cruz liegt die Stadt, die bis ins 18. Jahrhundert die Hauptstadt des gesamten Archipels war: La Laguna. Sie verfügt nicht nur über eine bedeutende Universität mit dem entsprechenden Nachtleben, sondern konnte sich auch ihre schöne alte Innenstadt bewahren.

In Richtung Norden und Osten erstrecken sich die zerklüfteten Montañas de Anaga (Anaga-Gebirge), wo man herrlich wandern und Touren (▶ 73) unternehmen kann. Zu den Sehenswürdigkeiten in den Bergen zählen ein einsames Dorf am Meer, Taganana, und die Höhlenwohnungen von Chinamada. An der Nordküste finden sich mehrere kleine Strände und Siedlungen. Hier zieht es vor allem Surfer her.

An der Straße westlich von La Laguna befinden Sie sich mitten in einem Weinbaugebiet. Das Weinmuseum (▶ 77) bei El Sauzal hält viele Informationen bereit. Südlich von La Laguna schlängelt sich eine hübsche Straße landeinwärts durch den Bosque de la Esperanza in Richtung Pico de Teide (▶ 118ff).

Punt Guir
Punta del Hidalgo 8
Bajamar 8
Tejina
Casa de Carta 7
Valle de Guerra
Teguest
Las Merc
El Socorro
Guamasa
San Cristóbal de la Laguna
El Sauzal 6
Tacoronte 5
Los Rodeos
II 3
St
Ga
de
6
TF-5
Casa del Vino la Baranda
Agua García
Barranco de las Lajas
TF-24
La Esperanza
La Matanza de Acenteja
Mirador Pico de las Flores
Santa María del Mar
La Victoria de Acenteje
4
Bosque de la Esperanza
Barranco Hondo
Mirador de Ortuno

Seite 65: Eine Treppe vor dem Rathaus von El Sauzal

Links: Fischerboote in Punta del Hidalgo

★ Nicht verpassen!

❶ La Laguna ➤ 70

❷ Montañas de Anaga ➤ 73

Nach Lust und Laune!

❸ Stunt Galería de Arte ➤ 76

❹ Bosque de la Esperanza ➤ 76

❺ Tacoronte ➤ 77

❻ El Sauzal und Casa del Vino La Baranda ➤ 77

❼ Casa de Carta (Museo de Antropologia) ➤ 78

❽ Bajamar und Punta del Hidalgo ➤ 78

Oben: Wanderer in den Montañas de Anaga bei Chinamada

Rechts: Im Bosque de la Esperanza muss sich der Besucher durch einen dichten Wald aus Kanarischen Kiefern kämpfen

In zwei Tagen

Wenn Sie nicht ganz sicher sind, wo Ihre Reise beginnen soll: Dieses Ausflugsprogramm ist ein praktischer Vorschlag für zwei angenehme Entdeckungstage in La Laguna und dem Nordosten mit einigen der schönsten Sehenswürdigkeiten aus dem Orientierungsplan auf der vorherigen Seite. Weitere Informationen finden Sie unter den Haupteinträgen.

Erster Tag

9 Uhr
Ausgangspunkt ist die Plaza del Adelantado in **1** **La Laguna**. Von hier aus sollten Sie zuerst einmal einen entspannenden Morgenspaziergang in der Altstadt (► 70) unternehmen. Der direkteste Rundgang führt in Richtung Norden über die Calle Obispo Rey Redondo an der **Kathedrale** vorbei und hinauf zur **Iglesia de la Concepción**. Von hier geht es einen Block weit nach Osten und dann zurück über die **Calle San Augustín**, an der es mehrere schöne alte Kolonialgebäude zu bewundern gibt. Eine Stunde sollte man sich für das **Museo de Historia y Antropología de Tenerife** in der Casa Lercaro Zeit nehmen.

12.30 Uhr
Wer sich an die spanischen Essenszeiten gewöhnt hat und noch eine gute Weile durchhält, fährt nun zuerst einmal nach **5** **Tacoronte** (► 77), die Weinkapitale der Insel. Sehenswert ist die Innenstadt mit der **Iglesia de Santa Catalina** (unten).

14 Uhr
Nach einer kurzen Fahrt gen Westen erreichen Sie die Abzweigung nach El Sauzal. Folgen Sie nun der Beschilderung zur **6** **Casa del Vino la Baranda** (► 77), einem Weinmuseum mit hübsch hergerichteter *hacienda*. Hier erfahren Sie alles über den Weinbau auf Teneriffa und können außerdem leckere spanische Gerichte und einen Schluck Wein dazu genießen.

16 Uhr
Nach dem Essen geht es weiter nach **6** **El Sauzal** (► 77), wo Sie sich kurz umsehen sollten, um dann wieder nach Tacoronte zu fahren. Dann geht es in Richtung Norden nach Valle de Guerra. Kurz vor dem Ort können Sie bei einem wunderschönen Landhaus eine kleine Pause einlegen: Halten Sie bei der **7** **Casa de Carta** (rechts oben, ► 78), die das Museo de Antropología beherbergt.

17.30 Uhr

Fahren Sie nach **8** **Bajamar** (unten, ▶ 78) und dann weiter zur **Punta del Hidalgo** (▶ 78), beides Ferienorte am Meer mit schwarzem Sandstrand. Es macht Spaß, in den natürlichen Wasserbecken oder im Ozean zu schwimmen, ehe man den Rückweg nach La Laguna antritt, wo das Abendessen wartet (▶ 79).

Zweiter Tag

Am zweiten Tag erkunden Sie die zerklüfteten **2** **Montañas de Anaga** (▶ 73). Anlaufpunkte gibt es viele, Sie sollten aber unbedingt die Städte **Taganana** (▶ 73), **Taborno** (▶ 74) und **Chinamada** (▶ 74) besuchen und auch an die Strände im Norden fahren. Dort warten an der **Playa de San Roque** Lokale, in denen man mittags hervorragende Meeresfrüchte essen kann. Am besten probieren Sie die Autoroute (▶ 160ff) aus.

La Laguna

Offiziell heißt der Ort San Cristóbal de la Laguna und wurde in der Nähe von einem kleinen See gegründet. La Laguna war früher nicht nur die Hauptstadt der Kanarischen Inseln, sondern auch das Hauptquartier der Streitkräfte; seit 1819 ist es zudem Bischofssitz der Diözese Nivaria (*Nivaria* ist der lateinische Name der Insel), zu der ganz Teneriffa und andere Inseln gehören. Mit über 100 000 Einwohnern ist La Laguna auch ein wichtiges Universitätszentrum. Die Altstadt mit Kirchen, Klöstern und Herrschaftshäusern muss man gesehen haben.

An der begrünten **Plaza del Adelantado** befinden sich das barocke, aber frisch aufpolierte Ayuntamiento (Rathaus) und der betriebsame Markt. Von hier aus können Sie die Altstadt am besten erkunden. Hinter dem Rathaus statten Sie zuerst der prächtigen, im 17. Jahrhundert erbauten **Casa de los Capitanes** an der Calle Obispo Rey Redondo einen Besuch ab; in dieser ehemaligen Residenz der Militärgouverneure gibt es heute wechselnde Kunstausstellungen zu sehen.

Kirchliche Gebäude

Die **Catedral** (Kathedrale) mit ihrer neoklassizistischen Fassade wurde 1913 im neugotischen Stil errichtet. Zu den Kunstschätzen zählen die Kanzel aus dem 18. Jahrhundert und der *Retablo de los Remedios*, ein Altaraufsatz mit Darstellungen von Bibelallegorien und Wundern. Er stammt von Martín de Vos, einem Schüler Tintorettos.

Für La Laguna als Bischofssitz ist die **Iglesia de la Concepción** allerdings von größerer Bedeutung. Ihr Glockenturm wird schlicht als El Torre (Der Turm) bezeichnet. Seit die Kirche Anfang des 16. Jahrhunderts errichtet wurde, hat man viel an ihr verändert. Einige Relikte aus der Spätgotik haben sich aber dennoch an der Fassade

Die Plaza de San Francisco in La Laguna

Hinter der neoklassizistischen Fassade der Kathedrale verbirgt sich ein Innenraum im Stil der Neugotik

und an den Eingängen erhalten. Im Inneren werden die Gläubigen von zwei schönen Holzdecken im Mudéjar-Stil vor den Elementen geschützt. Hier hängen auch Gemälde von zwei der bedeutendsten kanarischen Maler vor dem 19. Jahrhundert, Cristóbal Hernández de Quintana (1659–1725) und Juan de Miranda (1723–1805).

Mehrere wichtige Orden gründeten in La Laguna Konvente und Klöster, so auch den **Convento de Santa Clara** an der Calle Nava y Grimón. Die Kirche weist eine beeindruckende Holzdecke auf; solange die Renovierungsarbeiten andauern, kann das Gotteshaus allerdings nicht besichtigt werden.

Ehrwürdige alte Häuser

So manchen werden die charmanten **kanarischen Herrschaftshäuser** in La Laguna bezaubern. Sie sind höchstens drei Stockwerke hoch und zeichnen sich durch die reiche Verwendung von Holz aus. Hinter dem Eingang warten reizende Innenhöfe – *patios* – mit umlaufenden Holzgalerien im ersten Stock. Sie sollten einfach nach einer offen stehenden Tür Ausschau halten, um einen Blick ins Innere werfen zu können.

Die schönsten dieser Häuser finden sich in der **Calle San Agustín**. Die Casa Salazar mit der Hausnummer 28 ist eigentlich die Bischofsresidenz, während der Bürozeiten ist es aber möglich, sich den Innenhof anzusehen. Ein Stück weiter die Straße hinunter folgt mit der Hausnummer 16 ein weiteres Prachtexemplar, die Casa Montañés. Sie wurde im 17. Jahrhundert von einem spanischen Offizier erbaut – mit edlen Holzarbeiten an den Türen, Fenstern und Innenhöfen.

Das wahre Schmuckstück jedoch die zwischen den beiden Häusern liegende Casa Lercaro. Man hat sie zum **Museo de His-**

toria y Antropología de Tenerife umfunktioniert; dieses bietet eine Menge interessanter Informationen, aber schon allein das Gebäude lohnt den Besuch. Überall wurde poliertes Holz verwendet: von den Decken bis zu den Böden. Die Ausstellung vermittelt einen Einblick in die vorspanische Geschichte Teneriffas, die Eroberung und die Entwicklung bis heute. Zu sehen sind Dokumente, Landkarten, Artefakte, Werkzeug und Haushaltsgegenstände aus mehreren Jahrhunderten.

KLEINE PAUSE

Zur Entspannung sollten Sie sich ein kühles Bier auf einer der *terrazas* an der **Plaza del Adelantado** genehmigen. Wer Hunger hat, gönnt sich etwas Leckeres im **El Principito** gleich in der Nähe (Calle de Santo Domingo 26, Tel. 922 6333916, mittel). Dort gibt es spanische und französische Gerichte, darunter viele Fischspezialitäten.

Museo de la
Ciencia y el
Cosmos

✚ 181 D4

Catedral
✉ Plaza de la Catedral s/n
🕐 geschl. wegen Renovierung

Iglesia de la Concepción
✉ Plaza de la Concepción s/n
🕐 tägl. 9–13.30, 18–20.30 Uhr

Museo de Historia y Antropología de Tenerife
✉ Calle San Agustín 22 ☎ 922 825949
🕐 Di–So 9–19 Uhr 👋 mittel, So frei

Museo de la Ciencia y el Cosmos
✉ Calle Vía Láctea s/n ☎ 922 315265
🕐 Di–So 9–19 Uhr 👋 mittel, So frei

Real Santuario del Santísimo Cristo
✉ Plaza de San Francisco s/n
🕐 Mo–Sa 9–13, 16–21; So 9–21 Uhr
👋 frei

LA LAGUNA: INSIDER-INFO

Top-Tipp: Der **Real Santuario del Santísimo Cristo** aus dem 16. Jahrhundert, auch Santuario de San Francisco, ist eine Wallfahrtskirche der Franziskaner. Er beherbergt eine schwarze gotische Holzfigur von Christus, hochverehrt auf den Kanaren.
■ Jetzt gibt es zwischen La Laguna und dem Zentrum von Santa Cruz eine
   Straßenbahnverbindung (▶ 33).

Außerdem: Ein Stück vom Zentrum entfernt liegt das **Museo de la Ciencia y el Cosmos** (Museum der Wissenschaften und des Kosmos). Dieses interaktive Museum ist vor allem bei Kindern sehr beliebt. Das Hauptgewicht liegt auf der Astronomie (mit Planetarium), was nicht überrascht, schließlich haben Teneriffa und La Palma bedeutende Observatorien, deren Tätigkeit vom Instituto de Astrofísica de Canarias (IAC) und der Universität von La Laguna (▶ 120) koordiniert wird.

2 Montañas de Anaga

Das wildromantische Anaga-Gebirge prägt die Nordwestecke von Teneriffa. Hier gibt es einen zum Teil unter Naturschutz stehenden Park, der den Bewohnern von La Laguna und Santa Cruz Erholung bietet. Die Tinerfeños machen sich dafür stark, dass die Region auch in Anbetracht der sich immer weiter ausbreitenden Städte unberührt bleibt. So kann man also über schmale Straßen zu idyllischen Dörfern fahren, aber noch besser ist es, wenn Sie sich die Wanderschuhe anziehen und über die markierten Wege zu beeindruckenden Aussichtspunkten an der wilden Nordostküste spazieren.

Das Dorf Las Mercedes liegt in den steilen Bergen von Anaga

Umgebung von Taganana

Die bedeutendste Stadt im Anaga-Gebirge ist **Taganana.** Sie zieht sich an der Nordflanke an einem Steilhang nach unten bis zum Ozean. Etwa auf halber Höhe ragt die **Iglesia de Nuestra Señora de las Nieves** auf, die vor allem für ihr flämisches Triptychon aus dem 16. Jahrhundert bekannt ist. Was Baudenkmäler angeht, wird

WANDERN AUF DEM KÖNIGSWEG

Lange bevor die asphaltierten Straßen entstanden, waren die Montañas de Anaga schon von einem Netz von schmalen Wegen durchzogen, den *caminos reales* (Königswege). Viele davon gibt es heute noch – und sie eignen sich herrlich zum Wandern. Zu den bekanntesten zählt der **Vueltas de Taganana**, der sich von der TF12 über den Llano de las Vueltas in Richtung Norden nach Taganana schlängelt. Ausgangspunkt ist eine *casa forestal*, ein Forsthaus. Bis Taganana sind Sie etwa 1,5 Stunden unterwegs. Zurück können Sie eine Schotterstraße über die Siedlung Las Chozas im Westen von Taganana nehmen. Insgesamt dauert die Tour dann drei Stunden. Während der Wanderung kommen Sie durch dichten Wald und können immer wieder die schöne Aussicht über die Nordküste hinweg genießen.

sonst nicht mehr viel geboten, aber die Gässchen und bescheidenen Häuser versetzen den Besucher in eine andere Welt, und der Blick auf das Meer und den mit Palmen bestandenen *barranco* (Schlucht) ist einfach herrlich.

Weiter im Westen

Ein anderer reizender Marktflecken weiter westlich ist **Taborno.** Richtung Norden ragt der **Roque de Taborno** (706 m) auf, ein seltsamer Felsen in der Form eines Artilleriepanzers.

Etwas schwieriger ist es, nach **Chinamada** zu gelangen. Das Dörfchen befindet sich auf halber Höhe an der TF145, die bei Las Carboneras von der TF12 abzweigt. Der fünf Kilometer lange Fußweg nach Chinamada ist ausgeschildert. Die Gehzeit beträgt rund drei Stunden hin und zurück, wobei eine Pause zur Besichtigung des Ortes einkalkuliert ist. Zu den Attraktionen gehören die **Höhlenhäuser**. In diesen, zum Teil in die Felsen hineingebauten Troglodyten-Wohnungen lebt nur eine Hand voll Menschen; das Innere der Behausungen gleicht in etwa einer ganz gewöhnlichen Behau-

Die Höhlenwohnungen von Chinamada sind eine Besichtigung wert

sung unserer Zeit. Danach führt der Wanderweg noch ungefähr eine Stunde gen Nordwesten bis nach Punta del Hidalgo (► 78) an der Küste.

Im Osten

Auf der Ostseite des Anaga-Gebirges verliert sich die Straße in dem Dorf **Chamorga**. Die Fahrtstrecke (► 160ff) selbst ist ebenso interessant wie der Ort. Von einer kleinen Kapelle, einer Reihe zusammengewürfelter Häuser und ein paar Drachenbäumen abgesehen, bietet dieses halb verlassene Bauerndorf nicht viele Attraktionen. Der Ort kann jedoch mit mehreren Wander-

Die Anaga-Küste bietet Surfern beste Bedingungen

möglichkeiten aufwarten, deren Ausgangspunkte meist ausgeschildert sind. Der schönste Weg führt nach **Roque Bermejo**, einer winzigen Siedlung an der Küste mit einem Leuchtturm in der Nähe.

Die Küste hält ebenfalls einiges an Überraschungen bereit. Mit Vorliebe besuchen **Surfer** die schwarzen Sandstrände an der Nordküste von Anaga, um sich hier in den Wellen zu tummeln – die Brandung ist die beste von ganz Teneriffa. Man kann von der Playa de San Roque aus gut beobachten, wie sie auf ihren Brettern am Horizont nach der nächsten guten Stelle Ausschau halten.

Wer das Meer ruhiger liebt, macht sich zur **Playa de Antequerra** auf. Sie liegt südlich der Berge etwa vier Kilometer östlich von Igueste (► 56) und ist in einem einstündigen Spaziergang zu erreichen. Bequemer haben es da die Einheimischen, die gemächlich mit ihren Booten zum Strand schippern.

Wer an einem klaren Tag im Anaga-Gebirge ist, sollte einige der **Aussichtspunkte** ansteuern, zum Beispiel den Mirador del Bailadero, den Mirador del Pico del Inglés oder den Mirador de la Cruz del Carmen.

KLEINE PAUSE

Es gibt mehrere einfache **Fischlokale** an der Playa de San Roque. Wählen Sie einfach eines davon aus!

Chinamada ✚ 181 D5
Playa de San Roque ✚ 181 E5
Taganana ✚ 181 E5
Taborno ✚ 181 D5

MONTAÑAS DE ANAGA: INSIDER-INFO

Top-Tipp: Wanderer sollten im Anaga-Gebirge einige Grundregeln beachten: Nehmen Sie immer ausreichend **Wasser und Essen** als Proviant mit, und verlassen Sie sich nicht darauf, dass es in den kleinen Dörfern geöffnete Läden gibt. Außerdem brauchen Sie gute **Wanderstiefel** und sollten, was die Ausrüstung betrifft, **auf jedes Wetter vorbereitet sein**. Auch wenn es morgens sonnig und heiß ist, kann es in den Bergen am Nachmittag plötzlich diesig, regnerisch und windig werden.

Nach Lust und Laune!

3 Stunt Galléria de Arte

Diese kleine Galerie ist eine der führenden Organisationen für moderne Kunst auf der Insel. Hier finden regelmäßig Ausstellungen spanischer Künstler von der Insel oder vom Festland statt, die durch Arbeiten ausländischer Künstler ergänzt werden.

✚ 181 D4
✉ Calle Bencomo 7, La Laguna
☎ 922 252528; www.stunt.es

4 Bosque de la Esperanza

Die dichten Wälder des Bosque de la Esperanza bedecken den hohen Gebirgskamm, der sich südwestlich von La Laguna in Richtung Pico de Teide (▶ 118ff) erstreckt und Teil des vulkanischen Grats der Insel ist. Die Wälder eignen sich hervorragend, um ein bisschen zu wandern; an der Straße, die mitten hindurch führt, liegen acht schöne Aussichtspunkte. Wer von La Laguna kommt, nimmt die TF24 in Richtung La Esperanza, einer recht nichts sagenden Stadt. Wirklich schön wird es erst, wenn man an Höhe

Vom Bosque de la Esperanza aus ist der aus den Wolken ragende Berg Teide zu sehen

gewinnt und den Wald erreicht mit seinen vielen Lorbeerbäumen. Von beiden Seiten des Kamms gehen Wanderwege ab. Die Straße durchquert den Wald in ganzer Länge und führt dann zum Teide weiter. Einen Halt lohnt der schöne Aussichtspunkt **Mirador Pico de las Flores**. Von dort haben Sie einen herrlichen Blick gen Norden bis La Laguna und noch weiter bis zum Anaga-Gebirge. Vom **Mirador de Ortuño**, zehn Kilometer entfernt, kann man einen ersten Blick auf den Teide werfen. Das Beste kommt jedoch nach zwei Kilometern: Dort zweigt eine Straße zum **Mirador de las Cumbres** ab. Der Blick auf den Teide ist hier besonders beeindruckend, der Wald ringsherum nicht minder. Etwa zehn Kilometer weiter hören die Bäume auf, und es beginnt eine Art Mondlandschaft, die sich bis zum Teide zieht.

✚ 180 B3
✉ 5 km südlich von La Laguna

5 Tacoronte

Dieser Ort liegt mitten im Weinbaugebiet der Insel. Die Stadt ist recht hübsch und lohnt eine Besichtigung, wenn man in aller Ruhe die Region bereist. Der Name Tacoronte gilt als das Guanche-Wort für »Ort, an dem sich die Älteren treffen«, was Archäologen vermuten lässt, dass es sich um die Hauptstadt einer der Guanche-Stämme handelte. Nach der Eroberung der Inseln durch die Spanier ließ sich hier eine Gemeinde portugiesischer Siedler nieder.

Der alte Stadtkern befindet sich an der **Iglesia del Cristo de los Dolores** und der **Iglesia de Santa Catalina.** In der ersten befindet sich eine hochverehrte Christusstatue aus dem 17. Jahrhundert; die Kirche ist auch unter dem Namen Santuario del Santísimo Cristo bekannt. Der Bau der Iglesia de Santa Catalina begann im 16. Jahrhundert, doch konnte das Gotteshaus erst gegen Ende des 18. Jahrhunderts fertig gestellt werden. Im Inneren gibt es eine schöne *artesonado*-Decke zu sehen, eine Kassettendecke aus Holz mit Intarsien oder *artesas*, Motiven. Rund um diese beiden Kirchen erstreckt sich ein Gassengewirr mit mehreren herrschaftlichen Häusern. In Tacoronte geht es oft lebhaft zu, besonders während der Fiestas de la Vendimia (Weinfest) im September.

✚ 180 B4

✉ 9 km westlich von La Laguna

Palmen und Topfblumen schmücken das Rathaus von El Sauzal

6 El Sauzal und Casa del Vino la Baranda

Gleich bei der Autobahnausfahrt El Sauzal steht eine *hacienda* (Gutshaus) aus dem 17. Jahrhundert, heute das Paradebeispiel für den Weinbau auf Teneriffa schlechthin und gleichzeitig Museum: die **Casa del Vino la Baranda**. Das Gut wurde von einem Kaufmann aus Andalusien (Südspanien) gegründet und entwickelte sich zur Zentrale eines florierenden Unternehmens, das in der Mitte des 19. Jahrhunderts vorübergehend in die Hand des Präsidenten von Mexiko kam, José Joaquín de Herrera. Ursprünglich hieß das Gut Quinta de San Simón del Sauzal, es wurde dann aber 1992 von der Regierung von Teneriffa übernommen und restauriert – und eben in das heutige attraktive Weinmuseum umfunktioniert. Gehen Sie am Eingang links an der Rezeption vorbei und weiter zur Familienkapelle des Gründers mit ihrer bemerkenswerten Kassettendecke. Den Gang hinunter gelangen Sie in die Ausstellungsräume und am Ende in ein geschmackvolles Lokal. Auf der anderen Seite des Innenhofs befindet sich das Museum, das die Geschichte des Weins auf Teneriffa und die Arbeit der Winzer eingängig präsentiert. An das Museum angeschlossen sind ein Weinladen und ein Raum, wo die edlen Tropfen probiert werden können. An Sommerabenden finden im Patio klassische Konzerte statt.

El Sauzal selbst ist auch hübsch. Hier gibt es viele Villen und reizende kleine Lokale. Im Stadtzentrum ragt die ungewöhnliche **Iglesia de San Pedro** auf, bekannt für ihre maurische, weiß getünchte Kuppel. Wer zum **Mirador**

de la Garañona fährt, genießt einen herrlichen Blick über die Klippen.
✚ 180 B4

Casa del Vino La Baranda
✉ Autopista General del Norte
☎ 922 572535; www.tenerife.es/casa-vino
🕐 April–Okt. Mi–Sa 10–21.30, So 11–18, Di 11.30–19.30 Uhr; Nov.–März, Mi–Sa 10–21.30, So 11–18, Di 10.30–18.30 Uhr
✋ frei

7 Casa de Carta (Museo de Antropología)

Ein Umweg von Tacoronte nach Norden in Richtung Valle de Guerra führt zu diesem herrlichen Landsitz, der heute das Museo de Antropología (Museum für Anthropologie) beherbergt. Dieses Ziel würde man am liebsten gleich mehrmals besuchen, da die Ausstellungen wechseln. Das Themenspektrum ist breit gefächert, steht aber immer in Verbindung mit der Kultur und Geschichte der Inseln – von der Küche bis zu den Guanchen.
✚ 180 B4
✉ Straße Tacoronte – Valle de Guerrera
☎ 922 546300; www.museodetenerife.org
🕐 Di–So 9–19 Uhr ✋ frei

8 Bajamar und Punta del Hidalgo

Diese beiden Küstenstädte sind nur vier Kilometer voneinander entfernt

Ein unerwarteter Wolkenkratzer auf der Landspitze bei Punta del Hidalgo

und bilden zusammen ein Ferienziel an der Nordseite des Anaga-Gebirges. Die Städte bestehen hauptsächlich aus seelenlosen Apartments und Hotels. Aber eine Besonderheit gibt es dann doch: Wellen donnern gegen das schwarze Vulkangestein. Vom bescheidenen schwarzen Sandstrand bei **Bajamar** – was so viel heißt wie »am Meer unten« – abgesehen, gibt es keine Strände. Im Hintergrund ragt dann wie eine schwarze Wand das Anaga-Gebirge auf.

Die Straße endet in **Punta del Hidalgo**; von hier geht es nur zu Fuß weiter. Eine Besonderheit sind die natürlichen Meerwasserbecken, die *piscinas naturales*, die aus den Felsen gehauen wurden. An einem stürmischen Tag donnern die Wellen über die Begrenzungen in das sonst friedliche Becken. Diese Ecke der Insel ist wirklich oft windig, der Ozean scheint zu brodeln. Die beiden Ferienorte sind recht ruhig, die Landschaft in der Umgebung beeindruckend. Auch wenn Sie nicht lange bleiben, nehmen Sie sich etwas Zeit, sehen Sie sich um und nutzen Sie die Bademöglichkeit!
✚ 180 C5
✉ Bajamar 8 km nördlich von La Laguna; Punta del Hidalgo 11 km nördlich von La Laguna

Wohin zum ... Übernachten?

Preise

Für ein Doppelzimmer gelten in der Hauptsaison folgende Preise, Mehrwertsteuer inklusive:

€ unter 70 Euro

€€ 70–120 Euro

€€€ über 120 Euro

BAJAMAR

Hotel Delfín Bajamar €

Wenn Sie nach einem gemütlichen günstigen Hotel nahe am Wasser die wilden Küstenregion Teneriffas suchen, von dem aus Sie gut Spaziergänge und Wanderungen unternehmen können, sind Sie hier an der richtigen Adresse. Es ist eine flache 3-Sterne-Anlage im Dorf mit Blick auf die Pools und die umgebenden Klippen. Von außen wirkt das Gebäude kastenförmig, aber die Zimmer sind hell und die Vorhänge und Polstermöbel sind mit lebendigen blauen Marinethemen dekoriert.

Vor Ort finden Sie einen Pool, einen Tennisplatz und ein Solarium. Buchen Sie Halb- oder für einen kleinen Aufpreis auch Vollpension. Auf einer Etage sind die Zimmer behindertengerecht ausgestattet.

☐ 180 C5 ☒ Avenida del Sol 39, Bajamar ☎ 922 540200; www.delfinbajamar.com

LA LAGUNA

Aguere €

In dieser reizenden Frühstückspension in der Altstadt trifft man keine Pauschaltouristen – man kann sogar seine Spanischkenntnisse anwenden!

Das ehrwürdige Gebäude stammt aus dem 18. Jahrhundert und war einst die Bischofsresidenz. Die 22 Zimmer liegen rund um die obere Galerie in einem Gewirr von Durchgängen und Treppen. Sie sind geräumig und hell. Das Frühstück ist im Preis inbegriffen und wird unter Palmen serviert.

☐ 181 D4 ☒ Calle La Carrera 55 ☎ 922 259490; www.hotelaguere.es

Hotel-Apartamentos Nivaria €€

Dieses Gebäude aus dem 18. Jahrhundert liegt im Süden der charmanten Altstadt von La Laguna und konnte sich trotz seiner Modernisierung einen Teil seines ursprünglichen Charakters bewahren. Eine der Hauptattraktionen ist der elegante *patio*. Im Inneren, das zum Teil ziemlich düster wirkt, herrscht eine authentische spanische Atmosphäre. Zu den 73 Zimmern zählen auch einige Studios für zwei und Apartments für bis zu drei Personen. Die Einrichtung ist modern oder traditionell. Vor Ort gibt es ein Restaurant und eine Café-Bar. Auch der Squashplatz ist ein unerwarteter Pluspunkt.

Außerdem stehen den Gästen ein kostenloser Internetzugang und eine Fahrradvermietung zur Verfügung.

☐ 181 D4 ☒ Plaza del Adelantado 11 ☎ 922 264298; www.hotelnirvaria.com

TACORONTE

El Adelantado €

Dieses große traditionelle Bauernhaus aus dem 18. Jahrhundert liegt auf einem weitläufigen Grundstück im Norden. Es kann pro Zimmer oder als große Villa gemietet werden. Zur Ausstattung gehören zwei gemütliche Aufenthaltsräume und ein Frühstücksraum. Von der Terrasse blickt man auf den privaten Weinberg; Das Anwesen liegt an Nordhängen auf einer Höhe von über 500 m und in einem der wichtigsten Weinbaugebiete der Insel. Die Besitzer veranstalten Bonsai-Workshops und haben Gärten mit hauptsächlich kanarischen Pflanzen angelegt. Der Mindestaufenthalt beträgt drei Nächte.

☐ 180 B4 ☒ El Alentado 16, Tacoronte ☎ 922 271135; www.casaruralealedelantado.com

Wohin zum … Essen und Trinken?

Preise

Die Preise gelten pro Person für eine Mahlzeit inklusive Getränk, Mehrwertsteuer und Service:

€ unter 20 Euro

€€ 20–40 Euro

€€€ über 40 Euro

Mehrere hervorragende Lokale, die sich auch für Familien eignen, finden sich an der Landstraße um La Esperanza und im Anaga-Gebirge, wo die Tinerfenos am Wochenende gern stundenlang zu Mittag essen. Die meisten Lokale hier haben viel Lokalkolorit. Im Univiertel von La Laguna um die Plaza Zurita findet sich eine Kneipen- und Café-Szene. Die Gegend ist auch unter dem Namen El Cuadrilatero bekannt – hier finden sich über 60 Bars. Bei den Studenten beliebt sind die irische Bar Cerveceria 7 Islas (Calle Heraclio Sanchez) sowie das El Buho (Calle Catedral 3) und der Pub Harina (Calle Dr Zamenhof 9).

LA LAGUNA

Asador Neke €-€€

Dieses Restaurant hat sich aufgrund seines guten Rufs für leckere Gerichte aus hervorragenden, vielfach lokalen Zutaten von einem kleinen BBQ zu einem großen Speiserestaurant entwickelt. Es gibt einen schönen Speiseraum und eine Terrasse. Die gestärkten Tischdecken zeigen, dass hier Wert aufs Detail gelegt wird. Auf der Speisekarte steht eine gute Auswahl an Fleisch- und Fischgerichten sowie Salaten.

✚ 181 D4

🖂 Subida del Pulpito, in der Nähe des Aeropuerto del Norte
☎ 922 257166 ⏰ Mo–Sa 12–16, 20–24 Uhr

Patio Canario €-€€

Der Hof, nach dem dieses kanarische Restaurant benannt wurde, ist zwar sehr touristisch, aber der ideale Ort für Tapas, Fleisch- und Käsegerichte sowie andere Leckereien. Er liegt in einem Haus aus dem 18. Jahrhundert und der fragliche patio befindet sich hinter einem freundlichen Barbereich.

✚ 181 D4 🖂 Calle Manuel de Ossuna 8
☎ 922 264657 ⏰ Mo–Sa 12–16.30, 20–1 Uhr

El Tonique €-€€

Ein Lokal mit Kellerambiente, ausgestattet mit viel Holz, Ziegel und Stein sowie über 150 Weinsorten, die an der Wand entlang aufgereiht sind. An der Bar gibt es eine breite Auswahl an Tapas, aber es sind auch Hauptgericht e erhältlich. Das Lokal ist beim Jungvolk wie auch bei Geschäftsleuten beliebt.

✚ 181 D4
🖂 Calle Heraclio Sánchez 23

☎ 922 261529 ⏰ Mo 20–0.30, Di–Sa 13–16.30, 20–0.30 Uhr; 15.–30. Aug. geschl.

TACORONTE

Los Limoneros €€€

Dieses elegante, gehobenere Restaurant liegt mitten auf dem Land im Osten des Dorfes Los Naranjeros und ist Treffpunkt für ein eher betuchtes Publikum. Hierher kommt auch die spanische Königsfamilie bei Besuchen auf Teneriffa. Unter der Woche wird es vor allem von Geschäftsleuten besucht, am Wochenende kommen auch Familien her. Die Küche ist traditionell mit viel Lamm und Fisch, der Service höflich.

✚ 180 B4 🖂 Carretera General del Norte 447B ☎ 922 636637 ⏰ Mo–Sa 13–24 Uhr

Mi Merced €-€€

Ein für Spanien typisches formelles Café mit hübscher Einrichtung, auf Hochglanz polierter Mahagonibar und Marmorfußboden. Das Speiseangebot ist klassisch mit einer Auswahl an kanarischen und kastilischen

Gerichten sowie hervorragendem Grillfleisch. Auch die Auswahl lokaler Weine ist gut.

☩ 180 B4 ✉ Camino Real 280, Barranco las Lajas ☎ 922 567236 ⏰ Mi–Sa 12–17, 20–22.30, So 12–17 Uhr; geschl. Mo und Di

EL SAUZAL

Casa del Vino La Baranda €€

Diese Tapas-Bar mit Restaurant gehört zu einem phantasievollen Weinmuseum (▶ 77) gleich an der Autobahn an der Nordküste; hier können Sie die edlen Tropfen zunächst probieren, bevor Sie sich ein paar Flaschen zum Mitnehmen kaufen. Das Landhaus aus dem 17. Jahrhundert ist stilvoll, die kanarischen Spezialitäten sind köstlich zubereitet. Von der Sonnenterrasse hat man einen herrlichen Blick.

☩ 180 B4 ✉ El Sauzal ☎ 922 563886 ⏰ Di–Sa 13–16, 20–23, So 13–16 Uhr

Restaurante Martinez €–€€

Riesige Portionen typischer kastilischer Küche und eine große Auswahl an Tapas sind die Spezialitäten dieser rustikalen Weinbar, wo Sie verschiedene lokale Weine in der Karaffe zu einem Gericht à la Carte genießen können. Der traditionelle *bacalao* (gesalzener Kabeljau) ist einer der lokalen Favoriten, aber Sie können sich auch viele weitere Fisch- und Fleischgerichte nach Belieben zubereiten lassen.

☩ 180 B4 ✉ Carretera General del Norte 119 ☎ 922 564044; www.restaurantemartinez.com ⏰ Sa–Di, Do 9.30–16; Fr 9.30–16, 19–23 Uhr; Mi geschl.

TEGUESTE

El Drago €€€

Das Lokal in einem charmanten Bauernhaus liegt gleich bei der Dorfkirche von El Portezuelo. Die Hausmannskost ist wirklich echt, dazu gibt es Wein aus der Region. Auch *cabrito asado con papas negras* (gebratenes Zicklein mit Kartoffeln) steht auf der Speisekarte.

☩ 180 C4 ✉ Calle Marqués de Celada 2 ☎ 922 543001 ⏰ Fr–Sa 13–16, 20–23, Mi–Do, So 13–16 Uhr; Aug. geschl.

Wohin zum … Einkaufen?

ANDENKEN

Die Region ist zum Einkaufen für Touristen nicht sehr geeignet. Eine Ausnahme macht die **Casa de los Calados** (Calle Nuñez de la Peña 9), in der man Stickereien kaufen kann und **Atlantida Artesania** (Calle Agustín 55) mit einer Auswahl an Produkten der Insel. An der Calle San Augustin in der Nähe der Plaza del Adelantado gibt es einen lebhaften **Markt** (Mo–Sa morgens).

WEIN

Die Region Tacoronte ist auch wegen ihrer Weinkelterei berühmt. Wer einen guten Tropfen kaufen möchte, besucht die **Casa del Vino la Baranda** (▶ 77) unweit El Sauzal. Gegen einen kleinen Obolus kann man Weinsorten probieren; das mehrsprachige Personal ist gern behilflich. Eine weitere Möglichkeit, zu gutem Wein zu kommen, stellt die **Bodega Alvaro** (2 km außerhalb von Tacoronte an der Straße nach La Laguna, Tel. 922 560359, Mo–Sa 9–17.30 Uhr) dar, der größte Weinhandel Teneriffas.

WANDERKARTEN

Wer vorhat, das Anaga-Gebirge im Nordosten zu erkunden, sollte sich vorher unbedingt eine detaillierte **Wanderkarte** besorgen. Eine gute Auswahl an Landkarten und Führern bekommen Sie in der Touristeninformation von La Laguna an der Plaza del Adelantado (▶ 70) oder im Besucherzentrum des Mirador Cruz del Carmen (▶ 82).

Wohin zum ... Ausgehen?

LA LAGUNA

Die Unterhaltungsmöglichkeiten sind in La Laguna vor allem für die Einheimischen und die vielen Studenten gedacht. Konzerte, Kunstausstellungen, Filmkunst und Theaterproduktionen sind hier niveauvoller als anderswo auf der Insel, und so ziemlich alle Vorstellungen sind in spanischer Sprache. Bei Interesse sollten Sie sich erkundigen, was das **Teatro Leal** (Calle Obispo Rey Redondo 54, Tel. 922 259617) zu bieten hat.

Beim alljährlichen **Jazz- und internationalen Theaterfestival** ist hier immer viel los. An Fronleichnam (Mai/Juni, ▶ 10) werden in den Straßen kunstvolle Bilder aus buntem Sand und Blumen gefertigt. Wer mit Kindern unterwegs ist, die bei Laune gehalten werden müssen, besucht das **Museo de la Ciencia y el Cosmos** (Museum der Naturwissenschaften und des Kosmos) mit vielen interaktiven Angeboten (Vía Laceta, Tel. 922 315265, Di–So 9–19 Uhr, mittel).

WANDERN UND TRECKEN

Auf einigen Straßen im Anaga-Gebirge kommt es in der Hochsaison zu Staus; außerdem sollte man hier besonders in Kurven auch auf frei herumlaufende Ziegen aufpassen. Planen Sie Ihre Wanderungen sorgsam als Rundtouren, denn in den Bergen gibt es keine Unterkunftsmöglichkeiten. Es geht zwar nicht übermäßig hoch hinauf, dafür aber steil, und auch plötzliche Wetterwechsel gehören beim Bergwandern dazu.

Über die ganze Halbinsel schlängeln sich Wanderwege. Landkarten und Informationen hält das Anaga-Parkinformationszentrum in Cruz del Carmen (Tel. 922 633576) bereit; dort gibt es auch einen Aussichtspunkt und ein einfaches Restaurant. Es eignet sich gut als Ausgangspunkt für herrliche Wanderungen durch den Lorbeerwald zu malerischen Dörfern wie Las Carboneras oder El Batán. Andere interessante Routen beginnen in Chamorga oder an der zerklüfteten Küste bei Taganana. Die befahrbare Straße endet in Benijo, dann geht es über einen Pfad weiter zum Leuchtturm (Faro de Anaga).

VOGELBEOBACHTUNG

Wer gerne Vögel beobachtet, sollte ein Auge auf eine der endemischen Arten auf Teneriffa haben, die **Bolles-Lorbeertaube**. Mit etwas Glück bekommt man sie in den Lorbeerwäldern im Anaga-Gebirge zu sehen. Punta del Hidalgo (▶ 78) eignet sich gut, um Zugvögel zu beobachten.

Zwischen La Laguna und Las Mercedes lohnt ein Halt am Straßenrand, um den **Kanarienvögeln** zu lauschen. In den dichten Kiefernwäldern von La Esperanza bekommen Sie die winzigen, akrobatischen **Goldhähnchen** zu sehen und auch die wunderschönen blauen **Buchfinken**. Ein guter Standort ist der Mirador bei El Diablo auf dem Cumbre Dorsal zwischen Esperanza und dem Weg zum Berg Teide.

WASSERSPORT

Die Kiesbuchten an der **Punta del Hidalgo** (▶ 78) mit ihren riesigen Brechern und beständigem Wind locken Surfbegeisterte an. Die Strömungen können um das nördliche Kap jedoch gefährlich sein! Wer schwimmen möchte, ist in den natürlichen Meeresbecken von **Bajamar** (▶ 78) gut aufgehoben.

GOLF

Der älteste und nobelste Golfplatz ist der **Real Club de Golf de Tenerife** bei Tacoronte (Tel. 922 636607; www.realclubgolftenerife.com). Er liegt im Schatten von alten Bäumen, und man hat einen herrlichen Blick auf den Teide.

Der Nordwesten

Erste Orientierung   84

In drei Tagen   86

Nicht verpassen!   88

Nach Lust und Laune!   104

Wohin zum …   107

Erste Orientierung

Die westliche Hälfte der Nordküste Teneriffas ist touristisch am interessantesten. Hier gibt es geschichtsträchtige Innenstädte, einen recht netten Ferienort am Meer, Fischerdörfer, seltsame Bäume, eine zerklüftete Küste, Bananenplantagen, einen Zoo und wildromantisches Bergland um das Dorf Masca.

Auch wenn sich Puerto de la Cruz seit langem dem Tourismus verschrieben hat, konnte sich diese interessante Stadt im Zentrum viel von ihrem alten Charme bewahren. Noch bezaubernder ist La Orotava im Landesinneren, die beeindruckendste

Links: Wunderschöne Schmetterlinge in Icod de los Vinos

★ Nicht verpassen!

1 La Orotava ➤ 88
2 Puerto de la Cruz ➤ 93
3 Icod de los Vinos ➤ 96
4 Garachico ➤ 98
5 Masca ➤ 100
6 Acantilado de los Gigantes ➤ 102

Nach Lust und Laune!

7 Loro Parque ➤ 104
8 Bananera El Guanche ➤ 104
9 Pueblo Chico ➤ 105
10 San Juan de la Rambla ➤ 105
11 Playa de San Marcos ➤ 105
12 Arguayo ➤ 106
13 Buenavista del Norte ➤ 106
14 Punta de Teno ➤ 106

Kolonialstadt auf den ganzen Kanarischen Inseln. Sie liegt in einem der schönsten Täler Teneriffas.

Eine ganze Reihe von Stränden und Dörfern bekommt man auf dem Weg nach Westen zu sehen. Lassen Sie sich von dem alten Drachenbaum und den exotischen Schmetterlingen in Icod de los Vinos verzaubern, entspannen Sie sich gleich in der Nähe in San Marcos am Strand, und erkunden Sie das Fischerdörfchen Garachico, wenn Sie nicht lieber nach Punta de Teno fahren, das am westlichsten Punkt der Insel großspurig in den Ozean hineinragt.

Die Küste ist einfach großartig und geht abrupt ins Hinterland über, das im Osten aufragt. Den schönsten Sonnenuntergang auf Teneriffa bekommen Sie im Bergdorf Masca zu sehen; von dort aus können Sie durch die Schlucht bis ans Meer wandern.

Seite 83: Neben dem riesigen Acantilado de los Gigantes wirkt alles andere winzig

Oben: La Orotava ist eine hübsche Kolonialstadt

In drei Tagen

Wenn Sie nicht ganz sicher sind, wo Ihre Reise beginnen soll: Dieses Ausflugsprogramm ist ein praktischer Vorschlag für drei angenehme Entdeckungstage im Nordwesten mit einigen der schönsten Sehenswürdigkeiten aus dem Orientierungsplan auf der vorherigen Seite. Weitere Informationen finden Sie unter den Haupteinträgen.

Erster Tag

Vormittags

Richten Sie es, wenn möglich, so ein, dass Sie in **❶ La Orotava** (rechts, ➤ 88ff) am Morgen ankommen. Starten Sie zunächst mit einem Rundgang durch die Stadt, die mit vielen wunderschönen kanarischen Häusern aufwarten kann. Nicht verpassen sollten Sie die Casas de los Balcones, das Museo de Artesanía Iberoamericana und die barocke Iglesia de Nuestra Señora de la Concepción. Dann geht es per Mietwagen oder Taxi nach **❷ Puerto de la Cruz** (➤ 93ff). Auf der kurzen Fahrt lohnt ein Zwischenstopp in der **❽ Bananera El Guanche** (➤ 104), wo Sie die Bananenbäume und andere exotische Pflanzen in Augenschein nehmen können. In Puerto de la Cruz angekommen, spazieren Sie am besten gleich zur im Herzen der Stadt am Meer liegenden **Casa de Mirada** (➤ 94, 109) und essen dort zu Mittag.

Nachmittags

Entweder tanken Sie am **Lago Martíanez** (➤ 93) oder an der **Playa Jardín** (➤ 93) ein bisschen Sonne, oder Sie besuchen den **❼ Loro Parque** (oben, ➤ 104), den beliebtesten Zoo der Insel, oder Sie erkunden Puerto de la Cruz zu Fuß. Bevor Sie nach La Orotava zum Übernachten zurückfahren, sollten Sie in Puerto de la Cruz zu Abend essen.

Zweiter Tag

Vormittags

Nehmen Sie die Autobahn
in Richtung Westen nach
3 **Icod de los Vinos** (➤ 96f).
Ganz oben auf der Liste der
Sehenswürdigkeiten steht der
Drago Milenario, ein tausend
Jahre alter Drachenbaum
(rechts). Machen Sie einen
gemütlichen Stadtbummel,
und besuchen Sie vielleicht

auch den **Mariposario del Drago** (Schmetterlingspark, ➤ 97). Dann fahren
Sie ein paar Kilometer zum Strand von Icod hinunter. An der **10** **Playa de San
Marco** (➤ 105) kann man in der Bucht schön schwimmen und dann in einem
der Lokale am Meer das Mittagessen genießen.

Nachmittags

Von der Playa de San Marcos sind es kaum sieben Kilometer bis nach **4** **Garachico** (➤ 98f), einer charmanten Fischerstadt und früher auch einer der
wichtigen Häfen von Teneriffa. Hier gibt es genug zu tun, um einen Nachmittag
zu verbringen – von den Meerwasserbecken bis zum Convento de San Francisco.

Dritter Tag

Nehmen Sie sich heute die Rundfahrt durch den Nordwesten vor (➤ 163ff).
Von Icod de los Vinos können Sie ihr einfach folgen oder ein Stück nach
Süden bis nach **6** **Acantilado de los Gigantes**, zu den imposanten Klippen
(➤ 102f) fahren, bevor es nach **5** **Masca** (➤ 100f) geht. Von dort geht es
weiter bis nach **14** **Punta de Teno** (➤ 106). Vielleicht legen Sie bei **13** **Buenavista del Norte** noch eine Pause ein, bevor Sie nach Garachico zurückfahren.

❶ La Orotava

Schon zur Zeit der Guanchen galt das Valle de la Orotava (Orotava-Tal) als eine der reichsten Landschaften auf Teneriffa. Hier ließen sich schnell Siedler aus Spanien nieder. Bis heute ist das Tal eine üppige, fruchtbare Oase. La Orotava mit der am besten erhaltenen Altstadt des gesamten Archipels florierte im 18. Jahrhundert, als bedeutende Familien aus La Laguna herzogen und mit dem durch den Weinanbau erwirtschafteten Reichtum schöne Herrschaftshäuser und Kirchen erbauten.

Die Straßen von La Orotava sind praktisch ein Freilichtmuseum in Sachen kanarische Architektur. Die meisten Häuser, die sich an den steilen Straßen drängen, stammen nämlich schon aus dem 17. und 18. Jahrhundert.

Viele von Ihnen haben ja vielleicht die **kanarischen Kolonial-bauten** – ob alt oder neu – von La Laguna oder Puerto de la Cruz schon besichtigt, doch die verblassen im Vergleich zu dem, was in La Orotava geboten wird. Schauen Sie sich nur einmal die **Casas de los Balcones** an der Calle San Francisco an, das Vorzeigeobjekt schlechthin. Kommt man oben auf dem Hügel an, müssen die

Der schneebe-deckte Gipfel des Pico de Teide ragt hinter der Nordküste Teneriffas auf

Teakholzbalkone der Casa Fonseca und der Casa Franchi aus dem 17. bis 18. Jahrhundert, die sich über die ganze Länge der beiden angrenzenden Gebäude ziehen, einfach beeindrucken.

Stil des 18. Jahrhunderts

In der **Casa Fonseca**, dem ehemaligen Heim einer alteingesessenen Familie, befindet sich heute ein Geschäft, in dem Kunst und Kunsthandwerk verkauft wird. Dort können Sie einen Eindruck bekommen, wie die Betuchten zur Zeit des Weinbooms auf Teneriffa lebten. Durch das Geschäft gelangen Sie in den Hof hinter dem Haus. Hier ist alles voller Palmen, außerdem steht da eine alte Weinpresse, und es verlaufen im ersten Stock elegante Galerien

Gepflegte, farbenfrohe Häuser verleihen den Straßen der Stadt Farbe

rund um das Gebäude und rahmen den Patio ein.

Oben befindet sich ein kleines Museum, praktisch das Zuhause der Familie im 18. Jahrhundert. Erklimmen Sie die Wendeltreppe, um sich die Schlafzimmer, den Salon, das Esszimmer, die Küche, die Galerien und Korridore anzusehen.

In den Werkstätten werden hochwertige Waren hergestellt; das ganze Zentrum bemüht sich um den Fortbestand der alten Traditionen der Insel. Hier beginnt auch die farbenprächtige **Romería de San Isidro Labrador y Santa María de la Cabeza** (► 10) am Sonntag nach Fronleichnam.

Die **Casa Franchi** nebenan ist innen nicht ganz so spektakulär. Sie können das Atrium betreten, um einen Blick auf den Patio zu werfen, der aber kleiner und dunkler als in der Casa Fronseca ist.

Auf der anderen Straßenseite befindet sich ein drittes Haus, die so genannte **Casa del Turista**, die aus dem Jahr 1590 stammt und eigentlich **Casa Molina** heißt. Sie dient als gigantisches Warenlager an Kunsthandwerk wie Keramik und Stickerei, für die die Insel bekannt ist. Das Personal ist in Tracht gekleidet.

Der Patio unterscheidet sich von anderen, denn er ist nicht an allen vier Seiten umbaut, sondern lässt offen, sodass man einen herrlichen Blick auf Puerto de la Cruz und das Meer hat. Ausgestellt ist hier stets ein »Teppich« aus verschiedenfarbigem Vulkansand. Er gehört zu den Fronleichnamsfeierlichkeiten (► 10) im Juni; die Bewohner von La Orotava arbeiten schon seit Mitte des 19. Jahrhunderts an beeindruckenden Kunstwerken dieser Art.

Architektonisches Detail einer nicht mehr genutzten *gofio*-Mühle in La Orotava

Gofio

Ein paar Schritte bergauf stehen an der dreieckigen **Plaza San Francisco** die Relikte einer **Gofio-Mühle**. Wer noch mehr aufgelassene Mühlen sehen möchte, spaziert die Calle Doctor Domingo González García weiter; auf einer Strecke von nur 500 Metern kann man weitere mehr oder weniger verfallene Mühlen sehen. Eine Mühle, die noch in Betrieb ist, findet sich von der Casa de los Balcones aus 100 Meter bergab in der Calle Colegio. Das Gebäude stammt aus dem 17. Jahrhundert; unterhalb gibt es auch noch das Aquädukt zu sehen, das die Mühle mit Wasser versorgte; heute wird sie jedoch mit Strom betrieben. Hier können Sie auch das mehlige Pulver probieren, das lange Zeit das Hauptnahrungsmittel auf den Kanaren abgab (Kasten unten).

Kunsthandwerk

Weitere Handwerkskunst ist im **Museo de Artesanía Iberoamericana** ausgestellt, das im Kreuzgang des ehemaligen Konvents

---

GOFIO – EINE KANARISCHE SPEZIALITÄT

Zur Zeit der Guanchen war das Grundnahrungsmittel ein Pulver, nämlich *gofio*, ein fein gemahlenes und geröstetes Getreide, aus dem man alles Erdenkliche machen konnte. Heute stellt man *gofio* meistens aus Weizen oder Mais her, es wird jedoch auch Gerste verwendet. Im Allgemeinen hat es die Konsistenz von Mehl. Die Inselbewohner schwören, dass Kugeln aus dieser Masse in Milch getränkt das perfekte Frühstück abgeben. Es gibt aber auch Rezepte für *gofio*-Tortillas oder Kekse aus *gofio* mit Honig. *Gofio* hat sich in einigen Ländern Lateinamerikas etabliert, die Festland-Spanier konnten ihm hingegen nicht viel abgewinnen. Deshalb gibt es *gofio* nun in Miami, aber nicht in Madrid!

der Iglesia de Santo Domingo untergebracht ist (die Kirche ist nur während der Messe geöffnet, am besten probieren Sie es also zwischen 16.30 und 19 Uhr). Die vielfältigen Kunstobjekte sind auf zwei Stockwerke verteilt und stammen aus Spanien, Portugal und Lateinamerika.

Das Erdgeschoss beherbergt grob zwei Abteilungen: Musikinstrumente und Keramik. Unter den Instrumenten finden sich Rumbakugeln aus Kuba, die mit dem Gesicht einer Frau bemalt sind, eine Bambusvioline aus Kolumbien und ein *charango*, ein Saiteninstrument aus Gürteltierhaut, das aus Bolivien stammt. Zu sehen sind ferner Keramiken aus den Ländern Lateinamerikas und so ziemlich jeder Gegend in Spanien, beispielsweise aus Tavalera de la Reina, Toledo und Paterna in Valencia. Im Obergeschoss ist die Mischung noch bunter. Angefangen bei einem Kanu aus Ried bis hin zu bizarren, mehrfarbigen Kerzenleuchtern und Lebensbäumen aus Mexiko füllt so ziemlich alles den Saal. Vielerlei Textilien, weitere Musikinstrumente und Volkskunst der indianischen Ureinwohner Lateinamerikas runden das Bild ab.

Wer zur Fülle an Kunsthandwerk eine Abwechslung braucht, besucht die **Iglesia de Nuestra Señora de la Concepción,** ein Meisterwerk des Barock und sicher das Paradebeispiel auf den Kanaren. Die Kirche wird von zwei Türmen flankiert und weist eine imposante Kuppel auf. Die Fassade soll die enge Verbindung zwischen den Kanaren und Lateinamerika symbolisieren – so heißt es zumindest. Den Hauptaltar ziert ein Tabernakel aus Marmor und Alabaster, das Schüler des italienischen Bildhauers Giuseppe Gaggini (1478–1536) schufen.

KLEINE PAUSE

An der **Plaza de la Constitución** kann man gut einen Kaffee oder ein Bier trinken und einen Happen essen. Wer großen Hunger hat, geht ins **Sabor Canario** im Patio des Museo Etnográfica del Pueblo Guanche (► 109) im Herzen der Altstadt. Gleich nebenan gibt es gute Einkaufsmöglichkeiten. Ebenfalls zum shoppen und essen ist das nahegelegene **Casa Lercaro** geeignet, ein weitläufiges Herrenhaus (► 109).

Die barocke Kirche Iglesia de Nuestra Señora de la Concepcíon

✛ 180 A3

Casas de los Balcones
✉ Calle San Francisco 3
☎ 922 330629, www.casa-balcones.com
🕐 Mo–Sa 8.30–18.30 Uhr
✋ preiswert

Casa del Turista
✉ Calle San Francisco 4
☎ 922 330629 🕐 Mo–Sa 8.30 bis
19.30, So 8.30–13.30 Uhr ✋ frei

Museo de Artesanía Iberoamericana
✉ Calle Tomás Zerolo 34
☎ 922 323376
🕐 Mo 9–15, Di–Fr 9–17, Sa 9–13 Uhr;
So geschl. ✋ mittel

Iglesia de la Concepción
✉ Plaza Casañas
🕐 tägl. 9–13, 16.30–20 Uhr
✋ frei

LA OROTAVA: INSIDER-INFO

Top-Tipps: Wer Spaß an schöner Keramik hat, sollte einmal im **Museo de Cerámica** in der Casa Tafuriaste (Calle León 3, Tel. 922 321447, Mo–Sa 10–18, So 10–14 Uhr, preiswert) vorbeischauen. Das Museum befindet sich im Obergeschoss des restaurierten Hauses; Sie können sich aber auch die Verkaufsausstellung unten ansehen.

■ Hoch über der Plaza de la Constitución thront das **Liceo de Taoro** (Tel. 922 330119; www.liceotaoro.com; tägl. 9–24 Uhr, preiswert), ein luxuriöser Club; man erwirbt dort gegen eine geringe Gebühr eine Tagesmitgliedschaft und kann dann etwas trinken. Manchmal finden hier Kunstausstellungen statt oder auch andere Kulturereignisse.

■ Neben dem Liceo de Taoro befinden sich schöne Gärten, die **Jardínes Marquesando de la Quinta Roja** (Calle San Agustín, tägl. 9–18 Uhr, frei).

■ Ein anderer reizender kleiner Garten ist die **Hijuela del Botánico** an der Calle Tomás Pérez (Mo–Fr 9–14 Uhr, frei), eine botanische Sammlung im Miniaturformat.

Geheimtipp: Oft läuft man an der **Casa Torrehermosa**, die zwischen vielen anderen Bürgerhäusern aus dem 17. Jahrhundert ein wenig versteckt liegt, vorbei. In diesem Gebäude an der Calle Tomás Zerolo 27 ist jedoch Artenerife zu Hause mit einer breiten Auswahl an Handwerkskunst von den Kanaren (Mo–Fr 9.30–16, Sa 9–13 Uhr, frei, www.artenerife.com). Es ist eines von mehreren Outlets für qualitativ hochwertige Handarbeit. Verkauft werden Seidenwaren, Keramik und traditionelle Musikinstrumente.

2 Puerto de la Cruz

Puerto de la Cruz, einst nur der Hafen der reichen, weit oben im Hinterland gelegenen Handelsstadt La Orotava, hat sich in den 1960er-Jahren zu Teneriffas Touristenhochburg entwickelt. Auch wenn einige scheußliche Hotelsilos das Stadtbild verunstalten, ist der Ferienort doch abwechslungsreich und interessant. Sie sollten unbedingt den Fischerhafen erkunden, den Resten der Altstadt einen Besuch abstatten und natürlich in den seichten Meerwasserbecken des Lago Martiánez plantschen oder zum weitläufigen schwarzen Sandstrand, der Playa Jardín, weiterfahren.

Strände

Mit den Bademöglichkeiten ist es schon seltsam: Zuerst wurde der Ferienort am Meer ausgebaut, dann erst machte man sich Gedanken über die Strände. Der Ministrand aus Vulkansand und Stein im Stadtzentrum, die **Playa San Telmo**, kann nämlich kaum als Strand bezeichnet werden. Deshalb legte der Künstler César Manrique aus Lanzarote etwas später den ansprechenden **Lago Martiánez** an, einen Freizeitkomplex mit einer ganzen Reihe himmelblauer Meerwasserbecken.

Wer sich lieber in die Wellen des Ozeans stürzt, fährt gen Westen zur **Playa de Jardín**. Diesen breiten Strand aus Vulkansand hat man in ein schönes Freizeitareal verwandelt. Der von Palmen und Vulkanfelsen gesprenkelte Strand ist wirklich nett – wenn man nichts gegen die schwarze Farbe hat. Weiter hinten befindet sich die grüne Parkanlage mit Unmengen von Palmen und anderen Bäumen. Ein Restaurant und ein Imbisslokal runden das Bild ab. Am Ostende des Strands ragen die Mauern des **Castillo San Felipe** auf, einer Festung aus dem 17. Jahrhundert, die den Hafen

Achten Sie auf die komplizierten Details an den Häusern – dieses hier steht an der Calle San Felipe

vor unliebsamen Besuchern schützen sollte. Hier werden oft Konzerte abgehalten, zu hören sind Klassik und Volksmusik. Eintrittskarten sind im Castillo erhältlich.

Stadtmitte

Wieder im Stadtzentrum können Sie sich den weiteren Sehenswürdigkeiten widmen: Am westlichen Ende des Lago Martiánez steht die winzige **Ermita de San Telmo**. Die Kapelle wurde 1780 von der Gilde der Seeleute gegründet. Heute kommen viele her, um eine Messe in deutscher Sprache zu besuchen. Rund 200 Meter westlich ragt die Hauptkirche der Stadt auf, die **Iglesia de Nuestra Señora de la Peña de Francia**, ein stattlicher Barockbau an der Plaza de la Iglesia.

In der Hafengegend

Näher am Meer finden sich zwei gut erhaltene kanarische Herrschaftshäuser. Die **Casa de Miranda** beeindruckt mit herrlich geschnitzten Teakbalkonen; sie wurde 1730 erbaut und beherbergt heute ein Restaurant, das genauso heißt. In der Calle Lonjas steht – mit Blick auf den Fischerhafen – die **Casa de la Aduana**, das ehemalige Zollhaus. Im Hof können Sie die Schnitzarbeiten bewundern und die Räumlichkeiten betreten, in denen Handwerkskunst, Essen und Wein verkauft wird.

Das **Museo Arqueológico** (Museum für Archäologie) ist hauptsächlich eine Ausstellung von Keramik der Guanchen (► 13). Die einfachen Gefäße, Teller, Krüge, daneben auch einige Amphoren, die auf der Insel gefunden wurden, gehören zu den wenigen Objekten, die Rückschlüsse auf die Gesellschaft der Guanchen zulassen. Das Museum ist in einem edel restaurierten Herrschaftshaus untergebracht. Ein kurzer Besuch lohnt sich allemal, vielleicht auch nur, um sich bewusst zu machen, dass die Kanarischen Inseln keine rein spanische Geschichte haben.

Der **Parque Taoro** sieht recht hochnäsig auf die Stadt herab. Sie können tagsüber durch die Gärten spazieren oder den Wasserpark für Kinder besichtigen. Abends bietet sich ein Besuch im Casino an (Tel. 922 380550), wo Sie eine Runde Roulette spielen oder einfach einen Cocktail trinken können. Hier ist schicke Kleidung erwünscht. Es wirkt vernachlässigt und ein festes Datum für eine Renovierung ist nicht in Sicht.

Parque Tajinaste ist ein Hotel in der Nähe der botanischen Gärten

Außerhalb der Stadt

Rund 1,5 Kilometer vom Zentrum von Puerto de la Cruz entfernt liegt an der T5 landeinwärts der **Jardín Botánico** (Botanischer Garten). Im Jahr 1788 ließ König Karl III. von Spanien diese Gärten anlegen; hier sollte – nach königlichem Wunsch – bei angemessenem Klima und in spanischer Erde eine Vielfalt an exotischen Pflanzen ihren Platz finden. Dem König lag die Flora am Herzen, denn er war auch für die Errichtung des Botanischen Gartens von Madrid verantwortlich. Und die Flora ist wirklich beachtlich: Im Jardín Botánico hier auf Teneriffa bekommen Sie ganz außergewöhnliche Arten zu sehen, zum Beispiel die Moreton-Bucht-Feige und einen total verwundenen Gummibaum aus Brasilien.

Die Glocken im barocken Glockenturm der Iglesia de Nuestra Señora de la Peña de Francia läuten für alle

KLEINE PAUSE

Die **Plaza del Charco** mit ihren vielen Cafés bietet sich für eine Pause im Freien an. Wer in gemütlicher Umgebung gut essen will, reserviert einen Tisch in der stilvollen **Casa de Miranda** aus dem 18. Jahrhundert.

✚ 177 F5
Casa de la Aduana
✉ Calle Lonjas ☎ 922 378103 🕐 Mo–Sa 10–20 Uhr

Iglesia de Nuestra Señora de la Peña de Francia
✉ Plaza de la Iglesia s/n 🕐 tägl. 8–13, 17–20 Uhr 💶 frei

Jardín Botánico
✉ Calle Retama 2 ☎ 922 383572 🕐 April–Sept. tägl. 9–19 Uhr, Okt.–März tägl. 9–18 Uhr 💶 mittel

Lago Martiánez
✉ Avenida de Colón s/n ☎ 922 385955 🕐 tägl. Mai–Sept. 10–19, Okt.–April 10 18 Uhr 💶 mittel

Museo Arqueológico
✉ Calle del Lomo 9/a ☎ 922 371465, www.arqueopc.museum 🕐 Di–Sa 10–13, 17–21, So 10–13 Uhr 💶 mittel

Parque Taoro
✉ Carretera de Taoro 🕐 tägl. ganztags 💶 frei

PUERTO DE LA CRUZ: INSIDER-INFO

Top-Tipp: Die kleine **Keramik-Figurine** in Raum 5 des Museo Arqueológico, das einzige Objekt dieser Art, das auf Teneriffa gefunden wurde, wirft viele Fragen auf. Stellt die Figur einen Mann oder einen Gott dar? Und welche Bedeutung mag sie im Denken der Guanchen gehabt haben? Spekulationen darüber gibt es viele, doch wenig ist wirklich gesichert.

Geheimtipp: Das **Viertel um das Museo Arqueológico** mit den vielen traditionellen Häusern und den unzähligen Restaurants hat etwas Anheimelndes im Gegensatz zum Lago Martiánez, der eher das Flair eines klassischen Ferienziels hat.

❸ Icod de los Vinos

Die Stadt liegt im so genannten Weingürtel hoch über der zerklüfteten Nordwestküste von Teneriffa. Seit Jahren lebt Icod de los Vinos gut von einem einzigen Baum: dem *drago*. Der bizarr geformte, riesige Drachenbaum soll über tausend Jahre alt sein und lockt die Besucher in Scharen an. Doch daneben gibt es noch viel mehr zu sehen in Icod – zum Beispiel das faszinierende Schmetterlingsmuseum und die alte Innenstadt.

Wer mit dem Auto in die Stadt kommt, folgt der Beschilderung zum **Parque del Drago**; dort gibt es einen Parkplatz. Der Parkschein schließt den Eintritt in die Gärten mit ein; man kann sogar noch einen kleinen gelben Zug benutzen, der hinauffährt. Wer den Baum nur aus der Ferne betrachten will, kann das von der Plaza de la Iglesia aus tun; in diesem Fall wählen Sie einen anderen Parkplatz.

Der knorrige **Drachenbaum** ist 15 Meter hoch und bringt es am Stamm unten auf sechs Meter Durchmesser. In den 1000 bis 2000 Jahren seiner Entwicklung hat er ein unglaublich dichtes Geäst entwickelt; Drachenbäume haben übrigens keine Jahresringe, die Berechnung ihres Alters ist also eine Wissenschaft für sich. Der Saft des Baumes ist als Drachenblut bekannt, da er sich bei Luftkontakt rot färbt. Das »Blut« wurde früher für medizinische Zwecke benutzt und ist eine Naturfarbe. Rund um den Baum erstreckt sich ein bescheidener botanischer Garten,

Der alte Drachenbaum von Icod de los Vinos ist seit Jahrhunderten das Symbol Teneriffas

in dem noch mehrere jüngere Drachenbäume wachsen, die jedoch im Vergleich mit dem alten Riesen völlig verblassen.

Neben dem Parque del Drago liegt der Traum eines jeden Schmetterlingsforschers, das **Mariposario del Drago** (Schmetterlingsmuseum), wo Hunderte von exotischen Schmetterlingen in einem tropischen Garten durch die Lüfte gaukeln. Manche wurden hier gezüchtet, andere importiert. Diese herrlichen Lebewesen leben im Durchschnitt leider nur ganze drei Wochen. Die Präsentation eines 70 Minuten langen Dokumentarfilms bringt den Besuchern die Welt dieser Insekten näher.

Ein unglaubliches Maß an Geduld muss wohl ein gewisser Jerónimo de Espellosa y Villabriga, ein Spanier, gehabt haben, der auf Kuba lebte und 1668, nach fünf langen Jahren Arbeit, das bemerkenswerte Silberkreuz im **Museo de la Iglesia de San Marcos** vollendete. Das Museum ist kaum mehr als ein Raum in der gleichnamigen Kirche, und das Kreuz ist das einzig Sehenswerte hier. Es ist 2,45 Meter lang und wiegt 48,3 Kilo – trotz seiner Größe und seines Gewichts wirkt das Kunstwerk jedoch wie eine diffizile Stickerei.

Dieser *Danaus-Plexippus-*Schmetterling wurde im Icod-Schmetterlingsmuseum entdeckt

KLEINE PAUSE

Die Imbissbar des **Parque del Drago** lädt zu einer Tasse Kaffee ein. Oder Sie spazieren weiter zu dem Lokal im Musikpavillon an der schattigen **Plaza de Cáceres**, die in die Plaza de la Iglesia übergeht.

✚ 177 D4

Parque del Drago
✉ Plaza de la Consitucion ☎ 922 814510
🕐 tägl. 10–18 Uhr 🖐 mittel

Mariposario del Drago
✉ Avenida de Canarias s/n ☎ 922 815167;
www.mariposario.com 🕐 tägl. 9–18 Uhr (im Sommer eine Stunde länger) 🖐 teuer

Museo de la Iglesia de San Marcos
✉ Plaza de la Iglesia ☎ 922 810695
🕐 Mo–Sa 9–13.30, 16–18.30 Uhr
🖐 preiswert

ICOD DE LOS VINOS: INSIDER-INFO

Top-Tipp: Von der Plaza de la Constitución gehen Sie rund 200 Meter über die Calle San Antonio, dann erreichen Sie einen kleinen Platz, den Plazuela Cabrera Mejías, vor einem **kleineren Drachenbaum**, den die Einwohner liebevoll *drago chico* nennen – kleiner Drachenbaum eben.

Geheimtipp: Wer ein bisschen Zeit übrig hat, spaziert schnell zur **Plaza de la Constitución**, die im Norden des Parque del Drago in der Altstadt liegt. Hier gibt es viele Herrschaftshäuser, darunter die **Casa-Museo Los Cáceres** (Plaza de la Constitución 1, tägl. 10–13, 17–20 Uhr, frei), ein stattliches neoklassizistisches Gebäude aus dem frühen 19. Jahrhundert. Innen liegt ein schöner Patio mit imposanten Holzsäulen und einer Galerie. Die Dauerausstellung zeigt Arbeiten von Guillermo Sureda, außerdem finden hier Wechselausstellungen zu Kunst und Fotografie statt.

4 Garachico

Als 1706 glühende Lava nach Garachico strömte und einen Großteil der betriebsamen Hafenstadt zerstörte, ließen sich die Bewohner nicht unterkriegen und bauten alles wieder auf. Heute ist der Ort einer der schönsten auf Teneriffa.

Die kleine Bucht ein Stück westlich vom Zentrum war früher der Haupthafen; doch heute erinnert nicht mehr viel an diese wirtschaftliche Blütezeit. Vor der Promenade führen noch Felsausläufer ins Meer, El Caletón, nämlich Lavageröll, das erkaltete und dabei natürliche Meerwasserbecken ausbildete.

Die kompakte Altstadt von Garachico, die im 18. Jahrhundert wieder aufgebaut wurde, ist sehr einladend

Burgen und Klöster

Das wuchtige **Castillo de San Miguel**, eine typische Wehrburg aus dunklem Vulkanstein, wacht schweigend über die Küste. Innen gibt es eine Sammlung von Muscheln, Fossilien und ausgestopften Meerestieren zu sehen, zum Beispiel eine Schildkröte und ein Seepferdchen, dazu eine lebendige Schildkröte und diverse Mineralien – von Asbest bis Amethyst.

Die größte Attraktion ist der ehemalige **Convento de San Francisco**, in dem heute die Casa de la Cultura (Haus der Kultur) untergebracht ist. Wenn Sie in das Kloster hineingehen, erwarten Sie zwei wunderschöne Höfe. Der erste ist relativ schlicht mit schlanken Holzsäulen – sie tragen die Balkone im ersten Stock. Im zweiten spielte sich das eigentliche Klosterleben ab – hier wachsen Palmen und Rosenbüsche. Im Erdgeschoss befindet sich eine alte Sammlung; die interessanten Schwarzweißfotos von Garachico zeigen die Welt von früher. Aber auch die ausgestopften Vögel, die Schmetterlinge und Haushaltsgegenstände lohnen einen Blick. Die zugehörige Kirche **Iglesia de Nuestra Señora de Los Angeles** sollten Sie sich auch wegen der edlen Mudéjar-Decke ansehen – mit etwas Glück ist das Gotteshaus geöffnet.

Die **Iglesia de Santa Ana** beherrscht die angrenzende Plaza Arriba. Die Kirche wurde größtenteils neu aufgebaut und Anfang des 18. Jahrhunderts mit einem sechsstöckigen Glockenturm versehen,

nachdem die Lava das ursprüngliche Gebäude aus dem 16. Jahrhundert weitgehend zerstört hatte.

Herrenhäuser und Museen

Am gleichen Platz steht auch noch ein edles Herrschaftshaus, die **Casa Palacio de los Condes de la Gomera**. Im Erdgeschoss sind gelegentlich Kunstwerke und Fotos einheimischer Künstler ausgestellt. Ein Bummel durch die Gassen und über die hübsche **Plaza de Juan González de la Torre** ist ein besonderes Vergnügen.

Eine bescheidene Sammlung moderner spanischer Kunst findet sich im **Museo de Arte Contemporáneo** (Museum für zeitgenössische Kunst), einem ehemaligen Kloster an der Plaza de Santo Domingo. Östlich der Altstadt liegt die wunderschöne, schattige **Plaza de Santo Domingo** und der Convento de Santo Domingo aus dem 17. Jahrhundert, der das momentan geschlossene Kunstmuseum beherbergt. In Richtung westlichem Stadtausgang befindet sich vor einer großen Landwirtschaftskooperative das **Museo de la Carpintería Antigua** (Museum für alte Schnitzereikunst). Hier gibt es einige traditionelle Geräte zur Holzbearbeitung zu bewundern sowie schöne Objekte, die mit ihnen gefertigt wurden. Das Museum ist aber vielleicht eher ein Vorwand, um Wein, Bananenlikör und Andenken zu offerieren.

Das Castillo de San Miguel mit Blick auf das Meer beherbergt eine außergewöhnliche Sammlung

KLEINE PAUSE

Wer eine Kleinigkeit essen oder ein leckeres Fischgericht probieren möchte, geht ins **Isla Baja** in der Nähe vom Castillo de San Miguel.

✚ 176 C4

Touristeninformation
✉ Calle Estéban de Ponte 5 ☎ 922 133461 🕐 Mo–Sa 11 15 Uhr
Castillo de San Miguel
✉ Tomé Cano s/n 🕐 tägl. 10–13, 15–18 Uhr 💶 preiswert
Convento de San Francisco
✉ Plazoleta de la Libertad s/n 🕐 Mo–Fr 10–19, Sa–So 10–15 Uhr 💶 preiswert
Museo de la Carpintería Antigua
✉ Avenida República de Venezuela 17 ☎ 922 830333 🕐 tägl. 9–19 Uhr 💶 frei

GARACHICO: INSIDER-INFO

Top-Tipp: Wenn Sie Garachico besuchen, sollten Sie Ihre **Badesachen** mitnehmen. Nichts macht mehr Spaß, als sich in der Hitze in einem der natürlichen Meeresbecken abzukühlen, die die Anwohner hier stets an den Vulkanausbruch von 1706 erinnern.

Geheimtipp: Sie sollten den Ort nicht verlassen, ohne einen Blick in das wunderschöne **Hotel La Quinta Roja** (Glorieta de San Francisco s/n, Tel. 922 133377, www.quintaroja. com) geworfen zu haben, gegenüber vom Convento de San Francisco. Das orangerote Herrschaftshaus wurde beeindruckend renoviert. Wer nicht hier übernachten möchte, sollte sich zumindest die herrlichen Patios ansehen und dort etwas trinken. Und dann gibt es noch die Sauna...

⑤ Masca

Seine dramatische Lage hoch oben im Teno-Gebirge macht Masca zum malerischsten Dorf auf Teneriffa – ein wahres Muss! Man kann hier eine Wanderung unternehmen, zum Beispiel eine recht anspruchsvolle Tour ans Meer hinunter.

Eine lange, gewundene Straße

Egal, ob Sie von Norden oder Süden kommen, die Fahrt nach Masca (600 m) ist ein dramatisches Unterfangen. Von Norden her schlängelt sich eine schmale Straße durch Ackerland und recht raue Landschaft mit einigen herrlichen Aussichtspunkten, bevor es dann zum Schluss etwas sanfter nach unten geht. Hier fährt man an einem halben Dutzend Häuser vorbei, und gleich danach, links, stürzt ein Wasserfall in die Tiefe. Von Süden her ist der Wechsel abrupter. Kaum hat man das lebhafte Santiago del Teide hinter sich gelassen, geht es steil bergauf. Nach einigen Schwindel erregenden Kurven ist die Stadt erreicht. Die ganze Zeit über kann man dabei den Blick auf den **Barranco**

Masca ist kaum mehr als ein paar verstreut liegende Häuser am oberen Ende eines steilen Tals

Wandern in der spektakulären Schlucht von Masca

de Masca, die Schlucht, in der das Dörfchen liegt, genießen und weiter bis zum Meer. Kurz bevor Sie in Masca ankommen, befindet sich an dieser Straße eine *terraza*, von der aus Sie den Sonnenuntergang perfekt beobachten können. Die Sonne scheint regelrecht die Schlucht hinunterzusinken, um dann in den Ozean zu fallen.

Feuer

In der Nacht zum 31. Juli 2007 fielen 18 000 Hektar Wald in den Bergen Nordwestteneriffas einem verheerenden Waldbrand zum Opfer, der von heißen Winden und starker Trockenheit angefacht wurde. Die Dörfer Masca und Barranco lagen genau im Zentrum des Infernos. Zwar gab es keine Toten, aber die Hälfte aller Gebäude einschließlich Wohn- und Geschäftsgebäuden wurden zerstört. Die Bewohner schworen sich auf die Neuerrichtung ein und sind dabei, ihr Leben und ihre Existenz wieder aufzubauen. Masca erhebt sich wie der Phönix aus der Asche, wobei die neuen Gebäude den Stil der alten, vom Feuer verschlungenen Häuser bewahren. Auch die Natur spielt ihre Rolle und überdeckt die Hügel mit frischem Grün. Einige Teile von Barrancomay sind allerdings gesperrt. Beachten Sie die Schilder, um der Vegetation die Möglichkeit zu geben, sich zu erholen.

Wandern im Barranco

Wer in die Schlucht hinunterwandern möchte, nimmt den mittleren Weg an ein paar Häusern vorbei, der sich dann schnell in einen Trampelpfad verwandelt. Für den Hin- und Rückweg sollten Sie sechs bis sieben Stunden einplanen. Um sich den Aufstieg nach Masca zu sparen, können Sie sich per Boot nach Los Gigantes bringen lassen. Die Fahrt startet um 15 Uhr (► 102).

KLEINE PAUSE

Chez Arlette (► 110) neben der Kirche bietet eine besonders schöne Aussicht und traditionelle Gerichte.

✚ 176 B3

MASCA: INSIDER-INFO

Top-Tipp: Wer in der ersten Dezemberwoche Masca besucht, sollte sich nach der **Fiesta de la Consolación** erkundigen. Dabei handelt es sich um einen religiösen Feiertag, an dem sich die Dorfbewohner in Tracht kleiden und die Musiker ihre *timples* (eine Art Ukulele) anstimmen, um die feierliche Prozession zu untermalen.

❻ Acantilado de los Gigantes

Das Südende der Küste beim Teno-Gebirge markieren unzugängliche Felswände aus Vulkangestein, die steil in den Ozean abfallen. Sie heißen Acantilado de los Gigantes (Klippe der Riesen) und sind ein beeindruckendes Naturgebilde. Unmittelbar südlich befindet sich ein Strand, La Canalita. Beides zusammen und noch dazu die Aussicht auf 365 Tage Sonne im Jahr hat einen wahren Tourismusboom ausgelöst. Los Gigantes und Puerto de Santiago mit Apartments und Hotels, Restaurants und Lokalen schließen aneinander an.

Klippe der Riesen

Sie können natürlich einfach nur ganz entspannt am Strand liegen und die 500 bis 600 Meter aufragenden Klippen betrachten. Spannender ist es sicherlich, eine Fahrt mit dem **Boot** zu unternehmen. Die Schiffe fahren nah an die Felsen heran, und man kann eine Weile in ihrem Schatten schwimmen. Angeboten werden unterschiedliche Exkursionen: meistens die Klippen in Kombination mit Wal- oder Delphinbeobachtung oder auch mit einer Fahrt die Küste hinauf zu einem kleinen Strand unten am Barranco de Masca (► 101). Wer diese Schlucht lieber bergab als bergauf geht, kann von Masca hinunterlaufen und sich dann von einem Ausflugsboot abholen lassen, das wieder zurück nach Los Gigantes fährt. Erkundigen Sie sich nach dem *Nashira Uno* (Tel. 922 861918), einem Boot, das vom Hafen von Los Gigantes ausläuft, südlich von La Canalita. Reisebüros in beiden Orten sind behilflich.

Vulkanische Klippen bilden die Kulisse des Hafens von Los Gigantes

Die Klippen bei Los Gigantes ziehen sich weit an der Küste entlang

Auf Grund der Klippen ist **Los Gigantes** der attraktivere der beiden Orte. Puerto de Santiago zieht sich unterhalb von Los Gigantes mehrere Kilometer am Meer entlang. Es ist nur einen Kilometer von Los Gigantes entfernt, und man tut sich schwer, das jeweilige Ortsende überhaupt zu erkennen. In den 1980er-Jahren war **Puerto de Santiago** mit seinem schönen schwarzen Sandstrand, der Playa de la Arena, ein Fischerdorf und vom Tourismus unberührt. Auch wenn der Ort heute noch relativ ruhig ist, hat sich vom alten Dorfcharakter nichts mehr erhalten. Stattdessen findet man die üblichen englischen und irischen Pubs, es gibt üppiges englisches Frühstück und Andenkenläden.

Das überaus klare Wasser an diesem Küstenabschnitt gilt als ideal zum **Tauchen**, und so finden sich auch viele Tauchgeschäfte, die entsprechende Ausrüstung zum Verleih anbieten. Außerdem werden Tauchausflüge und Kurse (PADI) für Anfänger und Fortgeschrittene organisiert.

KLEINE PAUSE

Restaurante Pancho (▶ 110) an der Playa de la Arena ist ein geräumiges Lokal mit kanarischer Speisekarte.

➕ 176 B3

ACANTILADO DE LOS GIGANTES: INSIDER-INFO

Geheimtipp: Wer sich eine Vorstellung machen möchte, wie es in Puerto de Santiago früher ausgesehen hat, fährt in Richtung Süden zur **Playa de San Juan**, einem Dorf mit einem kleinen grauen Strand, das weitgehend noch vom Fischfang lebt. Noch zehn Kilometer weiter nach Süden gelangen Sie über kleine Seitenstraßen zu verschwiegenen Buchten und Felsformationen.

Nach Lust und Laune!

7 Loro Parque

Dieser beliebte Privatzoo lässt sich immer wieder etwas Neues einfallen. Zuletzt wurde ein Papageigehege eingerichtet – es soll das größte der Welt sein, wie die Besitzer behaupten. Aber sie sind nur eine der Attraktionen hier, es gibt auch Alligatoren, Gorillas, Affen, Schimpansen, Jaguare, Tiger, Riesenschildkröten, Pelikane und Flamingos zu bewundern. Sie können eine Delphin- und Seelöwenshow anschauen, Papageien (*loros*) zusehen, wie sie mit dem Fahrrad fahren und andere Dummheiten machen, oder im Aquarium den Haien einen Besuch abstatten. Im Park gedeihen auch Unmengen von Tropenpflanzen. Auf der **Tour »Hinter den Kulissen«** erfährt man, wo die Delphine abgerichtet werden, wo die Gorillas schlafen und wo neue Fische und Seepferdchen ihre erste Quarantänezeit verbringen.

Ein **Mini-Zug** holt die Besucher des Zoos im 20-Minuten-Takt – gratis – an der Avenida Venezuela ab, die sich in Puerto de la Cruz in der Nähe von Lago Martiánez befindet. Loro Parque ist auch für die weltgrößte Sammlung von Porzellanpapageien bekannt, von denen viele im 18. Jahrhundert in der berühmten Meissner Porzellanmanufaktur hergestellt wurden. Die Loro-Parque-Stiftung, der karitative Zweig von Loro Parque, finanziert weltweit Projekte zum Schutz von Papageien und zur Erhaltung von Papageienpopulationen.

✚ 177 F5 ✉ 1,5 km westlich von Puerto de la Cruz ☎ 922 373841; www.loroparque.com ⏰ tägl. 8.30–18.45 Uhr 💳 teuer

8 Bananera El Guanche

Die Besichtigung der Plantage ist vielleicht etwas zu touristisch aufbereitet, aber dennoch informativ, denn sie liefert viele Informationen über die Geschichte der Bananen auf Teneriffa. Außerdem gibt sie Gelegenheit zum Besuch eines beeindruckenden Gartens mit wunderschönen wie wundersamen Bäumen und Pflanzen. Hinter dem Eingang werden Sie nach links dirigiert; zu sehen gibt es einen kurzen, aber informativen Videofilm über die Banane (in mehreren Sprachen). Die Plantagenbesitzer behaupten, dass eine Banane ebenso gesund ist wie ein Steak, aber nicht so dick macht. Mit

Im Loro Parque finden in regelmäßigen Abständen Orcashows statt

dieser Erkenntnis gehen Sie nun weiter in den Garten, wo auf die Bananen dann schnell Avocados, Papayas, australische Macadamia-Nüsse, Ananas, Mangos, Kaffeebäume aus Kenia, Yucca aus Mexiko und Chirimoya-Zuckeräpfel (eine Tropenfrucht) folgen. Sie bekommen auch die auffälligen Strelitzien (➤ 14f) – oder Paradiesvogelblumen – zu sehen, die zum Wahrzeichen der Insel geworden sind, und können Honig und Palmsirup aus heimischer Produktion kaufen. Wer kein Auto zur Verfügung hat, nutzt den kostenlosen Buszubringer; er fährt im Zentrum von Puerto de la Cruz ab, die Busse erkennt man am gelben Bananera-El Guanche-Logo.

🔲 180 A3 ✉ 2 km außerhalb von Puerto de la Cruz an der Straße, die zur Autobahn T5 führt ☎ 922 331853; www.bananeraelguanche.com ⏰ tägl. 9–18 Uhr 💶 teuer

🟨 Pueblo Chico

Pueblo Chico ist, wie der Name schon sagt, ein »kleines Dorf«. Ein Ausflug hierher ist wie eine Reise auf die Kanaren in Miniaturausgabe: Von La Laguna bis zu einer Szene aus einem Guanche-Dorf gibt es hier alles als maßstabsgetreues Modell. Ideal für Kinder. Liegt direkt an der Autobahn TF5 zwischen La Orotava und Puerto de la Cruz.

🔲 177 F5 ✉ Camino Cruz de los Martillos 62 ☎ 922 334060; www.pueblochico.com ⏰ tägl. Mai–Sept. 9–19, Okt.–April 9–18 Uhr 💶 teuer

Die Playa de San Marcos liegt in einer geschützten Bucht und eignet sich perfekt zum Entspannen

🔟 San Juan de la Rambla

San Juan ist ein recht ruhiges Dorf. Das historische Zentrum besteht eigentlich nur aus zwei Plätzen, der Plaza de San Juan und der Plaza Rosario Oramas daneben, mit einer hübschen alten Kirche und ein paar kanarischen Herrschaftshäusern. Das Dorf liegt an einem Felsvorsprung gleich nördlich der TF5 und zieht sich dann den Berg bis zur zerklüfteten Küste hinunter. Das modernere Viertel befindet sich weiter oben.

🔲 177 E5 ✉ 11 km westlich von Puerto de la Cruz

🟦 Playa de San Marcos

In einer geschützten Bucht, umgeben von markanten Felswänden, die abrupt aufragen, liegt ein schwarzer Sandstrand in Form eines Halbmonds – die Playa San Marcos, die sich 2,5 km nördlich von Icod de los Vinos (➤ 96) an der Straße befindet. Vom Strand aus zieht sich der Parkplatz den Berg hinauf, was deutlich macht, wie beliebt der Strand bei den Einheimischen ist. Es gibt hier eine Hand voll Lokale, in denen man mit Blick übers Meer essen kann.

🔲 176 C4 ✉ 2,5 km nördlich von Icod de los Vinos

🟦 Arguayo

Der Ort liegt an einer Seitenstraße, die parallel zur TF820 verläuft. Steil geht

es zum Rand des Dorfes hinauf, wo sich das **Centro Alfarero Cha Domitila** befindet, ein kleines Keramikmuseum mit Werkstatt. Das baufällige Gebäude mit seinem unebenen Patio wird seit Mitte der 1980er-Jahre als Keramikwerkstatt genutzt. Hier finden Sie neben vielem anderen schlichte Schalen, die sie natürlich auch käuflich erwerben können. Außerdem können Sie hautnah miterleben, wie die Keramikgegenstände gefertigt werden.

➕ 176 B3
✉ Centro Alfarero Cha Domitilia, Carretera General 37 ☎ 922 863465
🕐 Di–Sa 10–13, 16–19, So 10–14 Uhr
🎫 frei

🔟 Buenavista del Norte

Die Menschen in Buenavista del Norte, dem entlegensten Teil der Insel, sind bekannt für ihre Genügsamkeit und leben auch heute noch von dem, was das Land hergibt. Die Einwohner dieser 1498 in herrlicher Berglandschaft gegründeten Stadt können heute eine faszinierende Mischung aus altkanarischem, portugiesischem und spanischem Blut aufweisen. Im Stadtarchiv finden sich portugiesische Schriften, die bis auf das Jahr 1512 zurückgehen. Das historische Stadtzentrum liegt an der Iglesia de Los Remedios aus dem 16. Jahrhundert, während traditionelle Steinbauernhäuser (viele davon verlassen) sich auf die umliegenden Hügel verteilen. Denken

Die Punta de Teno mit ihrer rauen Küste ist eine der wildromantischsten Stellen auf der Insel

Sie daran, bei der Pasteleria El Aderno auf der Calle La Alhóndiga (➤ 111) anzuhalten und einige der besten Kuchen und Backwaren der Insel zu kaufen.

➕ 176 B4
✉ 75 km westlich von Santa Cruz de Tenerife

🔟 Punta de Teno

Die Punta de Teno ist eine der ältesten vulkanischen Landspitzen auf der Insel. Die Guanchen dachten, dass der Teufel vor Millionen von Jahren seinen Ärger – in Form von Lava – in diese Richtung ausgespuckt habe. Heute ist das Gestein hart, die Felsklippen ziehen sich vom westlichsten Punkt Teneriffas landeinwärts gen Süden. Die Szenerie vermittelt ein Gefühl von wilder Ursprünglichkeit wie nirgendwo sonst auf der Insel. Vor dem Leuchtturm von Punta de Teno können Sie an einem klaren Tag La Palma und La Gomera in der Ferne liegen sehen. Wer gerne wandert, kann eine Halbtagestour landeinwärts und zum Gipfel des Teno-Gebirges machen; der Weg ist markiert. Sie sollten allerdings trotzdem eine gute Wanderkarte mitnehmen. Der Hin- und Rückweg dauert etwa vier Stunden.

➕ 176 A4
✉ 18 km westlich von Garachico

Wohin zum ... Übernachten?

Preise

Für ein Doppelzimmer gelten in der Hauptsaison folgende Preise, Mehrwertsteuer inklusive:

€ unter 70 Euro   €€ 70–120 Euro   €€€ über 120 Euro

LA OROTAVA

Hotel Alhambra €€

Diese alte Villa aus dem 18. Jahrhundert wurde in einen magischen maurischen Traum verwandelt. Die Gestaltung ist zum größten Teil von blendend weißen Hufeisenbögen bestimmt, die Badezimmerfliesen sind eine Erinnerung an Marokko. Angeboten werden fünf geräumige Doppelzimmer und zwei Suiten sowie Garten, Pool, Fitnessraum, Sauna und Patio mit Glasdach.

+ 180 A3 ⊠ Calle Nicandro Gonzáles Borges 19 ☎ 922 320434; www.alhambra-teneriffa.com

Victoria €€

Dieses schöne kanarische Anwesen aus dem 17. Jahrhundert wurde sorgsam restauriert. Das Restaurant mit Glasdach ist wirklich attraktiv; die Kellnerinnen sind in Tracht gekleidet. Die Zimmer sind gut ausgestattet, und von der Dachterrasse genießt man einen herrlichen Blick bis zum Meer hinunter. Zu Fronleichnam (Juni, ▶ 10) sollten Sie rechtzeitig reservieren.

+ 180 A3 ⊠ Calle H Apolinar 8 ☎ 922 331683; www.hotelruralvictoria.com

PUERTO DE LA CRUZ

Botánico €€€

Das Hotel auf der gegenüberliegenden Straßenseite vom Jardin Botánico (▶ 94) stellt auch in seinem eigenen Garten ein grünes Händchen unter Beweis. Innen ist das Hotel nicht minder gepflegt. Die Möblierung ist klassisch-traditionell, die gut betuchten Gäste werden mit Sporteinrichtungen, einem Wellnessbereich, einem Schönheitssalon und drei edlen Restaurants unterschiedlicher Geschmacksrichtung bei Laune gehalten. In der Cocktail-Lounge spielt ein Pianist, ein Shuttlebus bindet das Hotel an das zwei Kilometer entfernte Stadtzentrum von Puerto an.

+ 177 F5 ⊠ Avenida Richard J Yeoward 1, Urb. El Botánico ☎ 922 381400; www.hotelbotanico.com

Marquesa €€

Am Kirchplatz, mitten im autofreien Herzen der Altstadt von Puerto, steht dieses herrlich restaurierte kanarische Gebäude. Wenn Sie einen Tisch am Haupteingang wählen, haben Sie einen Logenplatz mit Blick auf all die Straßenkünstler und Pantomimen. Ein Gewirr von freundlichen, einfachen Zimmern liegt in dem unauffälligen, modernen, rückwärtigen Anbau. Auf der Dachterrasse gibt es einen Pool.

+ 177 F5 ⊠ Calle Quintana 11 ☎ 922 383151; www.hotelmarquesa.com

Monopol €€

Das Hotel pflegt den kanarischen Stil mit Holzbalkonen und einem Atrium, das einem Dschungel gleicht, so viele Pflanzen wuchern zwischen den Rattansofas bis zur Decke hinauf. Das Haus ist seit Generationen in Familienbesitz, das Personal ist freundlich, alles wirkt persönlich und nett. Die Zimmer sind unterschiedlich groß und individuell eingerichtet, fröhlich ausgestattet sind jedoch alle, und alle verfügen über ein modernes Bad. Im Pool und Jacuzzi an der rückwärtigen Sonnenterrasse kann man warm und kalt baden.

+ 177 F5 ⊠ Calle Quintana 15 ☎ 922 384611; www.hotelmonopoltenerifa.com

Hotel Tigaiga €€

Obwohl es für sein kastenförmiges Design der späten 1950er-Jahre keinen Preis gewinnen würde, bekommt das in Familienbesitz befindliche Tigaiga gute Kritiken für seinen Service und das Preis-Leistungsverhältnis. Das konsequente Ökomanagement resultierte in der Verleihung zahlreicher Auszeichnungen internationaler Gremien, darunter das EMAS-Programm der Europäischen Union. Üppige Palmen und 5000 m² tropische Gärten (der Gründer war ein Amateurbotaniker) lassen das Exterieur freundlicher erscheinen und es gibt einen Pool in ansehnlicher Größe für die 76 Zimmer. Vom Grundstück aus hat man einen schönen Blick auf das Meer. Alle Zimmer sind hell und freundlich und mit einem Balkon ausgestattet.

177 F5 ⌖ Parque Taora 28
☎ 922 383500; www.tigaiga.com

GARACHICO

Caserío Los Partidos €€

Dieses charmante kleine Hotel liegt im Bergland im Nordwesten Teneriffas in der Nähe von Garachico mit schönem Blick auf den Teide. Jedes Zimmer hat sein individuelles Design mit offenem Kamin und makellosem Bad. Es gibt Terrassen und Patios mit Blumen und Brunnen. Abends kann man Tapas essen. Das abgeschiedene Haus liegt weit entfernt von den Ferienorten am Meer und eignet sich besonders für Wanderer und alle, die Ruhe und Frieden zu schätzen wissen. Wer die Gegend erkunden möchte, benötigt ein Auto.

176 C4 ⌖ Los Partidos, San Jose de los Llanos, El Tanque
☎ 922 693090; www.caserio-lospartidos.com

San Roque €€€

Dieses phantasievolle kleine Hotel ist eines der schönsten auf Teneriffa. Seine Mitgliedschaft in der Vereinigung der internationalen Design-Hotels lässt ahnen, dass hier ein wahrer Ausstattungskult betrieben wird. Elegante Sofas und Bauhaussessel laden zum Verweilen ein, dazu kommt ein herrlicher Pool. Die Zimmer sind in kräftigen Farben eingerichtet, mit coolen Möbeln und natürlich einem Bad vom Feinsten. Die gute Hausmannskost und Freundlichkeit der Besitzer lassen jeglichen Snobismus vergessen. Es werden Bootsausflüge und Tauchexkursionen organisiert.

176 C4 ⌖ Calle Esteban de Ponte 32
☎ 922 133435; www.hotelsanroque.com

ACANTILADO DE LOS GIGANTES

Hotel Costa Los Gigantes Suites & Spa Resort €€€

Die Farbe war an diesem hübschen neuen Hotel im Sommer 2008 gerade getrocknet. Konzipiert wurde es für den modernen Familienurlaub. Die Apartmentanlage bietet Vollpension sowie zahlreiche Aktivitäten an. Vom Kinderclub und kostenlosem WiFi am Empfang bis zum riesigen Pool und dem umfassenden Spa-Bereich ist es der perfekte Ort zum Erholen und Auftanken. Den 481 Suiten stehen sieben Restaurants zur Verfügung – 4 davon mit Auswahl à la Carte. Abends gilt ein Dresscode – Männer müssen feste Schuhe und lange Hosen tragen.

176 B3 ⌖ Calle Juan Manuel Capdevielle 8, Playa de la Arena
☎ 922 862772; www.springhoteles.com

El Sombrero Apartments €

Die frischen, sauberen, aber einfach gestalteten dreistöckigen Apartments des El Sombrero liegen um einen kleinen Pool. Hier gibt es keinen Luxus, aber die Anlage ist sehr gut gepflegt und ideal für Familien, die auf eigene Faust etwas unternehmen möchten. Die Zimmer sind mit traditionellen kanarischen Möbeln und wenig Kitsch einfach eingerichtet. Jedes Zimmer hat einen relativ großen Balkon und von einigen blickt man über das Resort auf das Meer, das man zu Fuß in etwa 15 Minuten erreicht. Die Apartments liegen oberhalb von Los Gigantes, wenn Sie also nicht fit sind, brauchen Sie auf jeden Fall ein Taxi für den Rückweg vom Strand.

176 B3 ⌖ Avenida Marítima 28
☎ 922 861353;
www.el-sombrero.com

Wohin zum ...
Essen und Trinken?

Preise

Die Preise gelten pro Person für eine Mahlzeit inklusive Getränk, Me nrwertsteuer und Service:

€ unter 20 Euro   €€ 20–40 Euro   €€€ über 40 Euro

LA OROTAVA

Casa Lercaro €–€€

Ein weiteres weitläufiges Herrenhaus, das zum Restaurant und Geschäft für Kunsthandwerk der Insel umgewandelt wurde. Ein Essen hier lohnt sich vor allem wegen der Kulisse aus dem 17. Jahrhundert. Sitzen können Sie in unterschiedlichen Teilen des Hofes oder im Inneren. Das Essen ist herzhaft und typisch spanisch. Anschließend können Sie einen Spaziergang durch das Haus und die Gärten machen.

🆔 180 A3 🏠 Calle Colegio 7
☎ 922 326204; www.casale-caro.com
🕐 tägl. 12–16.30, 19–22 Ur r

Restaurant Lucas Maes €€€

Eines der neuartigen Fusion-Restaurants. Chef ist der dynamische junge Lucas Maes. Es liegt in einem historischen Herrenhaus. Der Speiseraum wurde modern restauriert und auf der Terrasse können Sie im Freien zu Mittag oder zu Abend essen. Auf der Speisekarte stehen Luxusgerichte wie Hummer mit Trüffelöl, aber alles wird mit einem leichten Touch und einem Spiel aus Aromen und _exturen serviert.

🆔 180 A3 🏠 Calle Barranco de Arena 53
☎ 922 321159 🕐 Di–Sa 13–15.30, 19–23 Uhr; geschl. So und Mo

Sabor Canario €€

Das frühere Museo del Pueblo Guanche in der historischen Altstadt von La Orotava ist ein Ausstellungsraum für kanarisches Kunsthandwerk und Esswaren. Im angeschlossenen Restaurant kommt typisch Kanarisches auf den Tisch wie ropa vieja (wörtlich: alte Kleidung), ein Eintopf, außerdem Hasenbraten und gebratener Käse.

🆔 180 A3 🏠 Calle Carrera 17
☎ 922 323793; www.saborcanario.com
🕐 Mo–Sa 12–16.30, 19.30–22 Uhr

PUERTO DE LA CRUZ

La Gañanía €€€

Pedro Gonzalez Rodriguez Dios ist ein wahres Energiebündel. Dieser junge spanische Koch hat sich schnell hochgearbeitet und wurde vor allem für seine hervorragenden Desserts von der Madrider Presse ausgezeichnet. Er konzentriert sich in erster Linie auf kanarische

Einflüsse und kauft auf den Märkten der Insel superfrische saisonale Produkte ein. Sogar das Brot wird vor Ort gebacken – so können Sie sich sicher sein, dass Sie nur die Küche des Restaurants genießen. Die Lage auf einem Hügel und der schöne rustikale Speiseraum sind wunderbar.

🆔 177 F5 🏠 Camino Durazno 71
☎ 922 371000 🕐 Mi–So 13–16, 19–23 Uhr; geschl. Mo und Di

La Magnolia €€€

Als eines der Top-Restaurants von Puerto im Viertel La Paz bietet das La Magnolia katalanische und internationale Küche in einem eleganten, modernen Ambiente nicht weit vom Jardín Botánico. Es gibt einige Tische im Freien. Spezialität ist Fisch. Aus der offenen Küche kommen gigantische Portionen, gern mit Knoblauchsoße zubereitet.

🆔 177 F5 🏠 Avenida Marqués de
Villanueva del Prado s/n ☎ 922 385614
🕐 Mi–Mo 13–16, 19–24 Uhr

Mesón El Monasterio €€

Hoch in den Bergen von Puerto liegt dieses ungewöhnliche Lokal, ein ehemaliges Kloster aus dem 17. Jahrhundert, das gekonnt umgestaltet wurde. Vieh und Geflügel laufen frei auf dem Grundstück herum. Rustikale Gaststuben rund eine Terrasse mit Tischen im Freien sind das richtige Ambiente für Grillspezialitäten sowie eine große Auswahl an Weinen.

📍 177 E4 ⊠ La Montañeta, Los Realejos
☎ 922 340707 ⏲ tägl. 10–23 Uhr

ACANTILADO DE LOS GIGANTES

Restaurante Pancho €€

Einer der besten Küchenchefs der Insel ist für das Renommee dieses schönen Lokals verantwortlich. Die geräumige Terrasse ist sicher die Hauptattraktion: Die Tische stehen im Schatten von Bäumen an der Playa de la Arena, dem Strand. Die phantasievolle kanarische Speisekarte bietet Fischgerichte und Paella und Kuchen. Der Weinkeller mit Temperaturkontrolle verspricht Perfektion.

📍 176 B3 ⊠ Playa de la Arena, Puerto de Santiago ☎ 922 861323 ⏲ Di–So 13–16, 19–23; geschl. im Juni

GARACHICO

Restaurante La Perla €

Garachico ist eher einfach, was auch für das Essen gilt. In La Perla bekommen Sie aber jede Menge davon. Die Tische sind mit rot-weißen Baumwolltischdecken gedeckt und auf der Speisekarte stehen sowohl Fleisch- als auch Fischgerichte.

📍 176 C4 ⊠ Calle de 18 Julio
☎ 922 830286 ⏲ Di–So 13–16, 19–22.30 Uhr

MASCA

Chez Arlette €

Es lohnt sich, dieses einfache Lokal zu besuchen, denn es liegt gleich bei der Kirche und bietet einen spektakulären Blick über das Tal. Viele Touristen haben mitlerweile diese Vorzüge entdeckt, dennoch stehen auf der von Bambus beschatteten Terrasse einfache Holzmöbel und Unmengen von Pflanzen. Auf der abwechslungsreichen Speisekarte stehen auch hausgemachte Limonade und Wein vom Fass.

📍 176 B3 ⊠ La Piedra, Masca
☎ 922 863459 ⏲ So–Do 11–19 Uhr

Wohin zum ... Einkaufen?

Der älteste Ferienort auf Teneriffa, Puerto de la Cruz, ist auch das Haupteinkaufszentrum der Region. Die Läden haben bis in den Abend geöffnet. So mancher Händler bietet seine Waren sogar bis spät in der Nacht feil. Im Binnenland lässt sich in La Orotava das schönste Kunsthandwerk finden.

KUNSTHANDWERK

Verschiedene kanarische *bordados* (handgemachte Stickereien), *calados* (Lochstickereien) und Spitze finden sich in vielen Geschäften, oft als Tafelleinen. In Puerto de la Cruz und La Orotava gibt es einige Läden, die schon zu Touristenattraktionen avanciert sind, da sie in schön restaurierten kanarischen Häusern untergebracht sind. An manche ist ein Museum oder Restaurant angeschlossen. Am bekanntesten ist wohl die **Casa de los Balcones** (Niederlassung in Puerto de la Cruz: Paseo de San Telmo; in La Orotava: Calle San Francisco 3). Auch die **Casa del Turista** (La Orotava, Calle San Francisco), die **Casa Torrehermosa** (La Orotava, Calle Tomás zerolo), das **Pueblo Guanche** (La Orotava, Calle Carrera 7) und die **Casa Iriarte** (Puerto de la Cruz, Calle San Juan 17) lohnen einen Blick.

Arguayo ist für seine **Keramik** berühmt; sie ist handgeformt – ohne Töpferscheibe – und mit traditionellen Guanchen-Mustern verziert. Sie ist im **Centro Alfarero** ausgestellt, an der Hauptstraße des Dorfes (Tel. 922 863127, Di–Sa 10–13, 16–19, So 10–14 Uhr). Traditionelle Keramik wird auch in La Orotava in der Werkstatt des **Museo de Cerámica** (Casa Tafuriaste, Calle León 3, Tel. 922 321447, Mo–Fr

Wohin zum ...
Ausgehen?

10–18, Sa 10–14 Uhr) angeboten.

Von Mai bis Oktober werden in vielen älteren Städten **Kunsthandwerksmessen** *(ferias de artesanía)* abgehalten, zum Beispiel in Los Realejos, La Orotava, Santiago del Teide, El Tanque, Buenavista del Norte, Garachico und San Juan de la Rambla.

PRODUKTE AUS EIGENEM ANBAU

Die alte Bananenplantage bei Puerto de la Cruz, die **Bananera El Guanche**, hat sich mittlerweile zur Touristenattraktion entwickelt (▶ 104). Icod de los Vinos ist für seinen **Weinbau** bekannt. Wer dort den alten **Parque del Drago** (▶ 96) besucht, bekommt meist in den *bodegas* und Andenkenläden rund um die Kirche eine Kostprobe des hier angebauten Malvasia-Weines angeboten.

Das **Bar Restaurant Chinyero** von Santiago del Teide ist ein guter Ort für eine Pause bei Tapas und Wein: Käse und Liköre werden ebenfalls verkauft (Avenida General Franco 2B, Valle Santiago, Tel. 922 864040; www.barrest-chinyero.com).

Garachicos **Centro de Artesanía el Limonero** bietet eine gute Auswahl an Weinen und Käse (Avenida Tomé Cano s/n).

In Buenavista del Norte hat die **Konditorei El Aderno** schon Preise für ihre traditionellen Köstlichkeiten gewonnen, die mit Ei, Wein, Mandeln und sogar Süßkartoffeln zubereitet werden (Calle La Alhóndiga 8, Tel. 922 127368, www.eladerno.com).

MÄRKTE

Der **Markt von Puerto de la Cruz** mit Artikeln für den täglichen Bedarf findet Tag für Tag in einem modernen Gebäude an der Avenida de Blas Pérez González statt; wer Souvenirs sucht, geht ans Meer hinunter oder in die Altstadt. Jeden Montag kommen Händler aus Afrika an die Hauptstraße bei Alcalá, um nachgemachte Gucci-Sonnenbrillen und Vuitton-Handtaschen anzubieten.

Bauernmärkte finden in **Playa de San Juan** (Mi vormittags) und **Garachico** (erster So im Monat) statt. Zu kaufen gibt es Wein der Region, Käse, Tomaten und Bananen.

NACHTLEBEN

In **Puerto de la Cruz** sieht man in San Telmo am Meer und auf den öffentlichen Plätzen jeden Tag viele Menschen beim Flanieren. In den Diskos im Keller und in den Bars im Erdgeschoss finden spät in der Nacht Partys statt. Nachtlichter zieht es in die Straßen hinter dem **Lido** (Avenida del Generalísimo und Calle Hoya), wo das **Joy**, die **El Teatro Lounge Bar** und das **Acuzar** die angesagtesten Clubs sind.

Das Gebiet um **Los Gigantes** ist eher ruhig, abgesehen von ein paar Musikkneipen wie dem **Highland Paddy's** (Avenida Marítima, Playa de la Arena).

CASINO UND KABARETT

Das **Casino von Puerto de la Cruz** liegt im Herzen von Lido Martiánez (Avenida de Colón, Tel. 922 380550) und ist umgeben von atemberaubenden Pools. Angeboten werden amerikanisches Roulette, Black Jack und zahlreiche Spielautomaten. Für den Eintritt müssen Sie einen Ausweis mit Foto vorlegen. Das **Andromeda** in Isla del Lago (Lido, Tel. 922 383852) und das **Oasis Orotava Palace** (Tel. 922 382960) sind glamouröse Kabaretts mit Dinnershow, Tänzerinnen und internationalen Künstlern. Das Hotel **Sol Puerto de la Cruz** (Tel. 922 384011) bietet jeden Abend Livemusik an.

UNTERNEHMUNGEN TAGSÜBER

Abaco (Urb El Durazno, Calle Casa Grande, Tel. 922 374811, www.abaco tenerife.com), tägl. 10.30–13.30, 20–2.30 Uhr) ist ein schön restauriertes kanarisches Haus aus dem 18. Jahrhundert. Ursprünglich war es die Villa des Gouverneurs. Hier können Sie tagsüber Folkloreausstellungen und -shows besuchen (10–13.30 Uhr).

Am Abend gibt es eine Cocktaillounge mit Livemusik (Mo–Fr 9–2.30, Sa 15.30–3, So 15.30–2.30 Uhr).

Der schönste Familienausflug führt in den **Loro Parque** (▶ 104) westlich von Puerto. Kinder jeden Alters finden Gefallen am **Mariposario del Drago** in Icod de los Vinos (▶ 97), einem tropischen Schmetterlingspark.

GÄRTEN

Das feuchtwarme, wolkenreiche Klima im Norden von Teneriffa hat einen Vorzug: die üppige Vegetation. Pflanzenliebhaber kommen im **Jardín Botánico** von Puerto de la Cruz (▶ 94) deshalb voll auf ihre Kosten.

Zu den weniger bekannten Gärten in Puerto zählen der **Sitio Litre**, eine Orchideenzucht in einem Kolonialgebäude aus dem 18. Jahrhundert (La Paz, Tel. 922 382417, tägl. 9.30–14.30 Uhr, mittel), oder die reizenden **Risco** **Bello Aquatic Gardens** in der Nähe vom Casino (Parque Taoro, tägl. 10–18.30 Uhr, mittel).

AM MEER

Schwimmen

Zwei der besten Strände sind die **Playa Jardín** von Puerto de la Cruz (▶ 93) und die **Playa de la Arena** in der Nähe von Los Gigantes (▶ 103). Der **Lago Martiánez** in Puerto de la Cruz (▶ 93) ist ein riesiger Lido mit Palmen und Skulpturen.

Los Gigantes besitzt zwei weniger aufwändige Lidos, El Laguilo und Oasis. Bei Ebbe und ruhigem Wetter können Sie auch in den Meeresbecken von Garachico oder von La Caleta in der Nähe von Los Silos schwimmen.

Wassersport

Das klare, geschützte Meer bei Acantilado de los Gigantes eignet sich bestens für alle Arten von Wassersport. **Segeln, Tauchen und Sportfischen** sind besonders beliebt. Auskünfte erteilt die Touristeninformation von Playa de la Arena (Avenida Marítima 36–37, Tel. 922 860348, Mo–Fr 9.30–15.30, Sa 9.30–12.30 Uhr) oder der Yachthafen von Los Gigantes (Puerto Deportivo, Tel. 922 868002). Wer in Los Gigantes tauchen lernen möchte, wendet sich an das Tauchzentrum am Yachthafen (Tel. 922 860431, www.divingtenerife.co.uk) oder in Puerto de la Cruz an das Atalantik im Hotel Marítim (Tel. 922 362801).

Bootsausflüge

Delphin- und Walbeobachtung werden an der ganzen Westküste von Teneriffa angeboten. Die Anzahl der Touren wurde beschränkt, um die Tiere nicht unnötig zu stören; auch müssen die Agenturen sich an strenge Vorschriften halten. Empfehlenswert ist **Nashira Uno** (im Yachthafen von Los Gigantes, Tel. 922 861918). Selbst wenn man nicht das Glück hat, die Delphine und Wale zu sehen, macht es Spaß, an der spektakulären Küste unterhalb der 600 Meter hohen Acantilados de los Gigantes entlangzuschippern, zum Beispiel auf der **Flipper Uno**, dem Nachbau einer Galeone aus dem 18. Jahrhundert.

BERGWANDERUNGEN

Wegen seiner außergewöhnlichen Geologie und Vegetation ist das Teno-Gebirge ideal zum Wandern. Das Bergdorf **Masca** (▶ 100f, um das Kakteen und Wolfsmilch wachsen, eignet sich gut als Ausgangsort. Auch das **Orotava-Tal** (▶ 88ff) bietet schöne Touren. Die interessanteste führt um La Caldera und die seltsamen Basaltsäulen von Los Organos. Die Touristeninformationen von El Palmar (bei Buenavista) oder La Caldera geben Auskunft über Routen und geführte Wanderungen. Außerdem erhalten Sie hier Informationen über die Folgen der Waldbrände von 2007. Eine Agentur, die sich seit langem auf Wanderungen spezialisiert hat, ist **Gregorio**. Sie bietet 50 Touren mit unterschiedlichen Schwierigkeitsgraden für jedes Alter an (Hotel Tigaiga, Parque Taoro 28, Puerto de la Cruz, Tel. 922 383500; www.gregorio-tenerife.de). Ein anderer Trecking-Spezialist ist **Gaiatours** (Calle San Augustin 66, Los Realejos, Tel. 922 355272, www.gaiatours.es).

Der Süden

Erste Orientierung   114
In drei Tagen   116
Nicht verpassen!   118
Nach Lust und Laune!   130
Wohin zum…   133

Erste Orientierung

Nach der wild wuchernden subtropischen Vegetation im Norden wirken der Süden und die Inselmitte auf manchen wie ein Schock. Der geologische und klimatische Kontrast trägt jedoch viel zur Faszination von Teneriffa bei. Der Pico de Teide mit schwindelnden Höhen liegt nur eine kurze Autofahrt von der flirrenden Hitze der Ferienorte im Süden entfernt.

Der Pico de Teide ist nicht nur der höchste Berg Spaniens, sondern auch ein majestätischer Vulkan von 3718 Höhenmetern. Weitere imposante Berge liegen um ihn herum, eingebettet in eine bizarre Mondlandschaft. Die Südküste von Costa Adeje bis Santa Cruz ist erstaunlich trocken. Bis zu den 1960er-Jahren lebten nur wenig Menschen auf dieser ungünstigen Seite der sonst klimatisch so gesegneten Insel.

Heute ist alles anders. Nachdem die Europäer das Badevergnügen im Atlantik bei 365 Tagen Sonne im Jahr entdeckt hatten, begannen die Ferienorte nur so aus dem Boden zu schießen. Verschlafene kleine Fischerdörfer wie Los Cristianos wurden einfach vereinnahmt. Heute bilden die Playa de las Américas und die angrenzenden Strände ein Freizeitareal ohne Ende mit Unmengen von Hotels, Lokalen, Wassersport und sonstigen Amüsements. Viele sind nur wegen dieser Angebote hier, was natürlich schade ist. Ein paar Tage einfach nur die Sonne zu genießen, ist jedoch ein gutes Kontrastprogramm zur Erkundung der Natur- und Kulturwunder im Norden der Insel.

2313m
Los Mallorqu

El Portillo

Las Cañadas
del Teide

TF-21

3718m
El Teide

2748m
Blanca

**Parque Nacional
del Teide**

1

2712m
Guajara

C a ñ a d a s

TF-21

Arico **1**

Villa de Arico

El Río

6 **Vilaflor**

7 **Granadilla
de Abona**

Las Cancelas
Armeñime

Adeje

Arona

San Miguel
de Abona

Chuchurumbache

La Caleta

Torviscas

5 **Siam
Park**

Valle de
San Lorenzo

TF-1

Costa Adeje **2**

**Playa de las
Américas** **2**

2

Guaza

Reina Sofía

9 **El Médano**

Los Cristianos

Seite 113:
**Gäste auf der
Terrasse des
Las Rocas
Beach Club**

Palm-Mar

Punta de la Rasca

**Las
Galletas** **8** **8**

Punta
Salema

**Costa del
Silencio**

Los Abrigos

★ Nicht verpassen!

1 Parque Nacional del
Teide ➤ 118

2 Los Cristianos, Playa de
las Américas und Costa
Adeje ➤ 123

3 Pirámides de Güímar
➤ 126

4 Candelaria ➤ 128

Nach Lust und Laune!

5 Siam Park ➤ 130

6 Vilaflor ➤ 130

7 Granadilla de Abona
➤ 131

8 Las Galletas und die Costa
del Silencio ➤ 131

9 El Médano ➤ 131

10 Porís de Abona ➤ 132

11 Arico ➤ 132

12 Mirador de Don
Martín ➤ 132

Las Caletillas

4 Candelaria

3 Pirámides de Güímar

Punta de Güímar

12 Puertito de Güímar

**Mirador de
Don Martín**

TF-1

0   5 km

nia

Porís de Abona

Punta de los Roquetes

**Oben: Bergwanderung im Barranco del Infiero nicht
weit von Adeje**

**Unten: Die außergewöhnlichste Landschaft
Teneriffas besteht aus Vulkanbergen und Ebenen**

In drei Tagen

Wenn Sie nicht ganz sicher sind, wo Ihre Reise beginnen soll:
Dieses Ausflugsprogramm ist ein praktischer Vorschlag für drei
angenehme Entdeckungstage im Süden mit einigen der schönsten
Sehenswürdigkeiten aus dem Orientierungsplan auf der vorherigen
Seite. Weitere Informationen finden Sie unter den Haupteinträgen.

Erster Tag

Vormittags

Nehmen Sie eine der hübschen Zufahrtsstraßen durch die Montes de la Esperanza oder von La Orotava hinauf ins Gebirge, und halten Sie erst einmal am **Centro de Visitantes** (Besucherzentrum) am nördlichen Ende des ❶ **Parque Nacional del Teide** an. Wer von Süden kommt, macht Halt im **Parador Nacional de las Cañadas**, um schon einmal das Gepäck abzuladen; dort wird nämlich später übernachtet (unten, ► 133). Anschließend kann das Besucherzentrum (► 119) besichtigt werden. Weiter geht die Fahrt zum Fuß des Teide, wo man den **Teleférico** (Bergbahn) auf den Gipfel (► 120) nimmt. Wieder unten kann man beim Centro de Visitantes de El Portillo oder im Parador essen.

Nachmittags

Die letzten Stunden Tageslicht lassen sich zur Erkundung des **Roques de García** (► 121) und vielleicht noch für einen Spaziergang bis zum Llano de Ucanca nutzen. Dann fahren Sie zum Parador zurück.

Zweiter Tag

Vormittags
Nach einem Frühstück und Rundgang durch den Parador fahren Sie in Richtung Süden zum Llano de Ucanca und weiter durch Kiefernwälder nach **6 Vilaflor** (➤ 130), wo Sie Rast machen sollten. Die zwölf Kilometer lange Strecke der TF21 von Vilaflor bis Granadilla de Abona ist schmal, rau und mit endlosen Kurven bestückt; Sie kommen an vielen Kiefern und zum Teil verlassenen Bauernhöfen vorbei. Eine halbe Stunde sollten Sie einplanen, um in **7 Granadilla de Abona** (➤ 131) vorbeizuschauen.

Nachmittags
Gegen Mittag ist bereits **2 Los Cristianos** (➤ 124) erreicht. Dort gibt es unzählige Hotels (am besten vorab reservieren). Für das Mittagessen besonders zu empfehlen ist das Don Armando (➤ 135). Der restliche Nachmittag bietet sich für einige ruhige Stunden am Strand an.

Abends
Wer gerne abends kräftig feiern will, hat hier viele Möglichkeiten, vor allem an der **2 Playa de las Américas** (oben, ➤ 124) nebenan.

Dritter Tag

Vormittags
Sie sollten Ihre Tickets im Voraus reservieren und früh am Morgen starten, um in den Bergen von Adeje (➤ 125) den **Barranco del Infierno** (➤ 158f) hinaufzuwandern. Dann können Sie mittags in den Ferienorten schon wieder ins Meer springen. Wer seinen Hunger so lange bezähmen kann, fährt über die Autobahn weiter nach Norden nach **10 Porís de Abona** (➤ 132). Dort können Sie beispielsweise im Casablanca speisen.

Nachmittags
Die alte Straße nach Santa Cruz schlängelt sich landeinwärts. Es lohnt ein Halt in **11 Arico** (➤ 132) und am **12 Mirador de Don Martín** (➤ 132), einem schönen Aussichtspunkt. In **3 Güímar** (➤ 126f) sollten Sie die Pirámides und in **4 Candelaria** (➤ 128f) die Basilica de Nuestra Señora de Candelaria besichtigen.

1 Parque Nacional del Teide

Der majestätische Pico de Teide wacht als höchster Berg Spaniens über Teneriffa. Er wurde lange von den Guanchen verehrt und ist bis heute eine Quelle der Inspiration. Man sollte diesen Vulkan und die ihn umgebende bizarre Mondlandschaft unbedingt besuchen. Lernen Sie einen der wichtigsten Nationalparks Spaniens kennen, der den Geist Teneriffas vortrefflich versinnbildlicht.

Der rund 500 000 Jahre alte Teide ist ein aktiver Stratovulkan, der sich aus mehreren aufeinander folgenden Eruptionen (➤ 22ff) bis auf seine jetzige Höhe von 3718 Metern aufgebaut hat. Die Vulkanberge in seiner Umgebung sind alle niedriger und weisen dicke Schichten von fest gewordener Lava auf. Die trockene Mondlandschaft ist so einzigartig, dass bereits 1934 die ersten Pläne entstanden, dieses Gebiet zu einem Nationalpark zu machen. Der Bürgerkrieg verhinderte jedoch zunächst die Umsetzung der Idee, erst 20 Jahre später wurde dieser dritte Nationalpark Spaniens dann doch gegründet.

Wanderer sollten sich im Nationalpark an die markierten Wege halten

SCHUTZMASSNAHMEN

Der Gipfel des Teide liegt im Hochgebirge. Im Winter fallen die Temperaturen oft unter den Gefrierpunkt, und sogar im Sommer – besonders bei starkem Wind – kann es sehr kalt werden. Die Wetterbedingungen wechseln abrupt; aus einem warmen Morgen wird dann ein eiskalter Nachmittag. Sie sollten deshalb immer zumindest mit einer warmen Jacke, langen Hosen und Wanderschuhen ausgestattet sein, außerdem benötigen Sie Sonnenbrille, Sunblocker und einen Hut.

Das 19 Quadratkilometer große Areal ist in mehrere Bereiche eingeteilt; einige sind nicht zugänglich, andere nur beschränkt.

Bevor Sie sich auf den Weg machen, sollten Sie sich nach dem **Wetter** erkundigen. Wolken bilden sich nur sporadisch und meist nur auf einer Höhe von rund 1600 Metern. Das so genannte *mar de nubes* (Wolkenmeer) tritt vor allem im Winter auf. Dann nehmen die Nordwinde *(alisios)* Feuchtigkeit vom Meer auf, die im unteren Bereich des alten Vulkans hängen bleibt. Wer wirklich Pech hat, findet den ganzen Berg in Wolken gehüllt vor, und im Winter ist es dann auch noch eiskalt; wegen Schnee und Eis ist der Zugang dann manchmal sogar gesperrt.

Wie Sie den Park erreichen

Vier schöne Straßen führen aus allen Ecken Teneriffas zum Nationalpark. Wer von Norden kommt, kann die Forststraße durch den **Bosque de la Esperanza** (► 76) nehmen oder sich von La Orotava die Nordflanke hinaufschlängeln. Am **Mirador Ayosa**, einem Aussichtspunkt auf 2078 Metern Höhe, endet der Wald, und man gelangt ins öde Hochland des Parks. Hier fahren Sie nun an den Kuppeln des **Observatorio del Teide** (Zentrum für Astrophysik) vorbei, das wie die Kulisse eines Sciencefiction-Films erscheint, und erreichen dann die Kreuzung von El Portillo und das **Centro de Visitantes** (Besucherzentrum). Auch die Straße von La Orotava führt zu dieser Kreuzung.

Von Süden her nehmen Sie eine extrem kurvenreiche Straße von Granadilla de Abona nach **Vilaflor** (► 130). Sie fahren durch dichten Kiefernwald, bis Sie am Rand des Parks auf 2000 Meter Höhe ankommen. Von hier geht es hinunter in den **Llano de Ucanca**, eine Ebene; dort trifft man auf die vierte Straße, die sich weniger dramatisch vom Dorf **Chío** im Westen herschlängelt.

Besucherzentren

Im **El Portillo Centro de Visitantes** lohnt ein Blick auf die Ausstellung, die die Vulkane und die erstaunlich vielfältige Flora und Fauna erklärt. Das Video über die Vulkane ist sehenswert. Es gibt hier auch ein kleines Buchgeschäft. Das **Centro de Visitantes de Cañada Blanca** ist einem Parador (► 133) angeschlossen. Die Ausstellung konzentriert sich auf die Fragestellung, wie die Menschen – von den Guanchen bis zu den spanischen Bauern – mit dem oft ärgerlich qualmenden Vulkan leben konnten.

Pico del Teide

Wer sich in keine großen Aktivitäten stürzen will, sollte zumindest den **Teleférico** (Bergbahn) auf den Gipfel nehmen. In nur acht Minuten bringt er seine Passagiere 1199 Höhenmeter auf 3555 Meter, bis zum eigentlichen Gipfel ist es dann nicht mehr weit. An einem schönen Sommertag haben Sie von dort oben eine lohnende Aussicht über den ganzen Archipel. Ist das Wetter schlecht, sieht man nur das berühmte Wolkenmeer.

Wer den Gipfel des Teide nicht erklimmen möchte, nimmt einfach die Bergbahn

Zwei kurze Wanderungen (Nr. 11 und 12) führen zum **Mirador de la Fortaleza** mit Blick gen Norden und zum **Mirador de Pico Viejo** in Richtung Südwesten. Von Letzterem aus ist deutlich das gähnende Loch des Kraters zu sehen. Beide Wege sind nicht einmal einen Kilometer lang. Ein dritter Pfad (Nr. 10) führt auf den 3718 Meter hohen Gipfel hinauf; diese Strecke von 700 Metern, über 180 Höhenmeter, kann man jedoch nur mit einer Genehmigung begehen. In der Regel dürfen nur Wissenschaftler den Gipfel des Teide erklimmen. Wer meint, wirklich ganz oben stehen zu müssen, erhält die Genehmigung in der **Oficina del Parque Nacional del Teide** (Calle Emilio Calzadilla 5, 4°, 38002 Santa Cruz de Tenerife, Tel. 922 290129, Mo–Fr 9–14 Uhr). Mit dieser Erlaubnis darf man zwar den Gipfel erklimmen (Weg 10), aber nicht in den Krater hinuntersteigen. Nehmen Sie Ihren Pass mit um die Genehmigung zu erhalten.

HIMMELSGUCKER

Das **Observatorio Astrofísico de Izaña** (nicht zugänglich) auf Teneriffa ist weniger bekannt als das Zentrum für astrophysikalische Studien auf dem Roque de los Muchachos auf La Palma. Die Forschungseinrichtung in Izaña wird vom Instituto de Astrofísica de Canarias (IAC) betrieben; sie beschäftigt sich mit der Erforschung von Solarenergie und Studien über den Urknall. Einige der erlesensten Teleskope Europas suchen auf einer Höhe von 2400 Metern den kristallklaren Himmel über den Kanaren nach Hinweisen ab, wie alles begann.

Wanderungen im Park

Von den zwei kurzen Spaziergängen zu den beiden oben genannten Aussichtspunkten unweit vom Gipfel abgesehen gibt es neun markierte Wanderwege durch den Park. Die Bandbreite reicht dabei von recht einfachen, zweistündigen Spaziergängen bis hin zu achtstündigen Touren, die von der Bergstation des Teleférico zum Pico Viejo führen und dann bergab zur TF38. Auf dieser letzten Tour gilt es einen Höhenunterschied von 1500 Metern zu meistern, was anspruchsvoller ist als die eigentliche Entfernung.

Der beliebteste kürzere Weg ist ein Rundkurs von 3,5 Kilometern vom Parador zu den **Roques de García** (Tour Nr. 3). Diese seltsamen Felsformationen sind über einen langen Zeitraum hinweg durch Erosion entstanden; dabei wird weicheres Gestein vom harten Kern des ehemaligen Vulkanstocks getrennt. Der **Roque Chinchado** ist zu einer Art Wahrzeichen des Parks avanciert; der Stein ist am Sockel wie weggefressen, und das Gebilde wirkt, als würde es jeden Moment umkippen – ein Anblick, den man sich nicht entgehen lassen sollte!

Eine relativ einfache Halbtagestour (Nr. 4; eine Tagestour, falls man mit öffentlichen Verkehrsmitteln zurückfahren muss) ist der 16 Kilometer lange Weg **Siete Cañadas** vom Besucherzentrum El Portillo gen Süden und Südwesten zum Parador. Cañadas sind öde Ebenen mit Seen, die sich vorübergehend bei Regen ausbilden. Auf der Wanderung kommen Sie durch mehrere dieser Ebenen, und zwar an der Innenwand des Circo de las Cañadas entlang, der halbrunden Felswand des alten Kraters. Eine **anspruchsvollere Tour** (Nr. 7) führt von der Straße zum Gipfel (an Genehmigung denken!). Die erste Hälfte der 8,5 Kilometer langen Strecke führt relativ gemächlich nach oben; Sie kommen an den **Huevos del Teide** vorbei. Der zweite Teil ist dann wirklich eine Herausforderung, da es heißt, 1400 Höhenmeter zu überwinden. Die meisten Wanderer übernachten im Refugio de Altavista (nach ca. 2/3 des Weges, sehr einfache Ausstattung. Bringen Sie Ihren eigenen Schlafsack mit!), man kann die Tour jedoch auch in

Den kurzen Spaziergang zu den imposanten Roques de García schafft jeder

einem Zug schaffen und am gleichen
Tag mit dem Teleférico wieder hinunterfahren. Ist eine Übernachtung
geplant, sollten Sie sich im Voraus
in der Berghütte (Tel. 922 010440)
erkundigen, ob Platz vorhanden ist.
Eine frühzeitige Reservierung ist –
besonders in der Hauptsaison – sehr
zu empfehlen. Es ist von Mai bis November geöffnet.

KLEINE PAUSE

Es gibt mehre Möglichkeiten, unterwegs etwas zu essen. Fünf
Lokale, alle 2,5 Kilometer voneinander entfernt, liegen rund
um das **El Portillo Centro de Visitantes** verstreut. Der **Parador** (► 133) bietet ein Restaurant und eine Cafeteria.

Geübte Wande-
rer lockt die
lange Tour
auf den Gipfel
über die Hütte
Altavista

✚ 177 F3

Centros de Visitantes
🕐 tägl. 9–16 Uhr

Teleférico del Teide
☎ 922 010445; www.telefericoteide.com 🕐 tägl. 9–16 Uhr 💶 teuer

PARQUE NACIONAL DEL TEIDE: INSIDER-INFO

Top-Tipps: Wegen der Höhe des Berges ist der **Sauerstoffgehalt** auf dem Gipfel
niedriger als weiter unten. Ältere Leute und Personen mit Gesundheitsproblemen
(vor allem mit dem Herzen) sollten sich deshalb einen Besuch gut überlegen.
■ Wenn im Winter genug Schnee gefallen ist, ist es möglich, an der Montaña
Blanca **Ski zu fahren** und auf den Wanderwegen **Skilanglauf** zu betreiben.

2 Los Cristianos, Playa de las Américas und Costa Adeje

Vor Millionen von Jahren entstanden Vulkane, die Ströme geschmolzener Lava ausspuckten, die dann zur Küste hinabflossen. Heute ist die Flussrichtung genau anders herum: Aus dem Boden gestampfte Hotelsilos dringen vom Meer aus immer weiter ins Landesinnere vor und erreichen langsam das Vulkangebiet.

Hier an der Südküste lässt sich schwer sagen, wo ein Ferienort endet und der nächste anfängt

Man kann dieses ungewöhnliche Areal – das einst verarmte Dorf Los Cristianos sowie die Vulkanwüste der Playa de las Américas und der Costa Adeje – auf unterschiedliche Weise betrachten. Eine Reaktion ist schlichtweg Horror. Eine ganze Stadt wurde aus dem Boden gestampft, und das nur, weil hier das ganze Jahr die Sonne scheint; sogar die Strände sind künstlich angelegt oder zumindest verbessert. Der Ort ist seelenlos und schlampig und ganz auf Unterhaltung ausgerich-

tet. Andererseits amüsieren sich hier Tausende von sonnenhungrigen Urlaubern in einer Gegend, die vorher einfach vertrocknetes und nicht einmal besonders schönes Ödland war. Durch den Tourismusboom konnten viele Arbeitsplätze geschaffen werden. Und wer mit der richtigen Einstellung herkommt, kann sich gut unterhalten.

Bei Los Cristianos gibt es noch Fischer

Sonne pur

Das Zentrum von **Los Cristianos** hat das Flair einer richtigen Stadt. Abseits der beiden Strände – der Playa de los Cristianos und der Playa de las Vistas – ist der Ort mit seinen Seitensträßchen und dem Kirchplatz typisch spanisch mit vielen Geschäften und Cafés. Im Hafen legen die Fähren nach La Gomera sowie Ausflugsboote ab. Die **Playa de las Américas**, die mit Los Cristianos zusammengewachsen ist, ist von Hotels und Apartments gesäumt, die von

Supermärkten, Lokalen und – absolut unspanischen – Kneipen und Bars unterbrochen werden. Tagsüber bilden die Strände die Hauptattraktion; sie sind durch eine Mauer vor der Brandung geschützt. Der umtriebige Yachthafen Puerto de Colón ist recht sehenswert. Wo die Playa de las Américas aufhört, beginnt die **Costa Adeje** – nur die Stadtplaner wissen, wo genau die Grenze verläuft. Ganz im Norden ist **La Caleta** – zum Teil noch im Bau – das teuerste Projekt an der Südküste. Bunte Luxushotels mit üppigen Gärten bilden die Kulisse für die schönsten Strände hier im Süden, allen voran die **Playa del Duque.**

Unterhaltung

Wer einmal den Menschen entfliehen möchte, besucht die Tiere im Zoo und Affenpark von Teneriffa

Neben den üblichen Wassersportarten wie Tauchen und Bootstouren warten ein U-Boot und ein Piratenschiff auf die Touristen; außerdem kann man viel an Land unternehmen. Im **Las Águilas Jungle Park** ist es möglich, Adler und Kondore (➤ 138) im Flug zu beobachten, die **Parques Exóticos** bieten einen Kakteengarten, den Amazonas-Regenwald-Garten und zahlreiche Tiere von Salamandern bis hin zu Totenkopfäffchen. Schön ist der **Tenerife Zoo und Affenpark** (Primaten, Löwen, Krokodile u.a.) oder das **Aqualand** (➤ 138) mit Wasserrutschen und einem Delphinarium. Sie alle liegen ein Stück landeinwärts und sind mit kostenlosen Buszubringern bestens zu erreichen. Hotels und Touristeninformationen sind bei Exkursionen behilflich.

KLEINE PAUSE

Wer einmal etwas anderes als das übliche Touristenlokal kennen lernen möchte, geht ins **Rincón del Marinero** gegenüber der Casa del Mar hinter dem Hafen von Los Cristianos (Tel. 922 793553, tägl. 12–23 Uhr); Fisch und Meeresfrüchte kommen hier direkt aus dem Meer und sind lecker zubereitet.

✚ 178 A2

LOS CRISTIANOS, PLAYA DE LAS AMÉRICAS UND COSTA ADEJE: INSIDER-INFO

Top-Tipp: In Los Cristianos werden Unmengen von **Bootsausflügen** angeboten: Wal- und Delphinbeobachtung, Exkursionen zu den Acantilado de los Gigantes (➤ 102f) und sogar rund um die Insel.

③ Pirámides de Güímar

Jahrhundertelang glaubte man, dass die seltsamen Strukturen am Rand von Güímar einfach recht kunstvolle, von Bauern angelegte Terrassen seien, wie man sie überall in dieser Region sieht. Doch dann kam der Anthropologe Thor Heyerdahl aus Norwegen und erklärte sie zu von Menschenhand geschaffenen Bauten, die vor Jahrhunderten zu unterschiedlichen Zwecken errichtet worden wären. Seiner Theorie zufolge hat man Stufenpyramiden vor sich, die als Tempel zur Verehrung der Sonne erbaut wurden.

Die **Pirámides de Güímar** sind wie große Plattformen. Treppen an den Seiten ermöglichten es den Gläubigen, den abgeflachten oberen Teil der Pyramide zu erreichen, um dort zu beten. Beweise, dass es sich in der Tat nicht nur um von Bauern terrassiertes Areal handelt, gibt es genug. Ackerterrassen sind nämlich aus losen Steinen erstellt, während diese aus Vulkangestein, das hierher transportiert wurde, sorgsam errichtet wurden. Die Ecken und Ränder wurden bearbeitet, sodass sie exakte Rechtecke ergeben.

Wurden die Pyramiden für die Sonnenanbetung genutzt?

Himmlische Verbindungen

Der Hauptkomplex der Pyramiden wurde so ausgerichtet, dass die Plattformen bei Tagundnachtgleiche gen Sonnenuntergang

EHRGEIZIGE ATLANTIKÜBERQUERUNG

In den 1930er-Jahren beendete Thor Heyerdahl (1914–2002) seine zoologischen und geographischen Studien in Norwegen und brach auf, um die Tierwelt der Pazifischen Inseln zu erforschen. Er kam bald zu dem Schluss, dass Stämme aus Südamerika bis nach Polynesien gelangt sein könnten. Die einzige Möglichkeit boten Papyrusboote. Heyerdahl ließ deshalb ein solches Boot bauen und stach damit 1947 samt seiner Crew von Callio (Peru) aus in See, um nach Raroia auf Polynesien zu segeln. Die Strecke von 8000 Kilometer nahm 101 Tage in Anspruch. 1969 und 1970 ließ er zwei weitere Papyrusboote bauen, die *Ra I* und die *Ra II*. Damit segelte er von Safi (Marokko) in die Karibik. So versuchte er zu beweisen, dass Matrosen aus Ägypten das Gleiche hätten schaffen können.

weisen. Heyerdahl belegte, dass Seeleute einst den Atlantik überquerten und bereits vor Kolumbus nach Amerika kamen; für ihn besteht eine Verbindung zwischen den Pyramiden von Ägypten, Teneriffa und Südamerika.

Wie und warum Heyerdahl zu diesen Schlussfolgerungen kam, können Sie im wirklich faszinierenden **Museum** erfahren, das in der **Casa Chacona** untergebracht ist. Mit Hilfe von präkolumbischer Kunst und anderen Zeugnissen stellt Heyerdahl die Frage, ob womöglich Weiße aus Nordafrika nach Südamerika gelangten und dort die Vorstellungen, die hinter dem Bau von Pyramiden standen, vermittelten, nämlich Sonnenkult und Mumifizierung. Wenn Heyerdahl Recht hat, besteht eigentlich wirklich kein Grund, weshalb sie nicht auch zu den Kanaren gekommen sein sollten. Ein **Video** liefert weitere Erklärungen.

KLEINE PAUSE

Im **Café** bei den **Pirámides de Güímar** bekommen Sie etwas zu trinken und belegte Brote. Etwas entfernt (links hinter der Anlage) finden sich mehrere Lokale und Kneipen.

🏛 180 B2 ✉ Calle Chacona s/n ☎ 922 514510; www.piramidesdeguimar.net 🕐 tägl. 9.30–18 Uhr 💰 teuer

PIRÁMIDES DE GÜÍMAR: INSIDER-INFO

Top-Tipp: Am Rand des Geländes bekommen Sie ein originalgetreues Modell der *Ra II* zu sehen, eines der Papyrusboote, die Thor Heyerdahl baute, um über den Atlantik zu segeln. Es sind auch kleinere Modelle von modernen Booten ausgestellt, mit denen heute der Ozean überquert wird.

④ Candelaria

Nicht einmal 20 Kilometer südlich von Santa Cruz liegt die etwas schäbige Küstenstadt Candelaria. Ihr Symbolwert ist viel wichtiger als die wenigen Sehenswürdigkeiten hier. Am 15. August kann man an einer der bedeutendsten Feierlichkeiten der Insel und an einer Wallfahrt von internationalem Rang teilnehmen – der Fiesta de Nuestra Señora de la Candelaria zu Mariä Himmelfahrt.

Candelaria ist ein alter Fischerort. Hier vereint sich die Guanchen-Vergangenheit mit der spanischen Gegenwart zu einem bekannten Mythos. Die Jungfrau Maria, die den Guanchen hier als Figur erschienen sein soll, prägt das Leben Candelarias seit den ersten Tagen der spanischen Eroberung: Die Nacht brach schon an, als zwei Guanchen-Schäfer plötzlich feststellten, dass ihre Herde nicht weiter in Richtung Strand von Chimisay – heute Candelaria – ziehen wollte. Das Problem lag auf der Hand: Es stand eine seltsame Frau im Weg. Versuche, sie zum Weggehen zu bewegen, führten dazu, dass die beiden Männer sich verletzten, und so rannten sie davon, um ihren Anführer zu informieren, den Mencey von Güímar. Er kam herbei, und als ihm klar wurde, dass die »Frau« eine wundertätige Statue war, die die beiden Männer dann heilte, ließ er sie ehrenvoll in eine Höhle bringen.

Der Balkon am Glockenturm der Basilika ist eine architektonische Kuriosität

Die große **Basilica de Nuestra Señora de Candelaria** ist heute der Mittelpunkt der Stadt. Ihr Wahrzeichen ist ein hoher Glockenturm – oben mit einer seltsamen Galerie in Form eines kanarischen Balkons –, dazu eine robuste, düstere Fassade. In ihrer heutigen Form wurde die Kirche 1958 vollendet, es stand jedoch bereits um 1530 ein Gotteshaus an dieser Stelle. Die Statue der Jungfrau Maria und einige Wandmalereien lohnen einen Blick in den Innenraum.

Fiesta

Jedes Jahr trifft sich hier am 15. August (▶ 11) eine riesige Schar von Pilgern, um die **Fiesta de Nuestra Señora de la Candelaria**

(Mariä Himmelfahrt) zu feiern. Die Gläubigen reisen sogar aus Lateinamerika an, um die Statue der Jungfrau Maria anzubeten. Es heißt, dass die Stadtväter die Feier zu Ehren der Jungfrau von Candelaria mit Mariä Himmelfahrt zusammenlegten, um noch mehr Pilger anzulocken.

Wie dem auch sei, der Namenstag ist eigentlich am 2. Februar, und so haben die Gläubigen nun die Wahl. Das Objekt der Verehrung hat mit dem Bildnis, das die Guanchen so verblüffte, allerdings wenig zu tun. Die Statue ist prunkvoll weiß gekleidet und hoch über dem Hauptaltar zu sehen. Sie wurde 1827 als Ersatz für eine andere Figur geschnitzt, die ein Jahr zuvor von einer Flutwelle aus der Kirche gespült wurde.

Weitere Sehenswürdigkeiten

Neben der Basilika gibt es in Candelaria gleich in der Nähe eine Gemeindekirche zu sehen sowie die hübsche **Iglesia de Santa Ana** aus dem 17. Jahrhundert. An der Promenade am Meer vor der Plaza de la Basílica, in der sich die Pilger am Feiertag versammeln, stehen neun beeindruckende Statuen. Diese wild aussehenden Gesellen sind die **Guanchen-Führer**, wobei Übereinstimmungen mit der Realität auf reinem Zufall beruhen. Die Könige wenden dem Atlantik und einem der vielen schwarzen Sandstrände hier den Rücken zu.

Die Jungfrau Maria von Candelaria lockt Pilger aus nah und fern

KLEINE PAUSE

Das **El Archete** in der Nähe der Basilika (➤ 136) bietet sich als Restaurant für das Mittagessen an.

✚ 180 C2

Basílica de Nuestra Señora de Candelaria
✉ Plaza de la Basílica
🕐 tägl. 7.30–13, 15–19.30 Uhr   👆 frei

CANDELARIA: INSIDER-INFO

Top-Tipps: Bevor Sie die Küste hinauf- oder hinunterfahren, sollten Sie noch ein bisschen durch das Straßengewirr der **Altstadt** spazieren, die sich hinter der Kirche den Berg hinaufzieht.

■ Der höher gelegene **Naturschutzpark** westlich von Candelaria befindet sich noch innerhalb der Stadtgrenzen; er ist für seine Kiefern und andere Bäume bekannt.

Nach Lust und Laune!

5 Siam Park

Mit seiner Werbung als größtes und spektakulärstes Spaßbad Europas hat der Siam Park auf jeden Fall für Wirbel in der Presse gesorgt. Aber hier wird noch mehr geboten als nur Schwimmen – auch die spektakulären Wasserrutschen Dragon und Giant (mit Zentrifugalpool) gehören zu den Attraktionen. Außerdem bietet der 18,5 Hektar große Park üppige Gärten und Begegnungen mit verspielten Seelöwen. Die Anlage im Stil eines asiatischen Tropendschungels ist der ideale Ort, um im Pool Dampf abzulassen oder im Wave Palace Surfen zu lernen. Hier werden bis zu 3 m hohe künstliche Wellen erzeugt. Natürlich können Sie auch einfach an einem schattigen Plätzchen faulenzen. Es gibt mehrere Restaurants und Cafés und einen schwimmenden Markt im thailändischen Stil, wo Sie Souvenirs erwerben können.

✚ 178 B2 ✉ An der Ausfahrt 29 TF1, Playa de las Americas ☎ 922 750032; www.siampark.net ◷ Mitte März–Ende Okt. tägl. 10–18, Ende Okt.–Mitte März tägl. 10–17 Uhr 💳 teuer (auch Kombiticket mit Loro Parque)

6 Vilaflor

Auf 1160 Metern gelegen nimmt die Agrarstadt Vilaflor für sich in Anspruch, die höchste Stadt Spaniens zu sein. Der Ort markiert auch den Anfangspunkt

Die Mondlandschaft bei Vilaflor

der terrassierten Felder, die sich in Richtung Süden bis hin zur Küste erstrecken. Weiter oben stehen Kiefern auf dem Weg zum Berg Teide. An einem schönen Tag hat man einen herrlichen Blick von der Stadt, ansonsten hat Vilaflor selbst allerdings nur ein paar Kuriositäten zu bieten. Am südlichen Stadtrand liegt an der Calle de Santa Catalina das **Hotel El Sombrerito**. Das gelb gestrichene Gebäude mit dem grünen Fachwerk und den Balkonen können Sie nicht übersehen. Hier kann man gemütlich essen und auch übernachten.

Ganz oben dominiert die einschiffige **Iglesia de San Pedro** die Stadt; der Grundriss der Kirche entspricht einem lateinischen Kreuz. Ein paar Schritte von dieser Kirche entfernt befinden sich ein ehemaliger Konvent und eine Kirche, die dem berühmtesten Sohn Vilaflors geweiht ist, Hermano Pedro (Bruder Peter, 1626–67), sein richtiger Name war Hernando Pedro de San José Betancourt, als Kind war er Schafhirte in den Bergen um die Stadt. Als Erwachsener fristete Pedro sein Dasein schließlich in einer Höhle – heute ein Pilgerziel bei El Médano (➤ 131) –, bis er dann endgültig nach Guatemala ging, um dort den Bethlehem-Orden zu gründen. 1967 brachte die Stadt im Kloster eine Plakette an, um an seine »außergewöhnlichen Tugenden« zu erinnern – eine späte Einsicht, die den Mönch wohl dazu verleitete, sich im Grabe umzudrehen. Im Jahr 1993 fügte die Regierung von Guatemala dann eine weitere Wertschätzung hinzu – in Form einer Statue, die nun unterhalb der Iglesia de San Pedro an dem steilen Platz steht. Der Vater wurde 1980 selig und 2002 von Papst Johannes Paul II. heilig gesprochen. Damit ist er der erste Kanare, der zum Heiligen erklärt wurde. ✚ 178 C3 ✉ 21 km südlich vom Parador, Parque Nacional del Teide

⑦ Granadilla de Abona

Granadilla ist einer der typischen verschlafenen Orte im Landesinneren, aber dennoch einen Umweg wert. Fahren Sie ins Zentrum und zur **Iglesia de San Antonio de Padua** mit dem Glockenturm aus dem 19. Jahrhundert. Direkt an der Kirche geht die reizende kleine Calle de la Iglesia ab. Eine andere Straße, die die Stadtväter vor dem Verfall gerettet haben, ist die Calle del Arquitecto Marrero. Gehen Sie zuerst von der Kirche die Calle del Pino hinunter, dann liegt die Straße rechter Hand. Das bemerkenswerteste Gebäude hier ist eine *casa rural* mit dem Namen Traspatio. ✚ 179 D3
✉ 23 km nordöstlich von Los Cristianos

⑧ Las Galletas und die Costa del Silencio

Die letzten Reste, die von dem einstigen Fischerdorf zeugten, sind längst zwischen den Hotels samt Touristenkneipen untergegangen. Und ein Ende

Die Windsurfmöglichkeiten ziehen Fans aus der ganzen Welt an

des Baubooms ist nicht abzusehen – ein einziges graues Durcheinander mit Kieselstrand. Gen Westen kommt man an der Küste dann zu der etwas sorgfältiger geplanten Feriensiedlung an der »Stillen Küste«. Zumindest gibt es hier ein paar Bäume. ✚ 178 C1
✉ 13 km östlich von Los Cristianos

⑨ El Médano

Der Wind pfeift hier am südlichsten Punkt der Insel über den Strand zum Meer – ein Leckerbissen für Surfer. Die Strände zählen zu den besten Naturstränden auf Teneriffa. Die Stadt hat allerdings wenig zu bieten. Der Ort ist von Hotelsilos verunstaltet, die bis ins Landesinnere hineinreichen. In der Umgebung gibt es nichts als verdörrtes Land – charakteristisch für den Süden. Von der Straße, die die Stadt an die Autobahn TF1 anbindet, führt eine Seitenstraße zur **Cueva del Hermano Pedro**, eines der ältesten Pilgerziele der Welt. Die Höhle, in der der Mönch Pedro aus Vilaflor (➤ 130) eine Weile lebte, liegt am Ende der östlichen Startbahn vom Flughafen Tenerife Sur. Für 2009 und 2010 ist in der Gegend um die Höhle ein Verschönerungs- und Landschaftsgestaltungsprogramm im Wert von 1,5 Millionen Euro geplant. ✚ 179 D2
✉ 22 km östlich von Los Cristianos

⑩ Porís de Abona

Wie es scheint, ist es mit der Ruhe des einst so bescheidenen Fischerdorfes vorbei. Um die Hafeneinfahrt herum, wo die Einheimischen ihre kleinen Boote vertäuen, werden immer mehr Wohnanlagen hochgezogen. Zwei Gründe gibt es dennoch, den Ort zu besuchen. Es findet sich hier eine wahre Fülle von Lokalen, in denen Fisch und Meeresfrüchte auf den Tisch kommen. Wer länger bleibt, wird etwa einen Kilometer um die Bucht herum an der **Punta de Abona** mit einem schönen Strand belohnt. Noch einen Kilometer weiter erreicht man einen **Leuchtturm**, wo man den Einheimischen beim Angeln zusehen kann. Ein Spaziergang von 1,5 Kilometern Länge führt zu einem kleinen Strand, der **Caleta María Luisa**.

✚ 179 F3
✉ 34 km nordöstlich von Los Cristianos

⑪ Arico

Von Porís de Abona aus sind es sieben Kilometer bis Arico, das sich in mehrere Viertel teilt. Am schönsten ist **Arico Nuevo** (Neu-Arico), das

seinem Namen zum Trotz der älteste Stadtteil ist. Eine schmale Straße führt von der TF28 bergab. Sie ist von reizenden kleinen Häusern gesäumt, alle sind weiß getüncht und haben dunkelgrüne Türen und Fensterrahmen. Auf halber Höhe eröffnet sich ein kleiner Platz, die **Plaza de la Luz**, mit der freundlichen Gemeindekirche.

✚ 179 E3
✉ 6 km westlich von Porís de Abona

⑫ Mirador de Don Martín

Nach schier endlosen Haarnadelkurven in einer Landschaft, die kaum wahrnehmbar grüner wird, erreichen Sie den Mirador de Don Martín, einen der schönsten Aussichtspunkte an der ganzen Autobahnstrecke zwischen Los Cristianos und Santa Cruz. Von hier können Sie nach Norden die Küste bis nach Santa Cruz hinaufschauen und weit über den Ozean bis nach Gran Canaria.

✚ 180 B1
✉ 5 km südlich von Güímar

Die Gemeindekirche von Arico liegt mitten in dem schönen Kolonialdorf

Wohin zum …
Übernachten?

Preise

Für ein Doppelzimmer gelten in der Hauptsaison folgende Preise, Mehrwertsteuer inklusive:

€ unter 70 Euro   €€ 70–120 Euro   €€€ über 120 Euro

PARQUE NACIONAL DEL TEIDE

Parador de las Cañadas del Teide €€€

Der einzige Parador Teneriffas liegt mitten im Nationalpark am Fuß des Teide (▶ 118f) und gibt einen herrlichen Standort für Wanderungen ab. Von den Panoramafenstern aus haben Sie einen schönen Blick über erodierte Felsen und Lavagärten. Wenn die Dunkelheit anbricht, wird es hier in der Abgeschiedenheit unglaublich still. Innen ist das Hotel freundlich und komfortabel eingerichtet. Die Zimmer sind geräumig und gut ausgestattet. Im Restaurant stehen traditionelle Speisen auf der Karte.

🚩 177 E3 🖂 38300 La Orotava
🕿 922 374841; www.parador.es

PLAYA DE LAS AMÉRICAS UND LOS CRISTIANOS

Aparthotel Panorama €

Eines der kleineren Apartmenthotels in diesem Teil der Insel. Die 174 Einheiten liegen in zwei- und dreistöckigen Gebäuden um den Pool, der im Winter beheizt ist. Die Kitchenetten sind einfach und die Farben ein wenig veraltet, aber die Studios und Apartments sind sauber und geräumig. Ein Waschraum und ein Internetcafé stehen auf der Anlage zur Verfügung. Der nächste Strand liegt 300 m entfernt.

🚩 178 A2 🖂 Avenida Gran Bretaña
🕿 922 791611; www.hovima-hotels.com

Jardín Caleta €

Eine helle, moderne 5- bis 6-stöckige Apartmenthotelanlage. Es gibt insgesamt fast 250 Einheiten, die um einen Kinderspielplatz, einen Pool, einen Fernsehraum und zwei Bars angeordnet sind. Auch ein Tennisplatz und ein Golfplatz stehen zur Verfügung. Die Apartments sind geräumig und für den 3-Sterne-Standard schön eingerichtet.

🚩 178 A2
🖂 Avenida Las Gaviotas 32, La Caleta
🕿 922 710976; www.hovima-hotels.com

Jardín Tropical €€€

Das phantasievolle Hotel mit seinem weitläufigen Areal hinter der autofreien Meerespromenade liegt herrlich abgeschieden. Die Architektur ist eine maurische Spielerei mit Kacheln und Türmchen, Kuppeln und Bögen. Neben den Pools beim Wasser finden sich weitere im Hotelareal. Außerdem gibt es mehrere außergewöhnliche Restaurants sowie einen Fitness- und Wellness-Bereich.

🚩 178 A2 🖂 Calle Gran Bretaña s/n, Playa de las Américas
🕿 922 746000; www.jardin-tropical.com

Parque Santiago €–€€

Dieser riesige Komplex von der Größe eines kleinen Dorfes ist ein familienfreundliches Apartmenthotel mit guter Ausstattung – dazu zählen eine gute Auswahl zwangloser und feiner Speiserestaurants, ein Fitnesszentrum, ein Abenteuerspielplatz für Kinder und ein Internetcafé. Die weiß getünchten Unterkünfte liegen in drei Parks um mehrere große Pools auf der 6,7 Hektar großen Anlage und verleihen dem Ganzen den Eindruck unterschiedlicher Stadtviertel. Die Apartments sind mit Kitchenetten ausgestattet, sodass Sie sich auch selbst versorgen können.

🚩 178 A2
🖂 Avenida Litoral, Playa de las Americas
🕿 922 746103; www.parquesantiago.com

Sir Anthony €€€

Dieses 1989 erbaute Luxushotel mit 72 Zimmern hat die Form eines sanft geschwungenen Halbmonds. Es liegt gleich am Wasser und wirkt angenehm unauffällig. Die hellen, großzügigen Zimmer haben Marmorbäder und vor allem eine private Terrasse, die sich für ein Frühstück mit Blick auf den Ozean anbietet. Gleich vor den Zimmern liegen der Pool und die Gärten, die Playa del Camisón ist nur einen kurzen Spaziergang entfernt.

♦ 178 A2 ⊠ **Paseo Marítimo s/n, Playa de las Américas** ☎ **922 757545; www.siranthonyhotel.es**

COSTA ADEJE

Colón Guanahaní €€–€€€

Das attraktivste Hotel im jüngst erbauten Fañabe an der Costa Adeje hat etwas angenehm Ruhiges und Entspanntes, obwohl es an einer recht lebhaften Straße liegt. Die gut ausgestatteten Kolonialstilgebäude gruppieren sich um Meerwasserpools und Sonnenterrassen im Schatten von Palmen. Die Zimmer

sind geräumig und schick; vom Balkon schauen Sie auf die Poolterrassen.

♦ 178 A2 ⊠ **Calle Bruselas, Playa de Fañabe** ☎ **922 712046; www.colonguanahani.com**

Gran Hotel Bahía del Duque €€€

Diese Luxusanlage besteht aus 20 separaten Gebäuden mit individuellem Design aus einer Mischung von kanarischem und mediterranem Stil. In der herrlich geplegten Anlage versprechen die Wohnblocks mit vielen Restaurants einen angenehmen Aufenthalt. Die Gäste kommen in den Genuss eines direkten Zugangs zum makellosen Strand mit einem breiten Angebot an Wassersport.

♦ 178 A2 ⊠ **Calle Alcalde Walter Paetzmann s/n** ☎ **922 746900; www.bahia-duque.com**

Sheraton La Caleta Resort & Spa €€€

Diese wunderschöne Anlage in hübsch angelegten Gärten ist eines der besten Hotels auf Teneriffa. Mit 274 Zimmern ist es nicht überfüllt und Sie haben mit Sicherheit genug Platz, um sich an einem der drei Pools zu entspannen (im Winter beheizt). Die Zimmer sind

geräumig und schön eingerichtet, die Lobby und die öffentlichen Bereiche sind geprägt von einem luxuriösen und modernen kanarischen Stil. Hauptattraktion ist aber das 1800 m² große Spa mit mehreren Massagesuiten, Tagesräumen und einem vollständig ausgestatteten Fitnessbereich.

♦ 178 A2 ⊠ **Calle La Enramada 9, Adeje** ☎ **922 162000; www.starwoodhotels.com**

GÜÍMAR

Hotel Rural Finca Salamanca €€–€€€

Dieses schön renovierte Bauernhaus liegt in üppigen Gärten und lockt besonders diejenigen Touristen an, die Interesse an den Pirámides de Güímar haben. Das stilvoll ausgestattete Hotel ist von 5 Hektar Land umgeben, Avocado-, Mango- und Zitrushaine gehören zur vorherrschenden Bepflanzung. Im luftigen Restaurant kommen Spezialitäten und Weine von der Insel auf den Tisch. Die Unterkünfte sind mit Holzmöbeln und schön gefliesten Bädern ausgestattet.

♦ 180 B2 ⊠ **Carretera Güímar, El Puertito** ☎ **922 514530; www.hotel-fincasalamanca.com**

VILAFLOR

El Nogal €€–€€€

Die Hauptattraktion dieses einfachen Hauses ist seine Lage in der Nähe von Vilaflor. Von hier aus haben Sie eine spektakuläre Aussicht über die Berge bis nach Los Cristianos und weiter zum Atlantik. Das schlichte, cremefarbene Gebäude gehörte früher zu einem Herrschaftshaus aus dem 18. Jahrhundert und wurde später zu einem sympathischen, charmanten Hotel umgebaut. Jedes der 29 Zimmer ist anders eingerichtet, alle sind hübsch im kanarischen Stil. Zur Ausstattung gehören Satellitenfernsehen und Minibar. Um die Poolterrasse erstreckt sich ein sehr hübscher Garten. Der Spa-Bereich ist neu.

♦ 178 C3 ⊠ **Camino Real s/n, La Escalona** ☎ **922 726050; www.hotelnogal.com**

Wohin zum ...
Essen und Trinken?

Preise

Die Preise gelten pro Person für eine Mahlzeit inklusive Getränk, Mehrwertsteuer und Service:

€ unter 20 Euro   €€ 20–40 Euro   €€€ über 40 Euro

PLAYA DE LAS AMÉRICAS UND LOS CRISTIANOS

Don Armando €

Inmitten der Touristenkneipen von Los Cristianos wirkt dieses Lokal angenehm authentisch. An der typisch dunklen Bar hört man viele spanische Stimmen. Von der geräumigen Terrasse haben Sie eine Superaussicht auf das Meer. Auf der Speisekarte stehen Tapas-Klassiker.

🗺 178 B2
✉ Calle San Telmo, Los Cristianos
☎ 922 796145
🕐 Mo–Sa 11.30–16.30, 20–23.30 Uhr

El Patio €€€

Zum Hotel Jardín Tropical (▶ 133) gehören mehrere schöne Restaurants, wobei das elegante El Patio mit die beste Küche auf der Insel hat – und einen Michelin-Stern zum Beweis. Zur spanischen und kanarischen Küche kommen extravagante internationale Gerichte sowie ein beeindruckender Weinkeller hinzu. Das Restaurant mit schattiger Terrasse ist schön in Blau-Weiß gefliest, dazu kommen wild wuchernde Pflanzen und Brunnen.

🗺 178 A2 ✉ Hotel Jardín Tropical, Calle Gran Bretaña s/n, Playa de las Américas
☎ 922 746000 oder 922 746061
🕐 tägl. 19–24 Uhr

Las Rocas €€€

Dieses schicke, romantische Restaurant mit einer Terrasse über den Wellen ist dem Tophotel Jardín Tropical (▶ 133) angeschlossen. Hier dominieren Fisch und Meeresfrüchte. Paella ist eine weitere Spezialität, und natürlich gibt es eine schier endlose Weinkarte. Probieren Sie unbedingt die Königskrabben mit Knoblauch oder den fangfrischen Thunfisch oder die Meerbrasse. Von den Felsen aus, die dem Restaurant seinen Namen gaben, schweift der Blick bis La Gomera. Die Sonnenuntergänge sind herrlich – Sie sollten daher um einen Tisch mit Meerblick bitten.

🗺 178 A2 ✉ Hotel Jardín Tropical, Calle Gran Bretaña s/n, Playa de las Américas
☎ 922 746064 🕐 tägl 13–16, 19–23 Uhr

La Tasca de mi Abuelo €

Ein kleiner Familienbetrieb mit rustikalen Holztischen und Terrakottaböden. Serviert werden hervorragende Tapas und andere spanische Gerichte. Hier treffen Sie immer zahlreiche Einheimische. Der luftgetrocknete Schinken wird vor Ihren Augen in feine Streifen geschnitten – köstlich!

🗺 178 A2 ✉ CC San Marino, Local 13, Los Cristianos ☎ 922 794466 🕐 Di–Sa 12–16, 20–23, So 12–16 Uhr

COSTA ADEJE

El Molino Blanco €€

Das rustikale Lokal ist hauptsächlich auf Touristen aus dem Ausland eingestellt, aber dank seiner netten Atmosphäre einen Besuch wert. Alte Weinfässer wurden zu Inventar umfunktioniert, die Tische reichen vom hübschen Essbereich zur Gartenterrasse im Schatten von Kletterpflanzen und Zitronenbäumen. Hier geht es abends hoch her, wozu auch die Geigenspieler beitragen. Sowohl die Weinkarte als auch die Speisekarte sind vielfältig; es gibt auch Exotisches wie Ziege oder Strauß.

🗺 178 A2 ✉ Avenida de Austria 5, San Eugenio Alto ☎ 922 796282 🕐 Mi–Mo 13–24 Uhr

Otelo I €€

Am Eingang zum Barranco del Infierno, der berühmten Schlucht von Adeje (▲ 124f), liegt dieses anspruchslose Lokal und tut sein Bestes, um die Wanderer mit Speis und Trank zu versorgen. Hier gibt es kleine Gerichte, aber auch typisch Kanarisches wie Hasenbraten oder Huhn in Knoblauchsoße. Wer keine Lust zum Wandern hat, genießt einfach von der Terrasse aus den schönen Blick.

➕ 178 B3 ⌗ Calle Los Molinos 44, Barranco del Infierno, Adeje ☎ 922 780374 ⏰ Mi–Mo 11–24 Uhr

CANDELARIA

El Archete €€€

In einem traditionellen kanarischen Haus, nicht weit vom Hauptplatz mit seiner berühmten Wallfahrtskirche (▲ 128f) entfernt, ist dieses Restaurant untergebracht, das als das beste in Candelaria gilt. Das Ambiente ist edel und gepflegt, was zu der kreativen Vielfalt an interessanten kanarischen Köstlichkeiten passt. Über den elegant gedeckten Tischen wiegen sich Palmwedel. Zu den Spezialitäten gehören mit Meerbrasse gefüllte schwarze Kartoffeln in Kaviarsoße.

➕ 180 C2 ⌗ Lomo de Aroba 2, ☎ 922 500115 ⏰ Mo, Mi–Sa 13–17.30, 19.30–24, Di 13–17.30 Uhr

VILAFLOR

El Mirador €–€€

Ein absoluter Pluspunkt dieses Lokals ist der Blick über die dramatische Bergszenerie in der Nähe des Eingangs zum Parque Nacional del Teide – Sie sollten also Ihren Fotoapparat mitnehmen. Das Essen ist auch nicht zu verachten, die Auswahl an kanarischen und internationalen Gerichten ist groß. Das Lokal wurde nach dem Aussichtspunkt (*mirador*) oberhalb der Straße benannt. Die meisten Gäste machen es sich auf der Terrasse im Freien bequem.

➕ 178 C3 ⌗ Ermita de San Roque ☎ 922 709135 ⏰ Sa–Do 11–20 Uhr, So 12–20 Uhr; Mai geschl.

GRANADILLA DE ABONA

El Jable €€

Dieses etablierte Lokal steht ganz oben auf der Liste der Restaurants im Süden von Teneriffa. Die Wände sind innen aus Vulkanstein und dunklem Holz, Rattanlampenschirme und leuchtend bunte Gemälde dienen als Deko – das perfekte Ambiente für fangfrischen Fisch und Fleisch, edlen Käse und Wein. Zu den leckersten Gerichten zählen gebackener, geräucherter Ziegenkäse in pikanter Koriandersoße. Gelegentlich finden hier Kunstausstellungen und Weinproben statt.

➕ 179 D3 ⌗ Calle Benteju 9, San Isidro ☎ 922 390698; ⏰ Mo 19.30–23, Di–Sa 13–16, 19.30–23 Uhr; geschl. 15.–30. Juni

EL MÉDANO

Perlas del Mar €€

Die Meinungen gehen auseinander, welches nun wirklich das beste Fischrestaurant am Meer in Los Abrigos ist, aber dieses ist auf jeden Fall am schönsten gelegen. Sie können sich Ihren Fisch am Tresen aussuchen und die Zubereitungsart – gedämpft, gegrillt oder gebraten – wählen. Da die Etiketten fehlen, fällt die Entscheidung gar nicht so leicht, aber das Personal ist gern behilflich. Von der Terrasse aus können Sie den Sonnenuntergang oder den Landeanflug der Flugzeuge zum Flughafen Reina Sofia beobachten.

➕ 178 C1 ⌗ Calle La Marina, Los Abrigos ☎ 922 170014 ⏰ Mo–Sa 12–23; geschl. 15.–30. Sept.

Los Roques €€–€€€

Los Roques ist ein großes modernes Restaurant mit einer wunderbaren Terrasse direkt an der Küste. Die Fusion-Küche bietet Gerichte wie Thunfisch-Tartar, Tintenfisch-Ceviche oder Gänseleber-Terrine. Der Chefkoch versucht, so viele Zutaten wie möglich direkt von der Insel zu beziehen, Salat und Gemüse wachsen auf der Farm des Eigentümers. Die Weinkarte bietet eine gute Auswahl an lokalen Weinen

➕ 179 D1 ⌗ Calle La Marina 16, Los Abrigos ☎ 922 749401; www.restaurantlos roques.com ⏰ Di–Sa 19–23 Uhr

Wohin zum ... Einkaufen?

EINKAUFSZENTREN

Centros comerciales bieten den Touristen in den seelenlosen modernen Ferienorten an der Südküste eine Möglichkeit der Unterhaltung. In der Region Costa Adeje nördlich der Playa de las Américas haben einige schicke neue *centros* aufgemacht. Die Zentren in Fañabe und El Duque haben sich auf die betuchte Klientel der Luxushotels in der Umgebung eingestellt.

MÄRKTE

An der Meerespromenade von Torviscas finden donnerstags und samstags morgens ausgedehnte **Flohmärkte** statt, in Los Cristianos beim Hotel Arona Gran sonntags. Die meisten Dinge sind nett und billig; Elfenbein sollte man keinesfalls kaufen, da es illegal importiert wurde.

KUNSTHANDWERK

Wer nach etwas typisch Kanarischem sucht, sollte ins Landesinnere fahren; dort bieten **Bauern- und Kunsthandwerksmärkte** ein breites Angebot. In Vilaflor, Fasria, San Miguel de Abona und Güímar finden im Sommer immer Jahrmärkte statt.

An der Hauptstraße zum Teide-Nationalpark kommen Sie an mehreren großen **Kunsthandwerkszentren** vorbei. Ein sehr empfehlenswertes befindet sich bei Guía de Isora nördlich der Costa Adeje.

Neben den üblichen Stickereien, Keramik- und Rattanwaren gibt es CDs mit Volksmusik, Wein von Teneriffa und Blumenparfüms. Im Nationalpark selbst (➤ 118ff) können Sie ungewöhnliche Andenken erstehen.

Wohin zum ... Ausgehen?

NACHTLEBEN

Die irrsinnigsten Diskos lassen sich leicht am Dezibellevel erkennen; sie befinden sich an der Einkaulszone **Las Verónicas** in der Nähe der Troya-Strände. An der Hauptuferpromenade, auf der Seite zum Landesinneren hin, liegt der **Starco-Komplex**, in Richtung Los Cristianos **The Patch**, bei beiden beginnt der Rummel bei Einbruch der Dunkelheit. Generell ist die Szene sehr kurzlebig, schon lange halten sich allerdings das **Bobby's** und **Bonkers**. Zu den aktuellen Favoriten gehören das **China White's** und das **The Full Monty** im Las Veronicas 1 und das **Shenanigans** im The Patch und das **Leonardo's**, **Mett** und **Lineker's** im Starco.

Im **Pleasure Island** (www.pleasureislandtenerife.com) hat die ganze Familie ihren Spaß bei Videospielen. In

Richtung Los Cristianos gibt es in der bizarren pseudoklassischen **Pirámide de Arona** (Avenida de las Américas s/n, Tel. 922 757549) Liveveranstaltungen wie Kabarett, Flamenco, Oper und Ballett, oder spielen Sie im Casino de las Américas (Tel. 922 793758) im Hotel Gran Tinerfe.

Ein beliebter Ausflug am Abend ist das **Castillo de San Miguel** (San Miguel Aldea Blanca, Tel. 922 700276; www.castillosanmiguel.com) an der Autopista del Sur, wo Sie ein »mittelalterliches« Essen mit spritziger Show und einer Demonstration der hiesigen Reitkunst erwartet.

BOOTSAUSFLÜGE

Viele Bootsausflüge bieten **Wal- und Delphinbeobachtung** an der Westküste oder auch einfach erholsame

Kreuzfahrten mit lockeren Strandpartys an. Die meisten Ausflüge beginnen in Puerto Colón (Playa de las Américas) oder im Hafen von Los Cristianos; meist wird unterwegs eine Pause zum Schwimmen, Schnorcheln oder Tauchen eingelegt.

Die **Tropical Delfin** (Pier 12, Puerto Colón, Tel. 922 750085; www.tenerifedolphin.com, tägl. 10.15 Uhr) zählt zu den Schiffen, die sich dem Schutz der Wale auf ihre Fahne geschrieben haben. Die **Nostramo** (Playa San Juan, Tel. 922 750085, tägl. 10 Uhr) ist ein majestätischer Schoner aus dem Jahr 1918; sie segelt stilvoll zu den Klippen von Los Gigantes. Die zauberhafte Unterwasserwelt können Sie an Bord von **Glasbodenschiffen** und **U-Booten** kennen lernen.

Der beliebteste und schönste Bootsausflug führt aber wohl von Cristianos nach **La Gomera**.

ATTRAKTIONEN

Die Wasserrutschen und -fontänen im **Aqualand** (Avenida de Austria, San

Eugenio Alto 15, Costa Adeje, Tel. 922 715266, www.aqualand.es, tägl. 10–18 Uhr, teuer) präsentieren sich als unerwartete Oase von San Eugenio.

Eine der beliebtesten Sehenswürdigkeiten ist der **Las Águilas Jungle Park** (Carretera Los Cristianos-Arona, Tel. 922 729010, www.aguilasjunglepark.com, tägl. 10–17.30 Uhr, letzter Einlass um 16.30 Uhr, Flugschau um 12 und 16 Uhr, teuer): ein Vogelpark mit Adlern und Falken in dschungelartiger Vegetation.

AKTIVITÄTEN IM FREIEN

Viele Hotelanlagen haben imposante Freizeiteinrichtungen wie **Strandclubs** und **Tennisplätze**, die man gegen Gebühr auch als Nichthotelgast nutzen kann. In allen Ferienorten ist es möglich, ein **Fahrrad** zu mieten.

Wassersport

Der Hafen von Puerto Colón und Los Cristianos eignet sich am besten für alles, was mit Schiffen zu tun hat, z.B. zum Mieten von Yachten, Jollen oder

Tretbooten. An vielen Stränden werden Abenteuersportarten wie **Jetskifahren** und **Gleitschirmfliegen** angeboten. In den großen Ferienorten gibt es überall **Tauchzentren**. Besonders schön bei das klare Meer der Costa del Silencio. Wen das **Windsurfen** begeistert, der sollte nach El Médano fahren. Weil sich hier die besten Windverhältnisse der Welt bieten, finden regelmäßig internationale Wettkämpfe statt. Segelboote können Sie an den Hauptstränden mieten, dort wird auch Unterricht angeboten; zu empfehlen ist **Playa Sur** (Tel. 922 176668).

Golf

Golf del Sur (San Miguel de Abona, Tel. 922 738170; www.golfdelsur.net) liegt zwischen exotischen Palmen und Kakteen. **Amarilla Golf** (Urb. Amarilla Golf, San Miguel de Abona, Tel. 922 7303 19; www.amarillagolf.es), das in herrlicher Lage am Ozean liegt, hat einen Pitch-and-Putt-Platz sowie einen Abschlagplatz. Von der neuen Anlage **Golf Costa Adeje** (Finca Los

Olivos s/n, Adeje, Tel. 922 710000; www.golfcostaadeje.com; 27-Loch) haben Sie einen schönen Blick bis nach La Gomera.

Wandern und Pflanzen bestimmen

An eine Wanderung im Parque Nacional del Teide reicht natürlich nichts heran, wer dennoch auch die Natur im Süden kennen lernen will, besucht den **Barranco del Infierno** (▶ 158) bei Adeje, eine Schlucht mit Kakteen und Wasserfall. Beachten Sie, dass die Schlucht nur für 200 Besucher pro Tag geöffnet ist, Sie sollten daher im Voraus buchen (Tel. 922 782885). Hin und zurück sind Sie etwa drei bis vier Stunden unterwegs (Wasser mitnehmen).

Wer im Frühsommer nach **Siete Cañadas** (▶ 121) kommt, sieht den Tajinaste Rojo in voller Blüte; seine bis zu zwei Meter langen, knallroten Rispen ragen aus den Schlackenbetten im Krater des Teide. Viele Pflanzen, die auf dem vulkanischen Boden wachsen, gibt es im **Besucherzentrum von Los Portillos** (▶ 119) oder bei **Los Roques** (▶ 121) und dem Parador (▶ 133) zu sehen.

La Gomera

Erste Orientierung   140

In drei Tagen   142

Nicht verpassen!   144

Nach Lust und Laune!   152

Wohin zum …   153

Erste Orientierung

La Gomera erreicht man mit dem Schnellboot von der Südwestküste Teneriffas aus in nur 40 Minuten. Die 17 000 Inselbewohner bezeichnen das Eiland als *Isla Redonda* (Runde Insel); es ist 575 Quadratkilometer groß und somit die zweitkleinste Hauptinsel des Archipels. Etwa zehn Prozent der Inselmitte werden vom Parque Nacional de Garajonay vereinnahmt, einer außergewöhnlichen Mischung aus meist dunstigem Lorbeerwald und anderen Pflanzen, die sich bis zum Gipfel Garajonay mit 1487 Metern Höhe hinaufziehen.

La Gomera lockt zwei Arten von Touristen an: Gäste, die nur schnell einen Tagesausflug von Teneriffa aus machen, und eine kleinere Gruppe von Naturfreunden, die gleich mehrere Tage bleiben. Das Wandern wird hier immer beliebter.

Ein Netz von *barrancos* (Schluchten) zieht sich vom Garajonay bis an die Küste. Ein Großteil der Insel, vor allem der Norden und Westen, wurde für den Ackerbau terrassiert; angebaut werden vor allem Bananen, was wegen der geografischen Bedingungen und des schlechten Bodens gar nicht so einfach ist.

Die meisten Boote steuern die kleine Hauptstadt San Sebastián an der Ostküste an. Zwei Straßen führen von dort nach Westen. Die eine schlängelt sich zuerst gen Norden durch eine Reihe von malerischen Dörfern, dann nach Südwesten zum hübschen Valle Gran Rey, einem fruchtbaren Tal mit terrassierten Feldern, an dessen Ende der gleichnamige Ort und mehrere Dörfer am Strand warten. Die andere Straße führt durch den Parque Nacional de Garajonay ebenfalls zum Valle Gran Rey. Ein paar Straßen verlaufen im Zickzack bis zur Playa de Santiago, wo Tauchschulen und einige Strände zu finden sind.

Das Valle Gran Rey mit seinen einfachen Häusern, die zwischen Palmen und Terrassenfeldern liegen

Laja del Infierno

TF-711

2 Agulo

□ Santa Catalina

2
Hermigua

Casas □

1065
Encherada

5
Parque Naturel de Majona

Punta Majona

Punta Gaviota

TF-711

Punta Llana

Chejelipes

Punta de Avalo

Casas de Langrero

San Sebastián de la Gomera

ipala □

1

chijigua

TF-713

Casas □

Punta Gorda

Laguna de Santiago

Gomera

Punta Gaviota

8 Playa de Santiago

0   5 km

Diese Gemeindekirche steht mitten in Vallehermoso, einem Ort im Norden der Insel, der ein angenehm ruhiges Feriendomizil abgibt

★ **Nicht verpassen!**

1 San Sebastián ► 144
2 Dörfer im Norden ► 144
3 Valle Gran Rey ► 147
4 Parque Nacional de Garajonay ► 150

Nach Lust und Laune!

5 Parque Naturel de Majona ► 152
6 La Dama und Playa de La Rajita ► 152
7 Benchijigua ► 152
8 Playa de Santiago ► 152

Seite 139: Kaktus im Valle Gran Rey

Links: Am Strand bei Vueltas im Valle Gran Rey

In drei Tagen

Wenn Sie nicht ganz sicher sind, wo Ihre Reise beginnen soll: Dieses Ausflugsprogramm ist ein praktischer Vorschlag für drei angenehme Entdeckungstage auf La Gomera mit einigen der schönsten Sehenswürdigkeiten aus dem Orientierungsplan auf der vorherigen Seite. Weitere Informationen finden Sie unter den Haupteinträgen.

Erster Tag

Vormittags

Sie nehmen das erste **Schnellboot** von Los Cristianos im Süden Teneriffas und erreichen nach etwa 40 Minuten die bescheidene Hauptstadt ❶ **San Sebastián** (▶ 144). Nachdem Sie sich ein Auto gemietet haben, spazieren Sie kurz durch die Kolonialstadt. Dort gibt es ein Haus zu sehen, das angeblich Kolumbus beherbergte, bevor er zu seiner ersten Entdeckungsreise aufbrach. Sie können in einem der Cafés am Meer eine Kleinigkeit essen – z. B. in der Casa del Mar (▶ 154).

Nachmittags

Nun beginnt die Autofahrt in den ❷ **Norden der Insel** (▶ 145f). In **Hermigua** (▶ 145) sollten Sie eine Pause einlegen, um nach El Cedro zu spazieren. Dann geht es weiter an der schönen Küste entlang und gen Westen, wo es immer urwüchsiger wird. **Vallehermoso** (▶ 145) ist ein hübscher Ort, um etwas zu trinken. Biegen Sie nach **Alojera** (▶ 146) ab, bevor Sie, wieder auf die Hauptstraße zurückgekehrt, ins ❸ **Valle Gran Rey** (unten, ▶ 147ff) hinunterfahren.

Zweiter Tag

Vormittags
Mit dem Boot können Sie zur Walbeobachtung nach **Los Órganos** (oben, ➤ 149) fahren, den bizarren Klippen im Norden. Oder Sie legen eine Ruhepause ein und entspannen einfach am Strand.

Nachmittags
Nachdem Sie in einem der Lokale von Vueltas, La Playa oder Charco del Conde im Valle Gran Rey (➤ 155) zu Mittag gegessen haben, geht es nach **Chipude** (➤ 149); von dort aus wandern Sie zurück nach Süden durch Schluchten und vorbei an ländlichen Kapellen bis **La Calera**.

Dritter Tag

Vormittags
Weiter geht es gen Osten in den 4 **Parque Nacional de Garajonay** (➤ 150f), wo es seltene Vögel wie die Blaumeise zu sehen gibt. Sie können entweder einen kurzen Abstecher auf den Alto de Garajonay machen oder eine längere Wanderung bis El Cedro unternehmen. **La Laguna Grande** (➤ 151) bietet sich für ein Picknick an.

Nachmittags
Fahren Sie in Richtung Süden zu 6 **La Dama** und **Playa de La Rajita** (➤ 152). Oder wählen Sie die Rundfahrt über **Alajeró** zur 8 **Playa de Santiago** (➤ 152), bevor es nach Norden zur Straße nach San Sebastián zurückgeht, denn schließlich gilt es, das letzte Boot nach Los Cristianos zu erreichen. Wer noch etwas Zeit hat, kann an der Playa de Santiago **tauchen** (rechts) oder ein Landhaus in der Region 7 **Benchijigua** (➤ 152) besuchen.

🔟 San Sebastián

Die Sehenswürdigkeiten, traditionelle Häuser und der gelegentlich abgehaltene Markt machen den zwangsläufigen Ankunftsort
San Sebastián zu einem erfreulichen ersten Halt auf La Gomera.

San Sebastián

Die **Torre del Conde** (Turm des Grafen) war das erste Gebäude,
das die Spanier 1447 in San Sebastián errichteten. Die Gattin des
Gouverneurs verschanzte sich hier, als die Inselbevölkerung 1488
den Aufstand probte. Christoph Kolumbus soll in der **Casa de
Colón** (Calle Real 56) gewohnt haben, bevor er zu seiner Entdeckungsreise in See stach. Etwa 100 Meter weiter in Richtung Hafen
ragt die **Iglesia de la Virgen de la Asunción** auf; eine Wandma-
lerei stellt die Niederlage der englischen Piraten im Jahr 1743 auf
der Insel dar.

**Spazieren
Sie durch die
Straßen von
San Sebastián,
um ein Gefühl
für die Stadt zu
bekommen**

Reise in die Fremde

Die drei Karavellen unter dem Kommando von Kolumbus mach-
ten Mitte August 1492 auf dem Weg von Spanien in San Sebastián Halt, um Proviant zu laden. Kolumbus war wild entschlos-
sen, die Westroute nach Indien zu finden und ganz nebenbei
auch noch zu beweisen, dass die Erde rund ist. Es heißt, dass er
sich mit Beatriz de Bobadilla verbündet haben soll, der ehemaligen Geliebten von König Ferdinand von Spanien und späteren
verwitweten Gouverneursgattin, nachdem ihr unsympathischer
Mann beim Aufstand von 1488 ums Leben gekommen war.

KLEINE PAUSE

Die **Casa del Mar** (➤ 154) oder der **Parador** (➤ 153)
von San Sebastián eignet sich hervorragend für eine Pause.

✚ 185 E3
San Sebastián Tourist Information
✉ Calle Real 4 ☎ 922 870281 ⏰ Mo–Sa 9–13.30, 15.30–18, So 10–13 Uhr

2 Dörfer im Norden

Danach lockt aber sogleich der Norden der Insel mit seinen hübschen Dörfern wie Hermigua oder Vallehermoso. Hier ist der Weg das Ziel, denn die Landschaft ist überaus abwechslungsreich.

Weinfelder um Hermigua

Wenn Sie San Sebastián auf der TF711 verlassen, befinden Sie sich gleich mitten im ländlichen La Gomera. Die Fahrt ist unterhaltsam, bisweilen pfeift der Wind. Das erste richtige Dorf ist **Hermigua**, wo Sie sich die Beine vertreten und eine Kleinigkeit essen und etwas trinken können. Von hier aus können Sie eine schöne zwei- bis dreistündige Wanderung nach Süden zum Wasserfall **La Boca del Chorro** unternehmen; erkundigen Sie sich nach dem Weg nach El Cedro (mit Campingplatz). In Richtung Norden zählt die **Playa de la Caleta** zu den schönsten Stränden; sie liegt an einer Staubstraße, die bei Trockenheit befahrbar ist.

Die Hauptstraße schlängelt sich an mehreren Küstendörfern vorbei, darunter **Agulo** und **Lepe** mit ihren schönen Stränden, bis sie dann landeinwärts nach **Tamargada** und **Vallehermoso** schwenkt. Tamargada ist ein hübscher Marktflecken, Vallehermoso etwas größer und als Standort für Bergtouren geeignet.

Die Straße führt nun auf der Höhe nach Süden weiter; man kommt durch einige Dörfer. Die abgelegenen Ortschaften Tazo und Arguamul erreicht man bei guter Witterung über Staubstraßen. Von Arguamul aus können Sie zur einen Kilometer entfernten, beschaulichen **Playa del Remo** wandern. Weiter südlich gelangen Sie über eine Seitenstraße nach **Alojera** mit seinem winzigen Strand.

Gegenüber der Stadt Agulo liegt der Berg Teide in seinem »Meer aus Wolken«

KLEINE PAUSE

Im Norden ist das **El Silbo** in Hermigua (➤ 155) empfehlenswert.

Vallehermoso ✚ 184 C4
Tamargada ✚ 184 C5
Agulo ✚ 185 D4
Hermigua ✚ 185 D4

DÖRFER IM NORDEN: INSIDER-INFO

Top-Tipps: Das **Besucherzentrum des Parque Nacional de Garajonay** liegt an der TF711 zwischen Agulo und Tamargada; folgen Sie der Beschilderung nach Las Rosas.

■ Etwa drei Kilometer nördlich von Las Rosas bietet ein *mirador* (Aussichtspunkt) einen herrlichen Blick über Agulo und das Meer.

Geheimtipp: Wer ein Faible für einsame Buchten hat, wandert zwei Stunden von San Sebastián nach Südwesten zum Dörfchen **El Cabrito**. Am schönen schwarzen Sandstrand stehen Palmen; Wasser und etwas Proviant sollten Sie mitbringen.

3 Valle Gran Rey

Die majestätische, mit Palmen bestandene Schlucht wurde von Bauern kultiviert; sie leben vom Anbau von Bananen und Tomaten. Die Terrassenfelder wirken aus der Ferne wie riesige natürliche Treppen, die in den Himmel hinaufführen. Die Deutschen haben auf der Suche nach einem touristisch unerschlossenen Gebiet diese Region schon vor langer Zeit für sich entdeckt, und bis heute ist es hier noch angenehm ruhig.

Im Valle Gran Rey ziehen sich terrassierte Felder über die Hänge hinauf

Das »Tal des Großen Königs« wurde nach dem Guanchen-Herrscher Orone benannt. Es mündet bei den Orten La Calera, La Playa und Vueltas ins Meer. Sollten Sie sich von Norden her dem Tal nähern, machen Sie am Aussichtspunkt von Arure Halt. Von hier blickt man über den Westen der Insel und über den Ozean auf die westlichsten Inseln des Archipels La Palma (im Norden) und El Hierro.

Riesentreppe

Die Straße schlängelt sich steil bergab an kleinen Marktflecken, Farmen und Palmenhainen vorbei, bis sie den ***barranco*** erreicht. Die beeindruckenden Wände der Schlucht ragen 800 Meter auf und schützen das Tal vor den Ozeanwinden, weshalb hier auch der landwirtschaftliche Anbau besonders floriert.

Der feine schwarze Sand von **La Playa** macht den Strand überaus angenehm. Ein Pfad führt nach Norden zur Playa del Inglés; im Süden von Vueltas gelangen Sie über Wanderwege zur Playa de Argaga und zur Playa de las Arenas. **Vueltas** zählt zu den besonders netten Ortschaften. Hier winden sich schmale Gassen mit kleinen Häuschen und Lokalen den Berg hinauf.

Die Playa Calera ist einer der bescheidenen Strände im Valle Gran Rey

Gegenüber: Der erste Blick über das Valle Gran Rey ist einfach atemberaubend

Aktivitäten und Ausflüge

Bootsausflüge zählen zu den beliebtesten Unternehmungen. Mehrere Veranstalter im Hafen von Vueltas bieten zum Beispiel – relativ teure – Exkursionen zu den Klippen von **Los Órganos** (➤ 156) an. Meistens geht es um 10.30 Uhr los, das Mittagessen ist im Fahrpreis inbegriffen. Bei günstigem Wetter kann man Delphine und Wale sehen. Wer gerne **schnorchelt** oder **taucht**, wendet sich an **Fisch & Co** in der Calle Lepanto (Tel. 922 805688).

Im Landesinneren sind **Wanderungen** wirklich reizvoll. Machen Sie sich zu Fuß zu den Bauerndörfchen auf. Allerdings hat sich in der würzig duftenden Tropenvegetation mit ihren vielen Bewässerungsgräben schon so mancher verirrt. Als weitere Unternehmung bietet sich an, in San Sebastián den Bus zu nehmen und nach **Chipude** in die südlichen Ausläufer des Parque Nacional de Garajonay zu fahren. Hier haben Sie die Wahl zwischen mehreren Touren: Ein schöner, relativ einfacher Rundweg von etwa drei Stunden führt von Chipude zu einer Felsformation mit dem Namen **La Fortaleza** (die Burg). Dieses Naturmonument können Sie gar nicht verpassen, da es von mehreren Punkten aus gut zu sehen ist. Sie können aber auch von Chipude aus durch ein paar kleinere Schluchten in Richtung Südwesten marschieren. Sie kommen an einigen *ermitas*, kleinen Kapellen, vorbei, bevor es ins Valle Gran Rey nach **La Calera** hinuntergeht. Diese schöne Wanderung dauert etwa dreieinhalb Stunden.

KLEINE PAUSE

Probieren Sie das **Casa Maria** (➤ 155) mit den berühmten *papas rellenas* (mit Fleisch oder Fisch gefüllte Kartoffelklöße).

✚ 184 B3

4 Parque Nacional de Garajonay

Wer in diesen Nationalpark kommt, der an die zehn Prozent der Inselmitte einnimmt, erlebt eine Reise in die Vergangenheit und lässt mehrere Millionen von Jahren hinter sich. Die Lorbeerwälder (*laurisilva*) stehen unter Naturschutz. Sie zählen zu den ältesten der Welt, da sie den Verheerungen durch die letzte Eiszeit entgehen konnten. Über den Nationalpark wacht der Berg Garajonay (1487m), der einen herrlichen Ausblick bis zum Teide auf Teneriffa bietet.

Unesco-Weltkulturerbestätte

Neben den Lorbeerbäumen gibt es weitere von Moosen und Flechten überwucherte 100 Baumarten im Parque Nacional de Garajonay, der sich oft in wabernden Dunst hüllt, was so gar nicht zum gängigen Bild der sonnigen Kanaren passen will. Der Dunst entsteht durch das Aufeinandertreffen von feuchten Passatwinden und wärmeren Brisen aus der Sahara; dann kommt es zu leichten Niederschlägen, richtige Regenfälle sind auf der Insel eher selten. Das Blätterdach ist so dicht, dass in die alten Wälder kaum Sonnenlicht einfällt. Deshalb wächst auch wenig auf dem Boden. Durch dieses Gebiet zu wandern, ist jedenfalls eine echte Erfahrung. Die Unesco hat den Park 1986 zum Weltkulturerbe erklärt.

Die *laurisilva* auf La Gomera zählt zu den ältesten Wäldern der Erde

Im Parque Nacional de Garajonay geht es rauf und runter

Wanderland

Die TF713 verläuft von San Sebastián mitten durch den Park am **Alto de Garajonay** mit 1487 Höhenmetern vorbei. Sie können in San Sebastián aber auch den Bus Nr. 1 nehmen und an der Haltestelle Pajarito aussteigen, dann dauert es etwa eine Stunde, bis der Gipfel erklommen ist. Die Tour ist recht einfach und beliebt. Wer mit dem Taxi oder Mietwagen kommt, parkt am Pass El Contadero. Von dort aus führt ein 1,5 Kilometer langer Pfad auf den Berg hinauf. An einem klaren Tag ist das Panorama beeindruckend. Vom Teide abgesehen sieht man in der Ferne weiter westlich La Palma und El Hierro liegen. Manchmal reicht die Sicht gar bis Gran Canaria östlich von Teneriffa.

Es gibt noch viele andere **Wanderungen** durch den Park. Das Besucherzentrum im Norden nahe Agulo hält eine Fülle von Informationen bereit. Ein kleiner Infostand befindet sich auch in La Laguna Grande (➤ unten).

Vom Pass El Contadero aus führt eine schöne Tour in Richtung Norden durch den dichten **Bosque del Cedro** (Zedernwald); Zedern gibt es allerdings nur wenige zu sehen. Der Weg ist markiert und ausgeschildert. Nach zwei Stunden Fußmarsch können Sie in El Cedro rasten, danach bietet sich noch eine Fortsetzung der Tour zur **Boca del Chorro** an. Der Wasserfall ist im Winter, wenn er viel Wasser führt, am imposantesten.

KLEINE PAUSE

Spaß macht ein Picknick in **La Laguna Grande**, einer hübschen Lichtung etwa drei Kilometer nordwestlich der Straße zum Alto de Garajonay. Hier finden sich Grillplätze, Café und Spielplatz.

✚ 184 C3

Parque Nacional de Garajonay Visitor Centre
✚ 185 D4 ✉ bei Juego de Bolas in der Nähe von Agulo unweit der nördlichen Küstenstraße ☎ 922 800993 🕐 tägl. 9.30–16.30 Uhr

PARQUE NACIONAL DE GARAJONAY: INSIDER-INFO

Top-Tipps: Beim Wandern sollten Sie stets daran denken, dass innerhalb des Nationalparks **zelten und offenes Feuer verboten** sind.

■ Lassen Sie keinen **Müll** herumliegen.
■ Packen Sie **warme, wasserdichte Kleidung** ein, da es überraschend kalt werden kann und auch gern einmal ein Schauer niedergeht.

Nach Lust und Laune!

5 Parque Naturel de Majona

Mehr als ein Drittel des Gebiets von La Gomera steht in irgendeiner Form unter Schutz. Der Parque Naturel de Majona umfasst die Landstriche der Insel im Nordwesten von San Sebastian. Er besteht aus kanarischem Heide- und Grasland, das vom Menschen geformt wurde. Noch heute können Sie dort traditionelle Schäfer beobachten.

✚ 185 E3

6 La Dama und Playa de La Rajita

Die schmale Serpentinenstraße vom Südhang des Nationalparks Garajonay nach La Dama führt an kleinen Orten wie El Cercado und Chipude vorbei, bevor sie zu einer Art Hochseilakt auf Asphalt wird. Neben den Bananenplantagen bietet La Dama Ausblicke auf blanke Felsen, die jäh in den Atlantik stürzen. Ein steiler Weg führt zur Playa de La Rajita hinunter.

✚ 184 B2
✉ etwa 27 km südlich vom Valle Gran Rey

7 Benchijigua

Benchijigua ist eine Ansammlung von Dörfchen in einer hübschen grünen Senke im südlichen Hochland von La Gomera. Einige der seit langem verlassenen Häuser wurden zu Ferienwohnungen umfunktioniert. Das Ergebnis ist ein schöner Standort für Wanderungen im Parque Nacional de Garajonay

✚ 184 C3
✉ etwa 20 km westlich von San Sebastián

8 Playa de Santiago

Dieser Fischerort liegt in einer ausgedörrten Landschaft im Südosten der Insel. Lange befand sich hier ein Industriezentrum mit Hafen und Fischkonservenproduktion, doch heute bemüht sich Playa de Santiago um eine Neuorientierung als Urlaubsort mit Luxushotels und dem Flughafen gleich in der Nähe. Sonne ist praktisch das ganze Jahr über garantiert, und die Hand voll schwarzer Sandstrände ist nicht zu verachten. Playa de Santiago

Idyllische Ruhe an der Playa de Santiago

eignet sich gut als Ausgangspunkt für Autoausflüge.

✚ 185 D2
✉ etwa 25 km südwestlich von San Sebastián

WO SIE ETWAS GEPFIFFEN BEKOMMEN

Wegen der schwierigen geografischen Gegebenheiten auf ihrer Insel fanden es die Guanchen einfacher, ihre Mitteilungen über die Schluchten hinweg zu pfeifen, als sie persönlich zu übermitteln. Sie erfanden also eine Art Morsezeichen, den *silbo gomero* – Pfeiftöne, die man in vier Kilometern Entfernung noch hören konnte. Die Inselbewohner ließen sich ein Alphabet einfallen. Untersuchungen brachten 3000 verschiedene Wörter zutage. Bis vor kurzem beschränkte sich diese Kunst des Pfeifens fast ausschließlich auf die älteren Inselbewohner. Doch jetzt hat man sie zum Pflichtfach in der Schule bestimmt, um sie vor dem Aussterben zu bewahren.

Wohin zum ...
Übernachten?

Preise

Für ein Doppelzimmer gelten in der Hauptsaison folgende Preise, Mehrwertsteuer inklusive:

€ unter 70 Euro   €€ 70–120 Euro   €€€ über 120 Euro

Die abenteuerlustigen Individualtouristen auf Gomera können unter kleinen, aber stilvollen Hotels oder casas rurales, die über die ganze Insel verstreut sind, wählen. Und dann gibt es natürlich noch die Ferienorte. Die meisten sind auf die Versorgung von Wanderern eingerichtet.

SAN SEBASTIÁN

Parador de la Gomera €€€

Der Parador von San Sebastián thront hoch über dem Hafen an einer Straße, die sich steil nach oben schlängelt. Das Gebäude ist eine überzeugende Kopie eines Klosters aus dem 16. Jahrhundert. Um die schattigen Höfe herum gruppieren sich mehrere niedrige Gebäudeflügel aus he mischem Stein und dunklem Holz. Die Möblierung ist typisch spanisch. Auf der Speisekarte im vornehmen Speisesaal stehen kanarische Spezialitäten wie vieja (Papageifisch) mit Mojo-Soße und flambierte Bananen. Von den Gärten oben auf den Klippen haben Sie einen herrlichen Blick über die Stadt und das Meer. Und sogar der Teide auf Teneriffa ist noch zu erkennen.

🟩 185 E3
🖂 Calle Orilla del Llano 1
☎ 922 871100; www.paradores.com

VALLEHERMOSO

Tamahuche €

Gleich außerhalb des Zentrums von Vallehermoso liegt diese ruhige Oase. Die 10 geräumigen Zimmer sind alle mit zwei großen, nebeneinander stehenden Einzelbetten ausgestattet und angenehm einfach gestaltet. Die dunklen Holzböden passen zu den Möbeln und einige Zimmer in den oberen Stockwerken haben eine Balkendecke. Die einfachen, weiß gestrichenen Wände bilden einen schönen Kontrast und das Dekor aus lokalem Naturstein verleiht den Gemeinschaftsbereichen wie dem Speisezimmer eine angenehme Wärme.

🟩 184 C4
🖂 Calle La Hoya 20
☎ 922 801176; E-Mail:
hoteltamahuche@ecoturismocanarias.com

HERMIGUA

Hotel Villa de Hermigua €

Dieser 120 Jahre alte Hangkomplex mit neun Doppelzimmern erstreckt sich über mehrere Stockwerke um einen kleinen sonnigen Hof. Es gibt einen Sonnen- und einen Fernsehraum. Das Ganze wird verbunden durch ein Pastellfarbschema. Die Zimmer sind hübsch im lokalen Stil dekoriert und es gibt einen charaktervollen, rustikalen Frühstücksraum voller antikem Nippes. Von den gemütlichen Sesseln im Hof können Sie das Panorama der umliegenden Berge genießen.

🟩 185 D4
🖂 Carretera General 117
☎ 922 880771;
www.ecoturismocanarias.com

Ibo Alfaro €€

Dieses entzückende ländliche Hotel ist besonders bei Wandergruppen beliebt. Das stilvolle kleine Haus liegt an einem ruhigen Pfad oberhalb der Hauptstraße. Das cremefarben gestrichene Gebäude stammt aus dem 19. Jahrhundert und gehörte einst einer bekannten Familie. 1966 wurde es kunstvoll im Stil der Kanaren mit viel Naturstein und Holz renoviert. Innen wirkt alles gemütlich durch die dunklen Möbel und viele persönliche Kleinigkeiten.

Wohin zum ...
Essen und Trinken?

Preise

Die Preise gelten pro Person für eine Mahlzeit inklusive Getränk, Mehrwertsteuer und Service:

€ unter 20 Euro   €€ 20–40 Euro

€€€ über 40 Euro

SAN SEBASTIÁN

Casa del Mar €–€€

Die reichhaltige Speisekarte mit Meeresfrüchten lockt Einheimische wie Touristen an. Probieren Sie die *cazuela* (Fischeintopf) mit *gofio* und Kräutern.
✚ 185 E3 ⊠ Avenida Fred Olsen 2 ☎ 922 870320 ◉ Mo–Sa 13.30–16, 19.30–22.30 Uhr

Parador de la Gomera €€–€€€

Auch Gäste, die nicht im Hotel wohnen, sind willkommen, wenn sie im Parador von La Gomera essen wollen, man sollte allerdings reservieren.
✚ 185 E3 ⊠ Calle Orilla del Llano 1
☎ 922 871100
◉ tägl. 11.30–15.30, 19.30–23.30 Uhr

LAS ROSAS

Las Rosas €€

Der Panoramablick ist die Hauptattraktion von diesem Lokal am Rande einer Schlucht. Hier machen viele Bustouren über die Insel Halt, deshalb ist mittags oft alles ausgebucht. Das Essen ist typisch kanarisch. Außerdem locken Demonstrationen der Pfeifkünste (▶152) die Massen an.
✚ 184 C4 ⊠ Carretera General
☎ 922 800916 ◉ tägl. 12–15.30 Uhr

Das Frühstück wird auf einer Sonnenterrasse mit schönem Blick serviert.
✚ 185 D4 ⊠ Avenida Marítima s/n
☎ 922 806008; www.jardindelconde.com

PLAYA DE SANTIAGO

Jardín Tecina €€€

Diese phantasievolle moderne Anlage in der Art eines Dorfes auf den Klippen im Süden der Insel besteht aus niedrigen Wohneinheiten im kanarischen Stil. Der ehemalige Fischerort in der Nähe ist seit dem Tourismusboom größer geworden, aber dennoch bietet die abgelegene Playa de Santiago eine viel versprechende Rückzugsmöglichkeit für Erholungssuchende. Die Einrichtungen des Hotels sind hervorragend, ebenso die überaus komfortablen Zimmer. Es gibt ein breites Sportangebot, Unterhaltung und Ausflüge. Das Ambiente ist entspannt mit vielen Blumenrabatten und fünf Pools. Fünf Restaurants bieten Büfets und Grillspezialitäten. Mit einem Lift gelangen Sie zum Beach Club am Meer, wo auch Wassersport angeboten wird.
✚ 185 D2 ⊠ Playa de Santiago
☎ 922/145-850; www.jardin-tecina.com

VALLE GRAN REY

Jardín del Conde €€

Drei niedrige, pastellfarbene Gebäude im mediterranen Stil gruppieren sich um eine große, unregelmäßig geformte Poolterrasse an der landeinwärts führenden Straße der Meerespromenade von Valle Gran Rey. Dahinter baut sich dramatisch die terrassierten Berge auf. Diese attraktive Apartmentanlage hat relativ wenig öffentliche Zonen und Einrichtungen, doch ist alles bestens gepflegt und mit viel Grün und blühenden Blumen angelegt. Die Wohneinheiten bestehen aus einem Schlafzimmer mit Balkon oder Terrasse, die alle auf den Pool hinausgehen. Sie sind farbenfroh, praktisch und modern mit amerikanischen Küchen ausgestattet. Satellitenfernsehen kann man mieten. Ein Minisupermarkt und eine Bar befinden sich beim Eingang im Untergeschoss.
✚ 185 D4 ⊠ 38820 Hermigua ☎ 922 880168; www.ecoturismocanarias.com/iboalfo

Wohin zum ...
Einkaufen?

Kunsthandwerk und Delikatessen gehören zu den begehrtesten Waren auf La Gomera. Über die ganze Insel verstreut lassen sich Handwerkszentren und Werkstätten finden. Im Hafen von San Sebastián wurden früher Seide, Rum und Koschenille verschifft, heute trägt man dort eher den Bedürfnissen der Touristen Rechnung. Der Markt, der täglich außer sonntags an der Avenida de Colón abgehalten wird, bietet Kunsthandwerk und Produkte von den Bauernhöfen an.

KUNSTHANDWERK

Wer sich einen Überblick über das Angebot an Kunsthandwerk verschaffen möchte, schaut im **Besucherzentrum des Parque Nacional de Garajonay** in Juego de Bolas bei Agulo (Tel. 922 800933) vorbei,

wo Textilien, Musikinstrumente (Tamburins und Kastagnetten), Körbe aus Bananenblättern und Holzarbeiten ausgestellt sind.

Eine Werkstatt in Hermigua, **Los Telares** (Tel. 922 880781), hat sich auf Webwaren, vor allem handgearbeitete Läufer, spezialisiert.

Die Dörfer **Chipude** und **El Cercado** westlich vom Nationalpark sind für ihre **Töpferei** im traditionellen Guanchen-Stil bekannt. Hier können Sie zusehen, wie die Stücke ohne Drehscheibe gefertigt und dann mit einer roten Lehmschicht gebrannt werden.

Valle Gran Rey war lange eine Anlaufstelle für Hippies auf der Suche nach einem alternativen Lebensstil. Manche sind hier geblieben und leben heute vom Verkauf von Bildern und anderen künstlerischen Artikeln. Hier lassen sich also viele Souvenirs finden.

jekte der Handwerkskunst bietet, mit einem Imbiss in diesem Lokal.

🏠 185 D4 ✉ Agulo ☎ 922 800709
🕐 Mo–Sa 11–18 Uhr

Restaurante Abraxas €–€€

Dieses Restaurant gehört einem Deutschen. Es ergänzt die traditionellen Angebote auf der Insel durch ein abwechslungsreiche, moderne Speisekarte. Fleisch und Fisch werden mit Obst zu innovativen Geschmackskombinationen vereint. Auch für Vegetarier gibt es eine gute Auswahl. Sie können zu einem späten Frühstück oder einem Kaffee und einem Stück de- leckeren, hausgemachten Kuchen vorbeikommen. Auch Livemusik und die Spiele der deutschen Bundesliga im Angebot.

🏠 184 B3 ✉ Calle el Molino 1, La Puntilla ☎ 922/806-246; www.abraxas-la-gomera.com 🕐 Okt.–März Mo–Mi, Fr, So 10–14, 19–24; Sa 10–24 Uhr; April–Sept. Mo–Mi, Fr, So 17–24, Sa 14–24 Uhr

HERMIGUA

El Silbo €

Dieses bescheidene Lokal eignet sich hervorragend, wenn man preiswert essen oder trinken möchte – und das bei schönster Aussicht. Die Gerichte sind einfach im Stil von Tapas, außerdem gibt es ein täglich wechselndes Fischgericht. Seinen Namen hat das Lokal von der Pfeifsprache (▶152).

🏠 185 D4
✉ Carretera General 103
☎ 922 880304
🕐 tägl. 13.30–15.30, 19–23.30 Uhr

AGULO

El Tambor €–€€

Dieses rustikale Lokal neben dem Besucherzentrum des Parque Nacional de Garajonay bei Agulo bringt leckere Spezialitäten von La Gomera auf den Tisch; dazu ghört zum Beispiel die Wasserkressesuppe (sopa de berros). Am besten kombinieren Sie die Besichtigung des Besucherzentrums, das ein Volkskundemuseum und Ob-

Wohin zum ... Ausgehen?

Es lohnt sich, die Betonsilos auf Teneriffa zu verlassen, um in **den** *barrancos* **ein einzigartiges Ökosystem kennen zu lernen und dazu noch die Primärwälder im Parque Nacional de Garajonay zu erkunden.**

MILCH UND HONIG

Wie die berühmte *queso de cabra* (Ziegenkäse), eine Spezialität von La Gomera, hergestellt wird, wird im Volkskundemuseum des Parque Nacional de Garajonay erklärt. Marktbuden bieten hier die verschiedensten **Käsesorten** an. Wer sich dazu noch ein frisch gebackenes Brot kauft, hat genau den richtigen Proviant für ein idyllisches Picknick auf einer Wanderung durch die Berge.

Auf der Insel wird auch *miel de* **palma** (Palmhonig) hergestellt, süßer, dickflüssiger Saft, der von Dattelpalmen gewonnen wird. Man streicht ihn aufs Brot oder gießt ihn über Pfannkuchen und Eis. Die hübsch verpackten Fläschchen geben ein ungewöhnliches Mitbringsel ab.

Auf den fruchtbaren Terrassenfeldern im Valle Gran Rey gedeihen **exotische Früchte** wie Avocados, Mangos und Papayas; sie werden an Ständen am Straßenrand verkauft. Um Agulo und Vallehermoso herum keltert man interessante **Weinsorten.**

WANDERN

Informationen über Touren durch den Parque Nacional de Garajonay hält das **Besucherzentrum** in Juego de Bolas bei Agulo (Tel. 922 800993, tägl. 9.30–16.30 Uhr) bereit. Die Wege durch den Lorbeerwald beginnen in La Laguna Grande und El Cedro; einmal wöchentlich werden kostenlose geführte Touren organisiert. Landkarten gibt es im Besucherzentrum oder in San Sebastián sowie in Valle Gran Rey zu kaufen. Auch außerhalb des Parks bieten sich mehrere hervorragende **Wanderungen** an; sie stellen allerdings einige Anforderungen an die Kondition.

PFEIFKÜNSTE

Vorführungen der seltsamen Pfeifsprache, *el silbo gomero* (▶ 152), bekommen Sie in den bekannten Touristenhochburgen präsentiert, zum Beispiel im Lokal Las Rosas bei Vallehermoso (▶ 154).

STRANDLEBEN

Die **Strände** auf La Gomera haben alle schwarzen Sand, die meisten sind recht steinig. An der Hauptstraße im Norden geht es jedoch in steilen Serpentinen hinunter zu hübschen Buchten und Fischerdörfern, wo Sie ein oder zwei Stunden so richtig entspannen können. Die Strände von **Valle Gran Rey** (▶ 147f) und die **Playa de Santiago** (▶ 152) haben die beste touristische Infrastruktur mit vielen Wassersportmöglichkeiten – und sind leider entsprechend überlaufen. Das Hotel Jardin Tecina (▶ 154) kann mit einem eigenen schicken Beach Club samt Pool und Tauchschule aufwarten.

BOOTSAUSFLÜGE

Von mehreren Orten auf der Insel aus können Sie an Bootsausflügen teilnehmen, die die Basaltsäulen von **Los Organos** an der Nordküste im Programm haben. Diese merkwürdigen »Orgelpfeifen« sind nur vom Meer aus zu sehen; 80 Meter ragt die sechseckige Gesteinsformation aus dem Wasser. Die Touren beginnen in Puerto de Vallehermoso, Playa de Santiago, Valle Gran Rey und San Sebastián. **Walbeobachtung, Fischen** und **Segeln** werden in Vueltas (im Valle Gran Rey) angeboten.

Wanderungen
& Touren

1 El Barranco del Infierno   158
2 Der Nordosten und das Anaga-Gebirge 160
3 Nordwesten und Teno-Gebirge   163

1 EL BARRANCO DEL INFIERNO

Wanderung

Trotz des Furcht erregenden Namens »Schlucht der Hölle« ist diese Wanderung recht einfach und beliebt. Auf Teneriffa gibt es keine Flüsse, das Wasser versickert in den vielen *barrancos* der Insel. Der Wasserfall, den Sie an Ende dieser Wanderung zu sehen bekommen, bedeutet also eine sichere Wasserversorgung – auf Teneriffa eine echte Rarität. Aus diesem Grund ließ der Guanchen-Führer Tinerfe auch seine Hauptstadt Adeje hier errichten.

LÄNGE: etwa 6 Kilometer inkl. Rückweg **DAUER:** 1,5 Stunden Aufstieg und 1 Stunde Abstieg, plus Zeit, sich umzuschauen und den Wasserfall zu betrachten **START/ZIEL:** Restaurante Otelo I im oberen Ortsteil von Adeje ✚ 178 B3

Vorhergehende Seite und oben: Der Weg am barranco entlang zu einem kühlen Wasserfall

1–2

Der Weg beginnt gleich rechts hinter dem **Restaurante Otelo I** (▶ 136) mit hübschen Balkonen und schöner Aussicht; dort können Sie auf dem Rückweg einkehren. In dieser Höhe ist das Gelände trocken, die Vegetation besteht vor allem aus Kakteen und Wolfsmilch. Der zum Teil gepflasterte Weg führt gemächlich bergauf und zieht sich auf der linken Seite der Schlucht entlang. Nach rund 15 Minuten macht der Pfad zuerst eine Biegung nach links und dann nach rechts in Form von einer Haarnadelkurve, an

deren Ende Sie den ersten von mehreren Aussichtspunkten erreichen. Sie befinden sich nun hoch über der Talsohle, der Blick auf Adeje hinunter ist dementsprechend beeindruckend.

2–3

Jetzt wenden Sie der Stadt den Rücken zu und wandern weiter. Die nächsten zehn Minuten geht es langsam bergauf zu einem weiteren **Aussichtspunkt**. Diesmal können Sie tief in die Schlucht hinuntersehen, bevor der Weg eine Links- und dann eine Rechtskurve macht.

3–4

Jetzt geht es über einen angelegten Kanal, der einen Teil des Wassers bergab leitet. Bis Sie ihn etwa sieben Minuten später erneut überqueren, fällt der Weg auf den Grund der Schlucht ab. Über sich sehen Sie noch die Kakteen und Wolfsmilchgewächse, doch führt der Weg mittlerweile durch vielfältigeres Grün. Bald marschieren Sie wieder bergauf. Scharf rechts und wieder links geht es über einen immer schmäler werdenden Trampelpfad zu einem kleinen Wasserfall, **La Cojedora**. Von jetzt an wird die Tour vom Rauschen des Wassers sowie dem Gesang der Vögel und dem Summen der Insekten untermalt. Die Pflanzen überwuchern manchmal den Weg und bilden grüne Tunnel; außerdem sind hübsche

Glockenblumen zu sehen. Wer in Shorts unterwegs ist, sollte auf das stachelige Unterholz aufpassen.

4–5

Nun ist der schönste, aber auch steilste Abschnitt erreicht. Es gilt, auf dem Weg bergauf den Bach mehrmals zu überqueren. Die vielen Kurven der Schlucht können täuschen: Kaum meint man, am Ende angelangt zu sein, geht es auch schon um die nächste Biegung herum. Doch dann ist abrupt Schluss. Nach etwa eineinhalb Stunden macht der Weg eine Rechtskurve, und vor Ihnen stürzt von den Felswänden der Schlucht der Wasserfall in die Tiefe. Bevor Sie den Rückweg nach Adeje antreten, sollten Sie etwas essen.

PRAKTISCHES

Sie können diese Wanderung gut in Sportschuhen meistern, besser sind jedoch feste Wanderstiefel. Mitnehmen sollten Sie Trinkwasser und etwas zum Essen. Schwimmen bzw. das Duschen unter dem Wasserfall sind mittlerweile verboten. Die tägliche Besucherzahl ist auf 200 Personen begrenzt worden, um eine Überfüllung zu verhindern. Pro Person zahlen Sie 3 Euro Eintritt. Reservierung unter Tel. 922 782885.

Map labels: 0 — 1 km; Lomo de las Layas; Barranco Chavao; Tablero de Calderón 1073m; Roque de Abinque 1059m; Ifonche; Wasserfall; Roque Ajache 1015m; Montaña Carasco 1034m; Barranco del Infierno; La Cojedora (Wasserfall); Roque Negro ▲ 587m; Restaurante Otelo I; Adeje; Barranco del Inglés; Barranco del Agua; Estanque de la Atalaya; TF-1

Über der Roque de las Ánimas an der rauen Anaga-Küste liegt ein kleines Dorf

2

DER NORDOSTEN UND DAS ANAGA-GEBIRGE

Tour

LÄNGE: 93 Kilometer **DAUER:** Tagesausflug mit 2 bis 3 Stunden Autofahrt
START/ZIEL: La Laguna ⊞ 181 D4

La Laguna gibt den perfekten Ausgangspunkt ab, wenn Sie das wildromantische Anaga-Gebirge im Nordosten erkunden wollen. Sie können die Rundfahrt auf verschiedene Weise machen, d. h. die folgende Route könnte genauso gut in Santa Cruz de Tenerife oder in San Andrés anfangen. Stellen Sie sich auf beeindruckende Landschaften und kleine, ländliche Nester ein, die im Vergleich zu den Touristenhochburgen im Süden wie von einem anderen Stern wirken – und auf wechselhaftes Wetter.

1–2

Von **La Laguna** (▶ 70ff) aus nehmen Sie die Autobahn TF5 östlich von Santa Cruz de Tenerife und fahren in Richtung Norden nach San Andrés (▶ 55f). Wer Lust hat, beginnt den Tag, indem er an der hübschen **Playa de las Teresitas** eine Runde im Meer schwimmt. Andernfalls nimmt man gleich die Bergstraße TF12, die von San Andrés gen Norden verläuft.

2–3

Etwa neun Kilometer lang geht es über Serpentinen 600 Meter nach oben. Dann nehmen Sie den Abzweig nach **Taganana** (▶ 73), die TF134. Kurz vor dem Túnel del Bailadero gibt es rechts einen Parkplatz und Aussichtspunkt. Haben Sie den Tunnel passiert, können Sie einen beeindruckenden Blick über den Atlantik genießen. Auf dem Weg nach Taganana hinunter befindet sich in der ersten Haarnadelkurve ein weiterer schöner Aussichtspunkt. Nordöstlich von Taganana ragen imposante Gesteinsformationen auf, die **Roques de las Ánimas**. Eine Pause in Taganana, der wichtigsten Stadt im Anaga-Gebirge, lohnt, um sich ein bisschen umzusehen.

3–4

Von Taganana aus führt die TF134 zur Küste hinunter und um den Fuß des Roque de las Ánimas (rechtes Bild) herum. Der erste Strand ist die **Playa de San Roque**, die bei Surfern sehr beliebt ist und mehrere kleine Lokale zu bieten hat. Hier legen Sie am besten eine Mittagspause ein, denn ben Kilometer in Richtung **Almáciga**, ein eher nichts sagendes kleines Dorf mit allerdings schönem Meerblick. Die Straße endet in Benijo, wo Sie sich wirklich am Ende der Welt fühlen. Von hier aus können Sie eine etwa dreistündige Wanderung an der Nordostküste bis nach **Roque Bermejo** (▶ 75) unternehmen.

5–6

Wer mit dem Auto unterwegs ist, muss nun zurückfahren. Sobald Sie die TF12 erreichen, geht es ein kurzes Stück gen Westen und dann nach Osten, wobei Sie der Beschilderung nach Chamorga folgen. Rasch ist der **Mirador del Bailadero** erreicht. Bei klarem Wetter bietet sich hier ein herrlicher Panoramablick über die Nordküste und nach Süden bis San Andrés.

6–7

Von diesem Aussichtspunkt aus schlängelt sich die schmale TF123 zum Teil durch dichte Wälder hindurch bis zur abgelegenen Siedlung **Chamorga** (▶ 75), die in ländlicher Lethargie vor sich hin döst. Hier gibt es eine Kapelle, ein paar verstreute Häuser und viele Drachenbäume. Ein Wanderweg windet sich in den **Barranco de Roque Bermejo** hinunter.

in den Städtchen und Dörfern in den Bergen ist es oftmals schwierig, ein offenes Lokal zu finden.

4–5

Eine Seitenstraße führt nun einen hal-

7–8

Sie nehmen die TF123, bis nach zwölf Kilometern die Kreuzung mit der TF12 erreicht ist, dann geht es auf der TF123 nach Westen weiter. Etwa sieben Kilometer westlich dieser Kreuzung gelangen Sie zum Abzweig (TF145) nach Taborno und Las Carboneras. Sechs Kilometer sind es bis nach **Taborno** (▶ 74), ein interessantes Dorf, das einen Balanceakt auf einem Bergkamm zu vollführen scheint. Vom nördlichen Stadtteil aus genießen Sie einen herrlichen Blick über die imposante Anaga-Küste.

8–9

Wieder von Taborno zurück, biegen Sie nach drei Kilometern rechts in Richtung **Las Carboneras** ab. Von dort gehen Sie zu Fuß weiter nach **Chinamada** (▶ 74). Als Alternative dazu bietet sich einen halben Kilometer zuvor der an der TF123 gelegene fünf Kilometer lange Wanderweg nach Chinamada an. Wer Zeit hat, sollte sich für diese schönere Tour entscheiden. Chinamada ist vor allem wegen seiner Höhlenwohnungen bekannt.

9–10

Falls Sie sich für eine der beiden Wanderungen nach Chinamada entschieden haben und nun zum Auto zurückkehren, nehmen Sie wieder die TF123, um weiter nach Westen zu

fahren. Nach rund zwei Kilometern ist südlich der Hauptstraße ein schöner Aussichtspunkt ausgeschildert, der **Mirador Pico del Inglés**. Er bietet einen schönen Blick über das südliche Anaga-Gebirge und die Küste hinunter bis nach Santa Cruz de Tenerife.

10–11

Ein paar Kilometer weiter westlich erreichen Sie an der Hauptstraße den **Mirador Cruz del Carmen**. Neben dem Panorama gibt es hier noch ein Besucherzentrum für das Naturreservat von Anaga (tägl. 9.30–16 Uhr). Die TF12 und die TF13 führt Sie die restlichen neun Kilometer über Las Mercedes zurück nach La Laguna.

Wer das Anaga-Gebirge erkundet, wird immer wieder mit herrlichen Ausblicken belohnt

3 NORDWESTEN UND TENO-GEBIRGE

Tour

LÄNGE: 77 Kilometer **DAUER:** Tagesausflug mit 1,5 bis 2 Stunden Autofahrt
START/ZIEL: Garachico ✚ 176 C4

Garachico, das charmante Dorf am Meer, hat mit dem Massentourismus im Süden rein gar nichts gemeinsam. Der Ort eignet sich bestens als Standortquartier für einen Autoausflug. Man kann dort schöne Ausblicke aufs Meer genießen, zu einem Bergdorf wandern, einen alten Drachenbaum, Schmetterlinge und Klippen besichtigen, um den Tag dann bei einem leckeren Essen mit Meeresfrüchten ausklingen zu lassen. Die Berge in diesem Teil von Teneriffa, insbesondere in der Umgebung von Masca, tragen noch die Narben der Waldbrände vom Juli 2007. Dies wird das Panorama auf dieser Tour in den nächsten vier bis fünf Jahren beeinträchtigen.

1–2

Sie sollten versuchen, bereits am Vorabend dieser Exkursion in **Garachico** (▶ 98f) anzukommen, damit noch etwas Zeit zum Entspannen bleibt. Außerdem lohnen die natürlichen Meerwasserbecken, das Castillo de San Miguel und vor allem der ehemalige Convento de San Francisco einen Besuch. Am nächsten Tag fahren Sie gleich am Morgen nach **Icod de los Vinos** (▶ 96f). Hier ist der Drago Milenario, der älteste Drachenbaum der Insel, zu bewundern, dessen Alter auf 1000 bis 2000 Jahre geschätzt wird. Es macht Spaß, durch die Altstadt zu bummeln und das Mariposario del Drago (▶ 97) zu besichtigen, in dem exotische Schmetterlinge durch die Lüfte schweben.

Garachico duckt sich am Fuß der Berge

Die wildromantische Landschaft im Nordwesten zählt zu den größten Sehenswürdigkeiten der Insel

2–3

Von Icod führt die TF820 nach Westen bergauf nach **El Tanque** (9km). Gen Süden geht es immer steiler nach oben; Sie kommen an Erjos vorbei und erreichen dann nach acht Kilometern den Pass **Puerto de Erjos** (1117 m hoch). Jetzt sind Sie mitten im Teno-Gebirge, das Sie von nun an den ganzen Tag lang begleiten wird. Vom Pass aus geht es steil hinunter zum vier Kilometer entfernten **Santiago del Teide**.

3–4

Eine Seitenstraße zweigt westlich von Santiago ab und schlängelt sich 1000 Meter ins Gebirge hinauf. Schnell ist ein Aussichtspunkt mit herrlichem Blick bis zum Meer erreicht. Von hier geht es in vielen schmalen Serpentinen zum reizenden Dorf **Masca** (▶ 100f) hinunter, fünf Kilometer von Santiago entfernt. Gönnen Sie sich ein Stündchen, um zunächst durch das Dorf mit seinen vielen Palmen zu bummeln und dann in einem der Lokale nett zu Mittag zu essen. Vielleicht sollten Sie das Chez Arlette (▶ 110) ausprobieren.

4–5

Von Masca aus geht es weiter gen Norden, vorbei an einem beeindruckenden Wasserfall rechts und ein paar Häusern, die noch zum

gleichen Kreis gehören. Fünf Kilometer lang windet sich die Straße jetzt hinauf und hinunter, um sich dann zum **Mirador de Baracán** hinaufzuschlängeln. Wenn es windig ist, kann man leicht befürchten, dass die Böen vom Ozean das Auto wegfegen könnten.

5–6

Weiter geht es nach **Buenavista del Norte** an der Küste. Hier im Hochland ist bis auf Kakteen alles völlig vertrocknet. Dann kommen Sie an ein paar *pueblos* wie **Las Portelas** und **El Palmar**, nach dem eine Weinsorte benannt ist, vorbei und begegnen einigen vereinzelten Häusern und kleineren Bauernhöfen. In der Ferne liegen terrassierte Felder, die jedoch längst verlassen und überwuchert sind.

ten **Punta de Teno** (▶ 106).
Halten Sie Ausschau nach
einer Abzweigung rechts
zur **Playa de las Arenas** –
gleich am Stadtaus-
gang. Sie orientieren
sich jetzt links in
Richtung Punta de
Teno, sollten sich die-
se Gabelung für den
Rückweg aber merken.
Riesige Schilder war-
nen nun vor Steinschlag
und Schlammlawinen; man
befährt die Straße auf eigene
Gefahr. Bei Regen und starkem Wind
sollten Sie sich die Weiterfahrt gut überlegen, ansonsten ist die Straße in Ordnung und
viel befahren. Sie steigt langsam an und ist ins
dunkle Vulkangestein gehauen. Beim ersten
Tunnel befindet sich ein Aussichtspunkt, dort
kann man allerdings kaum parken. Nach dem
zweiten Tunnel ist dann an der Fünf-Kilometer-
Markierung der spannendste Moment gekommen: Jäh fallen die zerklüfteten Klippen ins
Meer und werfen tiefe Schatten über den Ozean. Auf den nächsten vier Kilometern geht es
bergab zur Küste, die sich dann rechter Hand
hin öffnet. Dort stehen sechs Windmühlen;

6–7
Die Fahrt geht von
Buenavista aus auf der
TF445 neun Kilometer
nach Westen bis zur imposan-

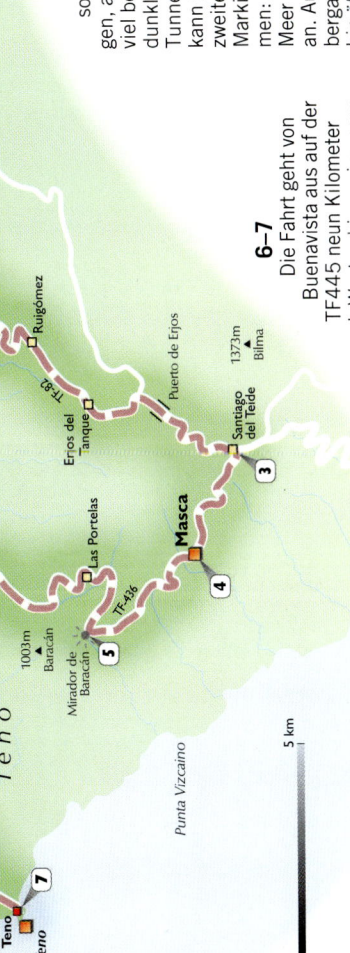

sie sind nicht in Betrieb und erzeugen somit nichts als Erstaunen. Das Gebiet ist über die Berge links hinauf mit der bizarren Kandelaberwolfsmilch bedeckt. Beim Kilometerstein 9, nicht weit vom Leuchtturm, ist das Ende der Straße erreicht. Spätestens hier sollten Sie aus dem Auto aussteigen, um den Blick auf die majestätische Teno-Küste auf sich wirken zu lassen. Vom Leuchtturm aus sehen Sie an klaren Tagen in der Ferne die Inseln La Palma und La Gomera liegen.

7-8

Nun geht es wieder nach **Buenavista** zurück. Bevor Sie die Stadt erreichen, halten Sie nach dem Schild zur Playa de las Arenas Ausschau. Hier biegen Sie links ab und folgen etwa zwei Kilometer lang der Beschilderung. Sie kommen an einer weiteren Abzweigung zu zwei Stränden vorbei, der Playa de las Mujeres und der Playa del Fraile, die Sie jedoch ignorieren. An der **Playa de las Arenas** ist bei Flut kein Sandstrand zu sehen. Wenn genügend Zeit ist, sollten Sie sich im **Restaurante Burgado** (Tel. 922 127831) etwas zu trinken und ein Sonnenuntergangsmenü genehmigen. Dieses reizende Lokal scheint aus den Felsen gehauen zu sein, und es läuft sogar ein kleiner Wasserfall hindurch.

8-9

Nun geht es nach **Buenavista del Norte** zurück und dann nach Osten. Wo der Ort endet und Los Silos beginnt, lässt sich kaum sagen. Aber zweifelsohne werden Sie feststellen, dass man sich mitten im Bananenland befindet. Bei **Los Silos** gibt es einen bescheidenen schwarzen Strand. Ansonsten fahren Sie nach Garachico durch. Kurz bevor Sie die Stadt erreichen, stoßen Sie noch auf den **Mirador del Emigrante.** Er hat wohl seinen Namen – Aussichtspunkt des Emigranten –, weil man von hier aus den Aufbruch von Leuten beobachten konnte, die einst nach Lateinamerika segelten.

Rechts: Am Leuchtturm von Punta de Teno hört die Straße auf

Seite 167: Lokale Volkstanzgruppen versammeln sich zum Start der Fiesta Romería

Praktisches

REISEVORBEREITUNG

WICHTIGE PAPIERE

- ● Erforderlich
- ○ Empfohlen
- ▲ Nicht erforderlich

	Deutschland	Österreich	Schweiz
Pass/Personalausweis	●	●	●
Visum	▲	▲	▲
Weiter- oder Rückflugticket	○	○	○
Impfungen (Tetanus und Polio)	▲	▲	▲
Krankenversicherung (▶ 172, Gesundheit)	●	●	●
Reiseversicherung	○	○	○
Führerschein (national)	●	●	●
Kfz-Haftpflichtversicherung	●	●	●
Fahrzeugschein	●	●	●

REISEZEIT

Teneriffa

Nebensaison   Hauptsaison

JAN	FEB	MÄRZ	APRIL	MAI	JUNI	JULI	AUG	SEPT	OKT	NOV	DEZ
20°C	21°C	23°C	24°C	25°C	27°C	28°C	29°C	28°C	26°C	23°C	20°C

☀ Sonnig   ☁ Bedeckt   🌧 Regnerisch   🌦 Wechselhaft

Die obigen Temperaturangaben beziehen sich auf die **durchschnittliche Tageshöchst-temperatur** des jeweiligen Monats. Das Wetter auf der Insel ist jedoch nicht einheitlich. Die Nordküste und die Bergregionen sind subtropisch, während der Süden trocken ist. Die meisten Regenfälle gibt es im Norden mit bis zu 750 Millimeter im Jahr; im Südwesten sind es nur 20 Millimeter. Die meisten Niederschläge fallen von November bis Februar. Eine Besonderheit stellt der Berg Teide dar. Die oberen Bergregionen sind im Winter und bis ins Frühjahr hinein schneebedeckt. Selbst im Hochsommer kann es empfindlich kalt werden. Nordeuropäer kommen vor allem von Dezember bis März nach Teneriffa, die Spanier machen im Sommer hier Urlaub. Besonders schön ist es auf Teneriffa im Frühling, wenn die Luft klar ist und viele Blumen blühen.

INFORMATION VORAB

Websites

■ Spanisches Fremdenverkehrsbüro: www.spain.info

■ Kanarische Inseln: www.todotenerife.es

■ Fremdenverkehrsamt Teneriffa: www.turismotenerife.com www.cabtfe.es

In Deutschland
D-10707 Berlin
Kurfürstendamm 63
☎ 0 30/8 82 66 61
E-mail: berlin@tourspain.es

ANREISE

Mit dem Flugzeug: Auf Teneriffa wird der Großteil des Flugverkehrs der Kanarischen Inseln abgewickelt. Die meisten internationalen Charterflüge landen auf dem modernen Flughafen **Tenerife Sur (Reina Sofia)**. Einige internationale Flüge kommen in **Tenerife Norte (Los Rodeos)** an; von diesem Flughafen aus starten die Flüge auf das spanische Festland und auf die Nachbarinseln.

Von den Inseln: Binter Canarias bieten täglich Flüge von den Kanarischen Inseln (außer La Gomera); fast alle haben den Flughafen Tenerife Norte (Los Rodeos) als Ziel.

Von Deutschland, Österreich und der Schweiz: Linienflüge der **IBERIA** gehen täglich über Madrid oder Barcelona nach Teneriffa. Die **Lufthansa** fliegt mehrmals wöchentlich. Auch **TUIfly** und **AirBerlin** fliegen regelmäßig die Insel an. Außerdem gibt es günstige Charterflüge von **Hapag Lloyd**, **LTU** und **Condor** von den meisten Großstädten aus. Sie sollten sich auch nach preiswerten Pauschalangeboten erkundigen.

Mit dem Schiff: Zwischen den Inseln verkehren Autofähren, außerdem gibt es Schnellboote zwischen Santa Cruz und Las Palmas auf Gran Canaria sowie zwischen Los Cristianos im Süden von Teneriffa und den westlich gelegenen Inseln La Gomera, El Hierro und La Palma. Von Cádiz in Südspanien aus fährt einmal pro Woche eine Fähre nach Teneriffa; die Überfahrt dauert zwei Tage.

ZEIT

 Auf den Kanarischen Inseln gilt die Westeuropäische Zeit (WEZ), d.h. die Uhren liegen im Vergleich zur Mitteleuropäischen Zeit (MEZ) eine Stunde zurück. Die Sommerzeit ist wie im übrigen Europa.

WÄHRUNG

Währung: Die offizielle Währung ist der Euro (€). Geldscheine und Münzen entsprechen den Zahlungsmitteln in den anderen, der Währungsunion angeschlossenen Ländern.

Kredit- und Scheckkarten: Beide Karten werden fast überall akzeptiert. Auch Reisescheck werden meist angenommen; günstiger ist es allerdings, sie gegen Bargeld einzulösen.

Geldwechsel: Banken bieten bei Bargeld und Reiseschecks die besten Wechselkurse, die Gebühren differieren allerdings erheblich. Wer Reiseschecks einlösen möchte, muss seinen Pass vorlegen. Sie bekommen in den Banken auch Geld auf Kredit- und Scheckkarten; eingeführt sind Mastercard und Visa. Mit diesen beiden Karten kann auch an Geldautomaten Geld abgehoben werden (Geheimnummer erforderlich). Den Service stellt dann die Bank zu Hause in Rechnung.

In Österreich
Walfischgasse 8/14
A-1010 Wien
☎ 01/5 12 95 80
E-mail: viena@tourspain.es

In der Schweiz
Seefeldstrasse 19
Ch-8008 Zürich
☎ 041/442 53 60 50
E-mail: zurich@tourspain.es

Eine komplette Übersicht aller Touristeninformationen in Spanien erhält man unter:
www.tourspain.es

DAS WICHTIGSTE VOR ORT

KONFEKTIONSGRÖSSEN

Spanien	Deutschland		
46	46		
48	48		
50	50		Anzüge
52	52		
54	54		
56	56		
8	41		
8,5	42		
9,5	43		Schuhe
10,5	44		
11,5	45		
12	46		
37	37		
38	38		
39/40	39/40		Hemden
41	41		
42	42		
43	43		
34	34		
36	36		
38	38		Kleider
40	40		
42	42		
44	44		
6	38		
6,5	38		
7	39		Schuhe
7,5	39		
8	40		
8.5	41		

FEIERTAGE

1. Januar	Neujahr
6. Januar	Heilige Drei Könige
Februar/März	Faschingsdienstag
März/April	Karfreitag, Ostermontag
1. Mai	Tag der Arbeit
30. Mai	Tag der Kanarischen Inseln
15. August	Mariä Himmelfahrt
12. Oktober	Spanischer Nationalfeiertag
1. November	Allerheiligen
6. Dezember	Verfassungstag
8. Dezember	Mariä Empfängnis
25. Dezember	Weihnachten

ÖFFNUNGSZEITEN

○ Geschäfte   ● Postämter
● Behörden   ● Museen
● Banken   ● Apotheken

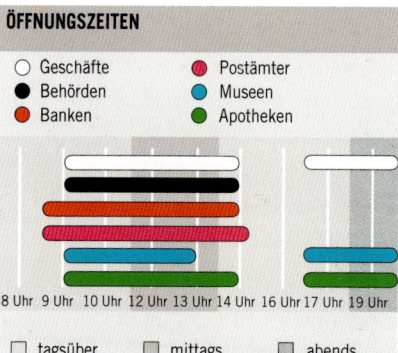

8 Uhr 9 Uhr 10 Uhr 12 Uhr 13 Uhr 14 Uhr 16 Uhr 17 Uhr 19 Uhr

☐ tagsüber   ☐ mittags   ☐ abends

Behörden: Die meisten staatlichen Behörden sind Mo–Fr von 9 bis 14 Uhr geöffnet.
Geschäfte: Die Öffnungszeiten sind in der Regel Mo–Fr 9–14 und 16.30/17–20 Uhr. Viele Läden, Reisebüros und andere Geschäfte arbeiten auch am Samstag. Große Kaufhäuser wie die Kette El Corte Inglés haben von 9 bis 21 Uhr geöffnet.
Banken: Sie sind meist Mo–Fr von 8.30 bis 14 Uhr geöffnet.
Postämter: Die gängigen Zeiten sind Mo–Fr 8.30 bis 14.30 und Sa 9.30–13 Uhr. Die Hauptpost in Santa Cruz de Tenerife hat länger geöffnet (► 171).
Museen: Einige Museen schließen über Mittag.

ZEITUNTERSCHIED

WEZ
12 Uhr

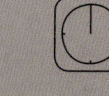

Teneriffa
12 Uhr

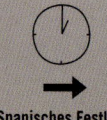

Spanisches Festland
13 Uhr

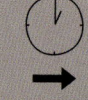

Deutschland
13 Uhr

USA
7 Uhr

SICHERHEIT

Gewalt gegen Touristen gibt es praktisch kaum. Das gängigste Delikt sind aufgebrochene und ausgeraubte Autos. Dazu einige Vorsichtsmaßnahmen:

- Lassen Sie keine Wertsachen am Strand oder Pool liegen.
- Deponieren Sie Ihre Wertgegenstände im Hotelsafe.
- Lassen Sie nichts im Auto liegen.
- Halten Sie sich nachts nicht alleine draußen auf.
- Nehmen Sie stets nur ein Mimimum an Bargeld mit.

Polizei:
☎ **112** von jedem Telefon

TELEFONIEREN

Öffentliche Telefone funktionieren mit Münzen oder Telefonkarten *(tarjetas telefónicas)*, die im Postamt und in Tabakläden *(estancos)* erhältlich sind. Bei eigens gekennzeichneten Apparaten können Sie auch mit der Kreditkarte telefonieren.

Auslandsgespräche sind von 22 bis 8 Uhr und sonntags am billigsten.

Internationale Vorwahlen:
Deutschland: 00 49
Österreich: 00 43
Schweiz: 00 41
Spanien: 00 34

POST

Die Briefkästen sind gelb. Die Hauptpost in Santa Cruz de Tenerife befindet sich an der Plaza de España s/n; sie ist Mo–Fr 8.30–20.30 und Sa 9.30–13 Uhr geöffnet. Briefmarken *(sellos)* gibt es in Postämtern, Hotels, Zeitschriftenkiosken und Tabakläden. Eine Postkarte ist etwa eine Woche unterwegs.

ELEKTRIZITÄT

Die Stromspannung liegt bei 220/235 Volt. Die Steckdosen entsprechen

 der in Europa üblichen Norm.

TRINKGELD

Nicht für alle Dienstleistungen wird ein Trinkgeld erwartet, außerdem ist der Betrag meist niedriger als zu Hause. Als Faustregel gilt:

Restaurant	bis zu 10 %
Café/Kneipe	Kleingeld
Fremdenführer	1 €
Taxi	Kleingeld
Friseur	Kleingeld
Zimmermädchen	1 €
Gepäckträger	1 €
Toiletten	Kleingeld

POLIZEI (POLICÍA NACIONAL) 112

FEUERWEHR (BOMBEROS) 112

KRANKENWAGEN (AMBULANCIA) 112

GESUNDHEIT

 Krankenversicherung: Versicherte von deutschen oder österreichischen Krankenkassen benötigen das Formular E 111 (zu Hause anfordern). Schweizer und privat Versicherte reichen die Rechnung bei der Versicherung ein. Eine private Reisekrankenversicherung ist ratsam.

 Zahnarzt: Zahnärzte praktizieren privat (gelbe Seiten/*paginas amarillas*). Reisekrankenversicherungen sind daher ratsam.

 Wetter: Wer aus nördlichen Ländern kommt, ist besonders gefährdet und sollte Sonnencreme mit hohem Lichtschutzfaktor verwenden und sehr viel nichtalkoholische Getränke zu sich nehmen. Kinder müssen besonders geschützt werden, da Meer und Sand die Strahlung zusätzlich reflektieren.

 Medikamente: In den Apotheken *(farmacias)* – zu erkennen am grünen Kreuz – gibt es frei verkäufliche und rezeptpflichtige Medikamente. Außerhalb der Geschäftszeiten verweist ein Schild an der Tür auf die nächste geöffnete Apotheke.

Trinkwasser: Man kann das Wasser aus dem Wasserhahn ohne Bedenken trinken. Mineralwasser *(agua mineral)* gibt es überall. Das Schild *agua non potable* an einem Brunnen besagt, dass man das Wasser nicht trinken darf.

ERMÄSSIGUNGEN

Studenten: Teneriffa und die Kanaren sind eigentlich kein typisches Reiseziel für Rucksacktouristen. Es gibt wenig Ermäßigungen für Studenten, auch Inhaber eines Internationalen Studentenausweises kommen nicht weit. Die Museen sind meist gratis, ansonsten gibt es wenig Gelegenheiten, die Ausweise einzusetzen.

Senioren: Teneriffa ist für die Touristen vor allem wegen des milden Klimas attraktiv und somit auch ein beliebtes Ziel für ältere Menschen. Sie können problemlos alleine reisen.

EINRICHTUNGEN FÜR BEHINDERTE

Auch wenn sich die Bedingungen langsam verbessern, sind viele öffentliche Gebäude, Hotels und Lokale Rollstuhlfahrern nicht zugänglich. Einige Busse und Taxis in Santa Cruz wurden für Rollstuhlbenutzer umgerüstet. Informationen über behindertengerechte Einrichtungen bekommen Sie auf der Website www.cabtfe.es

KINDER

Hotels und Lokale sind generell überaus kinderfreundlich. Viele Hotels verfügen über Spielplätze, Parkanlagen, Minigolf und ein extra Kinderschwimmbecken. Einige Reiseveranstalter bieten Clubs und Veranstaltungen für Kinder im Rahmen des Urlaubsprogramms an.

TOILETTEN

Öffentliche Toiletten sucht man oftmals vergeblich, doch sind in Hotels, Lokalen, Cafés, Museen und Geschäften *asesos* oder *servicios*.

ZOLL

Die Ausfuhr von Souvenirs, für deren Herstellung seltene oder gefährdete Tier- oder Pflanzenarten verwendet wurden, ist entweder verboten oder bedarf einer besonderen Genehmigung.

BOTSCHAFTEN UND KONSULATE

Deutschland
Santa Cruz de Tenerife
Calle Costa y Grijalba 18
☎ 922 284820

Österreich
La Orotava
Calle Hermano Apolinar 12
☎ 922 325961

Schweiz
Las Palmas de Gran Canaria
Urbanización Bahía Feliz
☎ 928 157979

SPRACHFÜHRER

Spanisch *(español)* – auch als Kastilisch *(castellano)* bezeichnet, um es von den anderen Sprachen in Spanien zu unterscheiden – wird auch auf den Kanaren gesprochen. Die Sprachmelodie hier auf den Inseln erinnert eher an das Spanisch Lateinamerikas als an das des spanischen Festlands.

GRUSSFORMELN UND AUSDRÜCKE

Sprechen Sie Deutsch?
  ¿Habla aleman?
Ich verstehe (Sie) nicht **No entiendo**
Ich spreche kein Spanisch **No hablo español**
ja/nein **sí/no**
in Ordnung **vale/de acuerdo**
bitte **por favor**
(Vielen) Dank **(Muchas) gracias**
Keine Ursache/gern **De nada**
Hallo **Hola**
Auf Wiedersehen **Adiós**
Guten Morgen **Buenos días**
Guten Tag (nach 12 Uhr) **Buenas tardes**
Guten Abend **Buenas noches**
Wie geht's? **¿Qué tal?**
Verzeihung **Perdón**
Wie viel kostet das? **¿Cuánto vale?**
Ich würde gern … **Quisiera/me gustaría …**

IM NOTFALL

Hilfe! **¡Socorro!**
Könnten Sie mir bitte helfen?
  ¿Podría ayudarme por favor?

ZAHLEN

0	**cero**	20	**veinte**
1	**uno/una**	21	**veintiuno**
2	**dos**	30	**treinta**
3	**tres**	40	**cuarenta**
4	**cuatro**	50	**cincuenta**
5	**cinco**	60	**sesenta**
6	**seis**	70	**setenta**
7	**siete**	80	**ochenta**
8	**ocho**	90	**noventa**
9	**nueve**	100	**cien/ciento**
10	**diez**	101	**ciento uno**
11	**once**	110	**ciento y diez**
12	**doce**	120	**ciento y veinte**
13	**trece**		
14	**catorce**	200	**doscientos/ doscientas**
15	**quince**		
16	**dieciséis**	500	**quinientos/ quinientas**
17	**diecisiete**		
18	**dieciocho**	1000	**mil**
19	**diecinueve**	5000	**cinco mil**

NACH DEM WEG FRAGEN

Flugzeug **avión**
Flughafen **aeropuerto**
Auto **coche**
Boot **barco**
Bus **autobús/guagua**
Bushaltestelle **parada de autobús**
Bahnhof **estación**
Hin-/Rückfahrkarte **billete de sólo ida/de ida y vuelta**
Ich habe mich verlaufen **Me he perdido**
Wo ist …? **¿Dónde está …?**
Wie komme ich …? **¿Cómo llego …?**
  zum Strand **a la playa**
  zum Telefon **al teléfono**
  zur Toilette **a los servicios**
links/rechts **izquierda/derecha**

ÜBERNACHTEN

Haben Sie ein Einzel-/Doppelzimmer? **¿Tiene una habitación individual/doble?**
mit/ohne Bad/WC/Dusche **con/sin baño/lavabo/ducha**
Ist das Frühstück im Preis inbegriffen? **¿Incluye el desayuno?**
Kann ich das Zimmer sehen?
  ¿Puedo ver la habitación?
Ich nehme das Zimmer **Cojo esta habitación**
eine Nacht **una noche**
Schlüssel **llave**
Lift **ascensor**

WOCHENTAGE

heute	**hoy**
morgen	**mañana**
gestern	**ayer**
später	**más tarde**
diese Woche	**esta semana**
Montag	**lunes**
Dienstag	**martes**
Mittwoch	**miércoles**
Donnerstag	**jueves**
Freitag	**viernes**
Samstag	**sábado**
Sonntag	**domingo**

IM RESTAURANT

Meerblick **vista al mar**
Ich würde gern einen Tisch reservieren
  Quisiera reservar una mesa
Einen Tisch für zwei Personen, bitte
  Una mesa para dos, por favor
Würden Sie uns bitte die Speisekarte
  bringen? **¿Nos trae la carta, por favor?**
Was ist das? **¿Qué es esto?**
eine Flasche/Glas …
  una botella/copa de …

Die Rechnung, bitte **La cuenta,**
  por favor
Bedienung inklusive **Servicio**
  incluido
Kellner/Kellnerin **camarero/**
  camarera
Mittagessen **Almuerzo**
Abendessen **Cena**
Speisekarte **La carta**

SPEISEKARTE

a la plancha
  gegrillt
aceite Öl
aceituna Olive
agua Wasser
ajo Knoblauch
almendra Mandel
anchoas
  Sardellen
arroz Reis
atún Thunfisch

bacalao Kabeljau
berenjena
  Aubergine
biftec Steak
bocadillo Sand-
  wich
buey Ochsen-
  fleisch

café Kaffee
calamares
  Tintenfisch
cangrejo Krebs
carne Fleisch
carta Speisekarte
cebolla Zwiebel
cerdo Schweine-
  fleisch
cerezas Kirschen
cerveza Bier
champiñones
  Champignons
chocolate Scho-
  kolade
chorizo würziges
  Würstchen
chuleta Kotelett
cordero Lamm
crudo roh
cubierto(s) Ge-
  deck (Besteck)
cuchara Löffel
cuchillo Messer

embutidos
  Würstchen
ensalada Salat

espárrago
  Spargel
entrada
  Vorspeisen
entremeses
  Vorspeisen

filete Filet
flan Karamell-
  Pudding
frambuesa
  Himbeere
fresa Erdbeere
frito gebraten
fruta Obst

galleta Keks
gambas Shrimps
gazpacho anda-
  luz Gazpacho
  (kalte Gemüse-
  suppe)
guisantes Erbsen

habas dicke
  Bohnen
helado Eis
hígado Leber
huevos fritos/
  revueltos Spie-
  gelei/Rührei

jamón serrano
  luftgetrockne-
  ter Schinken
jamón York
  gekochter
  Schinken
judías Bohnen
judías verdes
  grüne Bohnen
jugo Obstsaft

langosta Hummer
leche Milch
lechuga
  Kopfsalat
legumbres
  Gemüse

lengua Zunge
lenguado See-
  zunge
limón Zitrone
lomo de cerdo
  Schweinelende

mantequilla
  Butter
manzana Apfel
mariscos Meeres-
  früchte
mejillones Mies-
  muscheln
melocotón Pfir-
  sich
melón Melone
merluza Seehecht
mero Zackenbarsch
miel Honig

naranja Orange

ostra Auster

pan Brot
papas arrugadas
  gekochte Kar-
  toffeln auf ka-
  narische Art
patata Kartoffel
patatas fritas
  Pommes frites
pato Ente
pepino Gurke
pepinillo Essig-
  gurke
pera Birne
perejil Petersilie
pescado Fisch
pez espada
  Schwertfisch
picante scharf
pimientos roter/
  grüner Paprika
piña Ananas
plátano Banane
plato principal
  Hauptgericht

pollo Huhn
postre Nach-
  speise
pulpo Tintenfisch

queso Käse

rape Seeteufel
relleno gefüllt
riñones Nieren

salchicha
  Würstchen
salchichón
  Hartwurst
salmón Lachs
salmonete
  Meerbarbe
salsa Soße
seco trocken
solomillo de
  ternera-
  Rinderfilet
sopa Suppe

te Tee
tenedor Gabel
ternera Kalb-
  fleisch
tocino Speck
tortilla española
  Omelette mit
  Kartoffeln
tortilla francesa
  Omelette natur
trucha Forelle

uva Traube

verduras grünes
  Gemüse
vino blanco/
  rosado/tinto
  Weiß-/Rosé-/
  Rotwein

zanahorias
  Karotten
zumo Saft

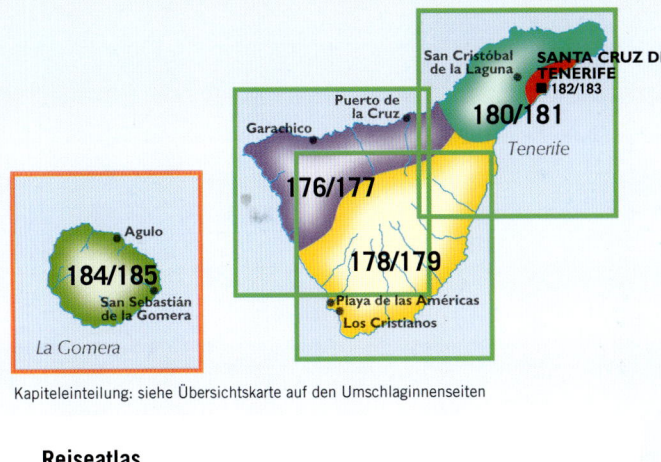

Kapiteleinteilung: siehe Übersichtskarte auf den Umschlaginnenseiten

Reiseatlas

Hauptstrecke		Bebautes Gebiet	
Autobahn		Stadt, Dorf	
Hauptstraße		Sehenswürdigkeit (im Text)	
Nebenstraße		Sehenswürdigkeit	
Landstraße		Flughafen	
Fluss		Aussichtspunkt	
Saisonbedingter Fluss		Bergipfel	
Nationalpark			

176-181 0 | 1 2 3 4 km

184/185 0 | 1 2 3 4 km

186 0 20 40 60 km

Cityplan

Autobahn		Sehenswürdigkeit (im Text)	
Hauptstraße		Information	
Nebenstraße		Park	
Seitenstraße		Wichtiges Gebäude	
Kirche			

182/183 0 50 100 Meter

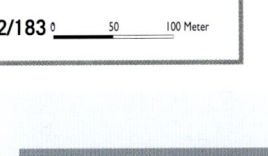

Reisetlas

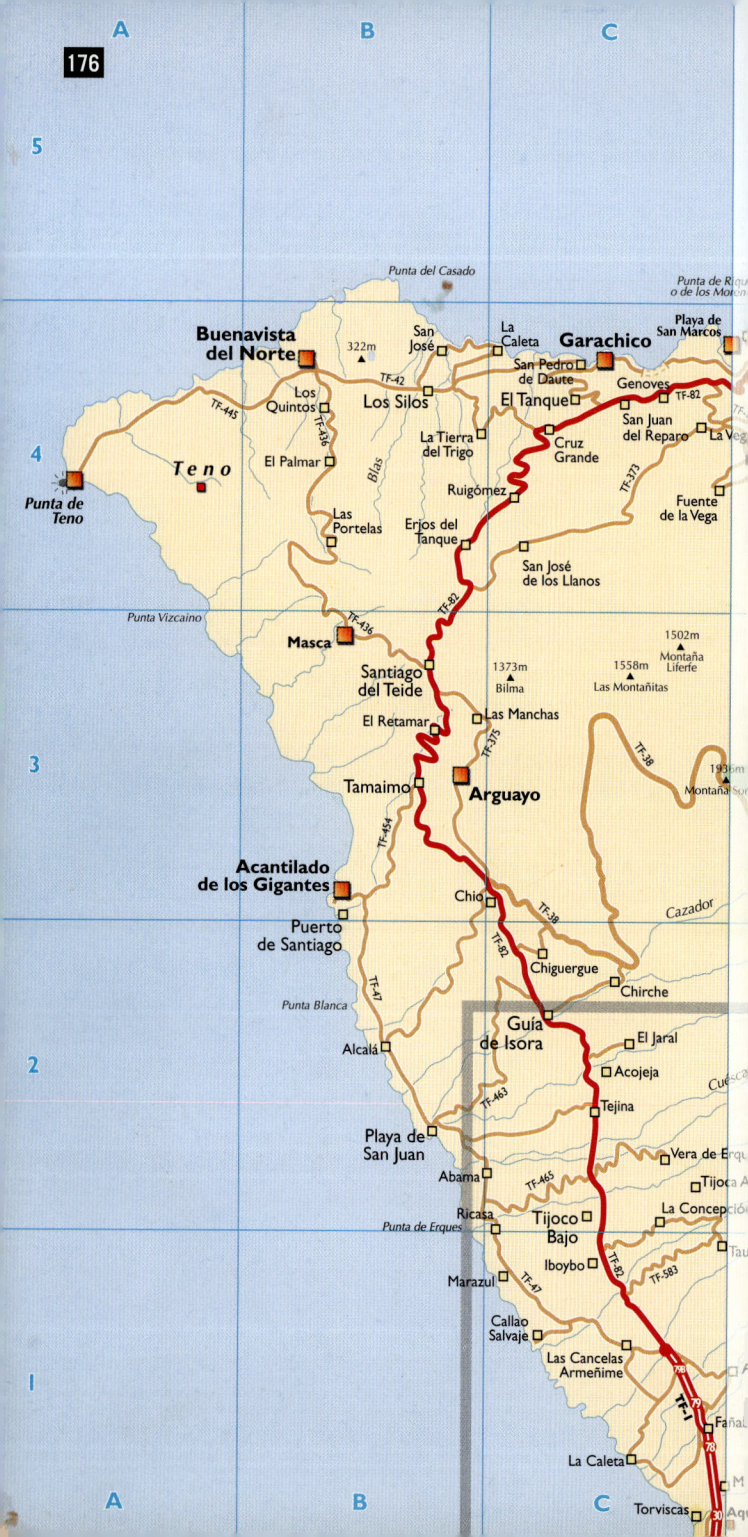

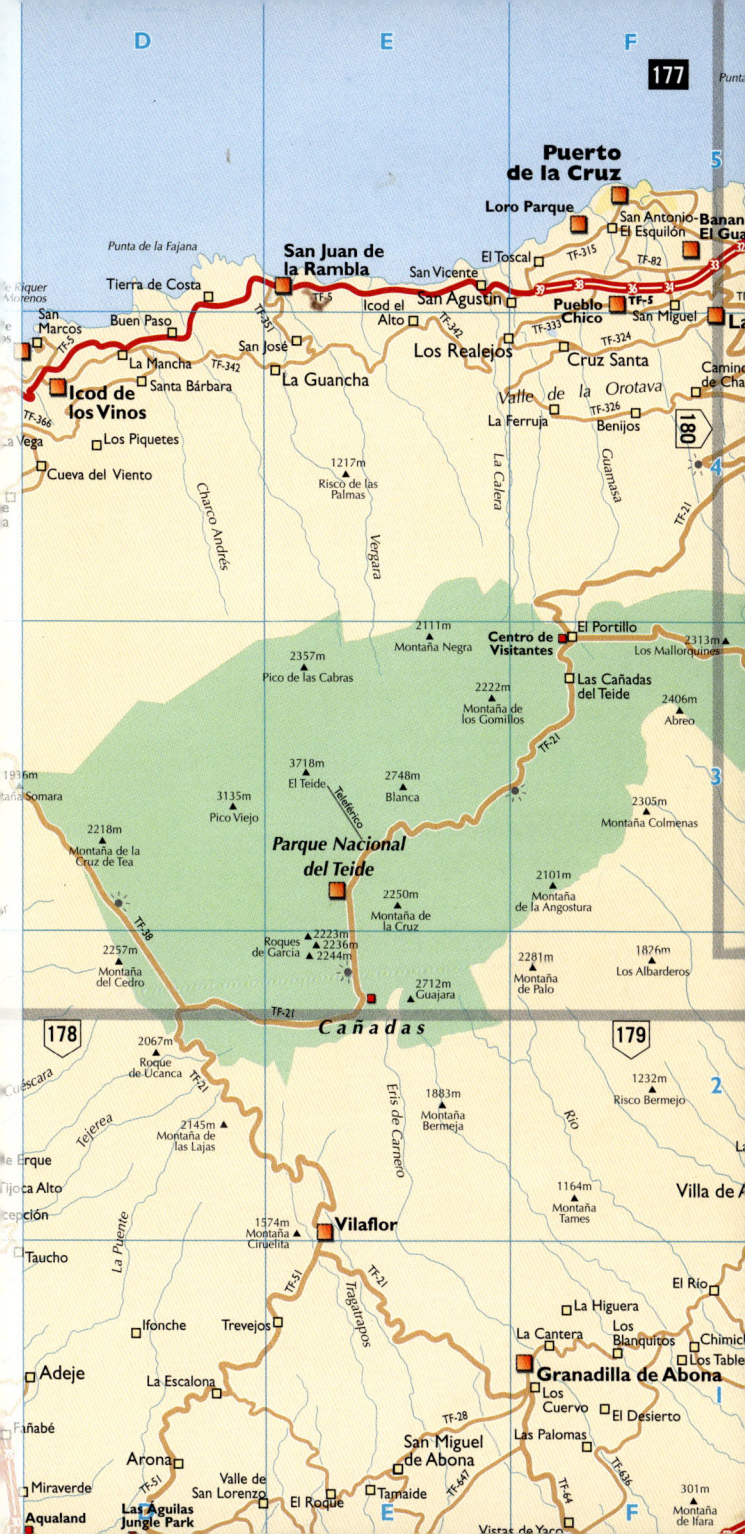

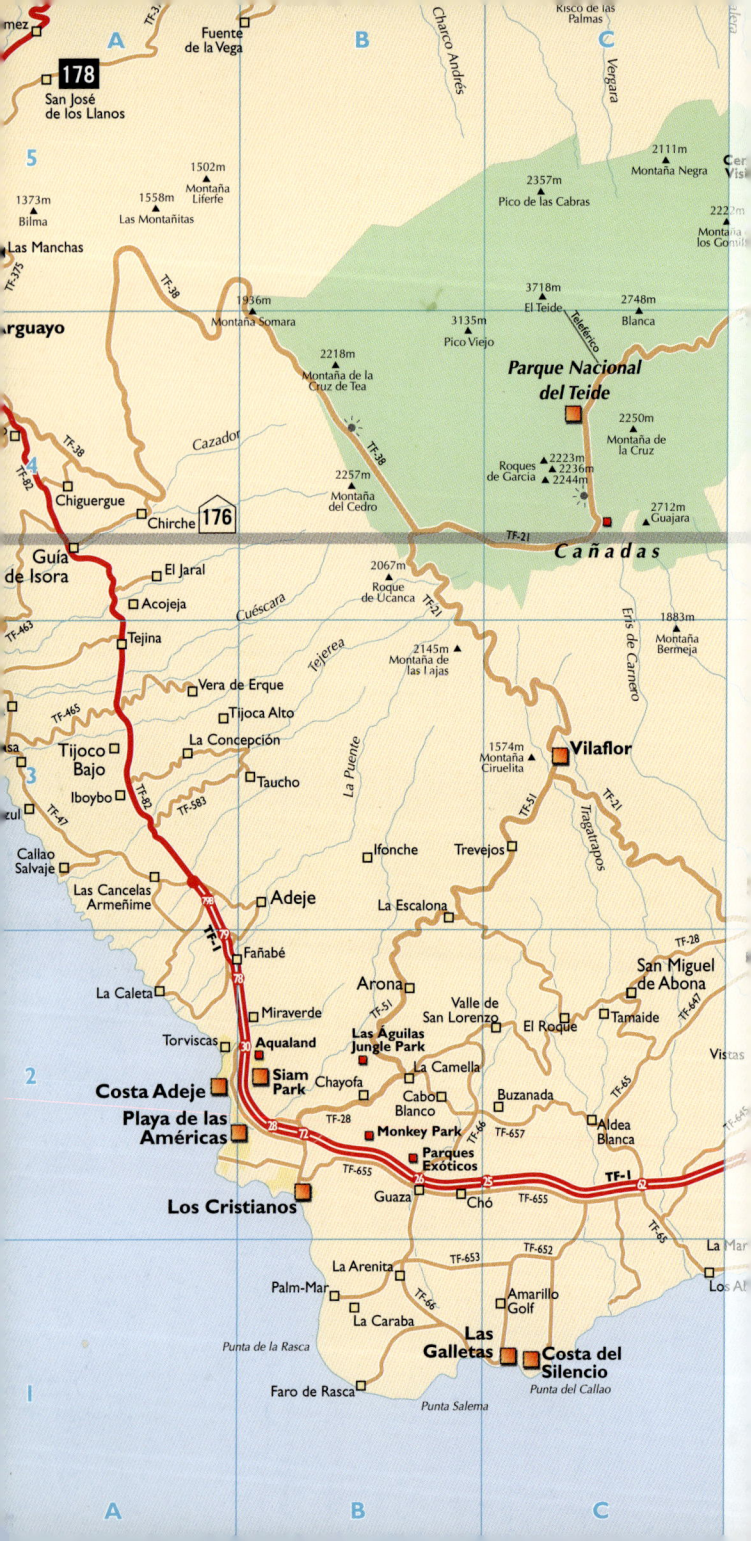

Punta Bajo Las Palmas

Punta del
Quincho

Punta de
Tamadite

Roque
Bermejo

Chinamada

Punta de
Anaga

Taborno

Las Casas
de Afur

Almáciga

Benijo

Chamorga

Playa de San Roque

Lomo de las
Bodegas

Las Carboneras

TF-138

TF-134

Taganana

TF-123

tan de Abajo

RÍO

TF-145

Roque
Negro

Mirador del
Bailadero

A n a g a

Cruz del
Carmen

TF-143

M

Pico del
Inglés

934m

Viña
Vieja

735m

Igueste de
San Andrés

Punta de
Antequera

TF-12

o

TF-12

732m
Termino

n

Valle
Brosque

Piedra Grande

Casas de Abajo

este

TF-12

t

a

ñ

a

s

d e

l

TF-12

·Las Mercedes

692m

TF-121

Canteras

TF-113

Valle Vega

María
Jiménez

Playa de las Teresitas

TF-13

San Andrés

TF-11

**San Cristóbal
de la Laguna**

Bufadero

TF-180

TF-111

TF-111

**SANTA CRUZ
DE TENERIFE**

jara

8

TF-5

TF-2

5

TF-4

*Parque
Marítimo*

né
to

TF-194

4

3

2

1

Hoya Fría

TF-28

3

a María
del Mar

TF-1

o

TF-1

Punta de
Guadamojete

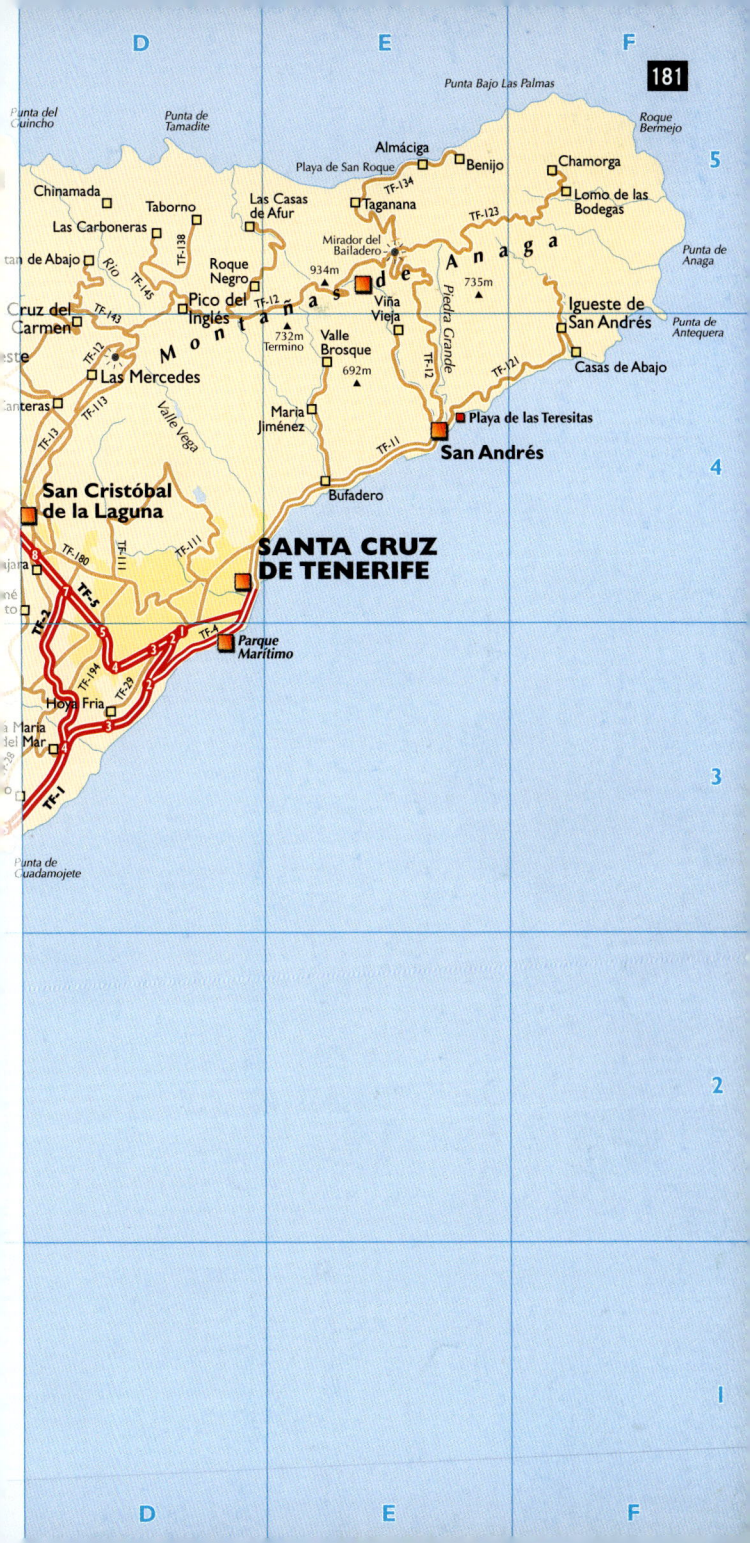

La Gomera

Los Órganos
Punta de
los Organos
Playa
del Remo
Punta
Sardina
Punta del Peligro
Arguamul
Valle
Abajo
TF-712
Tamargada
Vallehermoso
Las Rosas
Tazo
Rosa de las
Piedras
Epina
Macayo
Alojera
Banda
de las Rosas
1136
Quemado
Taguluche
El Estan
Arure
*Parque Nacional
de Garajonay*
Mirador
Ermita del Santo
Las Hayas
**La Laguna
Grande**
Lomo del Balo
Mirador
César Manrique
El Cercado
Chipude
Temocodá
TF-713
Los Granados
1487
Garajonay
El Hornillo
Valle Gran Rey
Gerian
Igualero
1241
Fortaleza
La Calera
Borbalán
Benchijigua
Vueltas
**Ermita de
San Lorenzo**
Imada
Las Salinas
Alajeró
La Dama
Arguayoda
La Rajita
Quise
Punta de la Nariz
Cala Cantera
Punta Falcones
La Gomera
Caleta de la Jarrita
Punta del Becerro
**Faro Punta
del Becerro**

D   E   F

5

4

Laja del Infierno

Agulo Lepe Playa de Hermigua
TF-711
Santa Catalina
Centro Playa de la Caleta
de Visitantes Llano
Hermigua Campos
Las Nuevitas
Las Casas Punta Majona
El Estanquillo El Curato Punta Gaviota
1065 Parque Nacional
Encherada de Majona
El Cedro 1062 Punta Llana
Alto de
Encherada TF-711 Ermita de Nuestro
Ermita Nuestra Señora de Guadelupe
Señora de Lourdes
Chejelipes El Molinito
Punta de Avalo
Mirador
Degollada Casas de Langrero
de Peraza
Vegaipala 1083 Torre
Montaña TF-713 del Conde
de Destene San Sebastián
de la Gomera
Seima
Las Playa del
Toscas Cabrito
Tejiade
Punta Gorda

3

2

Laguna de
Santiago Punta Gaviota
Playa
la Salvajita Playa de
Santiago

1

D   E   F

Islas Canarias

La Palma
Santa Cruz de la Palma
Los Llanos de Aridane
2426m

El Hierro
Valverde

La Gomera
Agulo
1487m
San Sebastián de la Gomera

Tenerife
San Cristóbal de la Laguna
Santa Cruz de Tenerife
Puerto de la Cruz
3718m
Los Cristianos

Gran Canaria
Las Palmas
Agaete
1949m
Maspalomas

Lanzarote
Orzola
Teguise
Arrecife
Playa Blanca

Fuerteventura
Corralejo
Puerto del Rosario
Gran Tarajal
Betancuria
Morro

Acantilado de los Gigantes
22, 84, 102ff
Agulo 145
Almáciga 161
Alojera 146
Alto de Garajonay 151
Anaga-Gebirge 22, 66, 73ff,
160ff
Apotheken 172
Aqualand 125, 138
Arguayo 106
Centro Alfarero Cha
Domitila 106
Arico 132
Auditorio de Tenerife 64
Auswärts essen 38
Autofahren 30f, 33f

Bajamar 78
Bananen 16, 17, 104f
Bananera El Guanche 104f
Banken 170
Barranco del Infierno 138, 158f
Barranco de Masca 100
Bars und Clubs 20f
Basílica de Nuestra Señora de
Candelaria 128
Behinderungen, Reisende mit
172
Benchijigua 152
Berg Teide 23, 25, 27, 113,
114, 118, 119, 120f
Bienenkörbe 122
Bobadilla, Beatriz de 144, 146
Boca-del-Chorro-Wasserfall
145, 151
Bootsausflüge 34, 42
La Gomera 149, 156
Der Nordwesten 102, 112
Der Süden 125, 138
Bosque del Cedro 151
Bosque de la Esperanza 67, 76f
Botanischer Garten 95
Buenavista del Norte 164, 166
Bürozeiten 170
Busse 31, 33

Caminos reales
(Königswege) 74
Camping 36
Candelaria 9, 128f
Basílica de Nuestra
Señora de Candelaria 128
Iglesia de Santa Ana 129
Casa de Carta (Museo de An-
tropología) 78
Casa de Colón 144
Casa del Vino La Baranda
77f, 81
Casa-Museo »Los Cáceres« 97
Castillo San Felipe 93
Castillo de San Juan 57
Castillo de San Miguel 98
Catedral, La Laguna 70

Centro Alfarero Cha Domitila 106
Centro de Visitantes de
Cañada Blanca 119
Chamorga 75, 161
Chinamada 74f, 162
Chío 119
Chipude 149
Circo de las Cañadas 27, 121
Columbus, Christopher
144, 146
Convento de San Francisco 98
Convento de Santa Clara 71
Costa Adeje 124f
Costa del Silencio 131
Cueva del Hermano Pedro 131

Dinnershows 41, 111
Drachenbaum 13, 40, 96

Einkaufen 39f, 170
siehe auch einzelne
Regionen
Eintrittsgebühren 34
El Cabrito 146
Elektrizität 171
El Médano 131
El Palmar 164
El Portillo Centro de
Visitantes 119
El Sauzal 77f
El Tanque 163
Ermäßigungen 172
Ermita de San Telmo 93
Ermita de la Virgen de la
Regla 57
Essenszeiten 38
siehe auch einzelne Regionen
Essen und Trinken 37f
Bier, Wein und Spirituosen 38
Kaffee 38
siehe auch Auswärts essen

Fahrradverleih 34
Fährverkehr 32
Feste 6f, 64, 100, 128f
Flora 12ff, 138
Flughäfen und Flugservice
30, 31, 169
Folkloreveranstaltungen 111f

Garachico 9, 22, 98f, 163
Casa Palacio de los
Condes de la Gomera 98
Castillo de San Miguel 98
Convento de San Francisco 98
El Caletón 98
Iglesia de Santa Ana 8
Museo de Arte
Contemporáneo 99
Museo de la Carpen-
tería Antigua 99
Garten
Hijuela del Bótanico 92
Jardín Botánico 95
Jardines Marquesado

de la Quinta Roja 92
Risco Bello Aquatic Gärten 112
Sitio Litre 112
Geld 169
Geldwechsel 169
Geschenke und Souvenirs 40
Geschichte 10f, 18f
Gesundheit 168, 172
Glasbodenboote 138
Gofio-Mühlen 90
Golf 41f, 82, 138
Granadilla de Abona 130f
Guanchen 10f, 51, 52, 90, 152

Hermigua 145
Heyerdahl, Thor 126,127
Hijuela del Bótanico 92
Himmelfahrt 9,128f
Hochseefischen 42, 138
Höhlenwohnungen 75
Honig 156
Huevos del Teide 121f

Icod de los Vinos 9, 96f, 163
Casa-Museo »Los
Cáceres« 97
Mariposario del Drago 97
Museo de la Iglesia de
San Marcos 97
Parque del Drago 96
Iglesia de la Concepción 70f
Iglesia del Cristo de los
Dolores 77
Iglesia de Nuestra Señora
de la Concepción,
La Orotava 91
Iglesia de Nuestra Señora
de la Concepción,
Santa Cruz 50f, 52
Iglesia de Nuestra Señora de
las Nieves 73
Iglesia de Nuestra Señora de la
Peña de Francia 94
Iglesia de San Francisco 54
Iglesia de Santa Catalina 77
Iglesia de la Virgen de la
Asunción 145
Igueste 56

Jardines Marquesado de la
Quinta Roja 92
Jeep-Safaris 42

Kanarische Wohnhäuser 71f,
88ff, 94
Karneval 6f, 64
Käse 156
Kasinos 64, 94, 111, 137
Kinder 172
Klima und Jahreszeiten 168
Klippen der Riesen 22, 83, 102f
Konfektionsgrößen 170
Konsulate und Botschaften 172
Koschenille 17
Kreditkarten 39, 169

Kriminalität 171
Kunsthandwerk 39f, 110f, 137
Kurhotels 35

La Calera 149
La Caleta 125
La Dama 152
La Fortaleza 149
La Gomera 139ff
  Auswärts essen 154f
  Benchijigua 152
  Der Norden 145f
  Einkaufen 155f
  In drei Tagen 142f
  La Dama 152
  Landkarte 140f
  Parque Nacional de
    Garajonay 146, 150f
  Playa de la Rajita 152
  Playa de Santiago 152
  Reiseziele 32
  San Sebastián 144f
  Übernachten 153f
  Unterhaltung 156
  Valle Gran Rey 140, 141,
    147ff
  Vallehermosa 141
La Laguna 8, 66, 70ff
  Auswärts essen 79f
  Casa de los Capitanes 70
  Convento de Santa Clara 71
  Iglesia de la Concepción 70f
  Kanarische Wohnhäuser 71f
  Kathedrale 70
  Museum der Geschichte
    Teneriffas 72
  Museum der Wissenschaften
    und des Kosmos 72
  Plaza del Adelantado 70
  Real Santuario del
    Santísimo Cristo 72
  Unterhaltung 20, 82
La Orotava 8, 22f, 85, 88ff
  Casa Fonseca 88f
  Casa Franchi 90
  Casa Molina 90
  Casa Torrehermosa 92
  Casas de los Balcones 88
  Gofio-Mühlen 90
  Hijuela del Bótanico 92
  Iglesia de Nuestra Señora de
    la Concepción 91
  Jardines Marquesado
    de la Quinta Roja 92
  Kanarische Wohnhäuser 88ff
  Liceo de Taoro 92
  Museo de Artesania
    Iberoamericana 91
  Museo de Cerámica 92
  Museo Etnográfico del
    Pueblo Guanche 90
  Übernachten 79
Lago Martiánez 93
Las Galletas 131

Las Portelas 164
Lepe 145
Llano de Ucanca 119
Lorbeer (Lorbeerwald) 13, 150
Loro Parque 84, 104
Los Abrigos 131
Los Cristianos 21, 123f
Los Organos 149, 156
Los Realejos 8
Los Silos 166

Mariposario del Drago 97
Märkte 39, 58, 63, 81, 111, 137
Masca 23, 85, 100f, 164
Medikamente 172
Medizinische Behandlung 172
Mercado de Nuestra Señora de
  Africa 57f, 63
Mietwagen 30f
Mirador Ayosa 119
Mirador del Bailadero 161
Mirador de Baracán 164
Mirador Cruz del Carmen 162
Mirador de los Cumbres 77
Mirador de Don Martín 132
Mirador del Emigrante 166
Mirador de la Fortaleza 120
Mirador de la Garañona 78
Mirador de Ortuño 76f
Mirador Pico de las Flores 76
Mirador Pico del Inglés 162
Mirador de Pico Viejo 120
Montañas de Anaga 22, 66,
  73ff, 160ff
Museen
  Anthropologisches
    Museum 78
  Archäologisches
    Museum 94, 95
  Casa del Vino La
    Baranda 77f, 81
  Casa-Museo
    »Los Cáceres« 97
  Kunstmuseum 53f
  Militärmuseum 59
  Museo de Antropología 78
  Museo Arqueológico 94, 95
  Museo de Arte
    Contemporáneo 99
  Museo de Artesania
    Iberoamericana 90
  Museo de Bellas Artes 53f
  Museo de la Carpentería
    Antigua 99
  Museo de Cerámica 92
  Museo de la Ciencia y
    el Cosmos 72
  Museo de Historia de
    Tenerife 72
  Museo de la Iglesia de
    San Marcos 97
  Museo Militar 59
  Museo de la Naturaleza
    y El Hombre 51

Museum der Natur-
  und Menschheitsgeschichte
  51
Museum der Geschichte
  Teneriffas 72
Museum der Wissenschaften
  und des Kosmos 72
Schmetterlingsmuseum 97
Museumsöffnungszeiten 170

Nachtleben 20f, 41
Nationale Feiertage 170
Nelson, Lord 19, 59
Nordosten 65ff
  Anaga-Gebirge 22, 66,
    73ff, 160ff
  Auswärts essen 79ff
  Autofahrt 160ff
  Bajamar 78
  Bosque de la Esperanza 76f
  Casa de Carta (Museo
    de Antropología) 78
  Casa del Vino La
    Baranda 77f, 81
  Einkaufen 81
  El Sauzal 77f
  In zwei Tagen 68f
  La Laguna 8, 66, 70ff
  Landkarte 66f
  Punta del Hidalgo 78
  Tacoronte 77
  Übernachten 79
  Unterhaltung 82
Nordwesten 83ff
  Acantilado de los
    Gigantes 22, 83, 102f
  Arguayo 106
  Auswärts essen 109f
  Autofahrt 163ff
  Bananera El Guanche 104f
  Einkaufen 110f
  Garachico 9, 22, 98f, 163
  Icod de los Vinos 9, 96f, 163
  In drei Tagen 86f
  Landkarte 84f
  La Orotava 8, 22f, 85, 88f
  Loro Parque 84, 104
  Masca 23, 85, 100f, 164
  Playa de San Marcos 105
  Pueblo Chico 105
  Puerto de la Cruz 9, 84, 93ff
  Punta de Teno 23, 106
  San Juan de la Rambla 105
  Übernachten 107f
  Unterhaltung 111f
Notfall-Telefonnummern 171

Observatorio Astrofísico de
  Izaña 119
Öffentliche Verkehrsmittel 33,
  34
Öffnungszeiten 40, 170
Orientierung 32
Orotava-Tal 112

Palmetum	58
Paradors	36
Parken	34
Parque Ecológico las Aguilas del Teide	125, 138
Parque García Sanabria	59
Parque Marítimo	57f
Parque Nacional de Garajonay	146, 150f
Parque Nacional del Teide	23, 118ff
Parques Exóticos	125
Pässe und Visa	168
Pedro, Hermano	130, 131
Pico del Teide	23, 25, 27, 113, 114, 118, 119, 120f
Pirámides de Güímar	126f
Piscinas naturales	78
Playa de las Américas	21, 115, 124
Playa de Antequera	56, 75
Playa de las Arenas	165, 166
Playa de la Caleta	145
Playa del Duque	125
Playa de las Gaviotas	56
Playa Jardín	93
Playa de la Rajita	152
Playa del Remo	146
Playa de San Juan	103
Playa de San Marcos	105
Playa de San Roque	75, 160
Playa San Telmo	93
Playa de Santiago	152
Playa de las Teresitas	23, 56
Polizei	171
Porís de Abona	131f
Postämter	170, 171
Pueblo Chico	105
Puerto de la Cruz	9, 20, 84, 93ff
Archäologisches Museum	94, 95
Botanischer Garten	95
Casa de Miranda	94
Castillo San Felipe	93
Ermita de San Telmo	93
Iglesia de Nuestra Señora de la Peña de Francia	94
Lago Martiánez	93
Parque Taoro	94
Playa Jardín	93
Playa San Telmo	93
Sitio Litre	112
Puerto de Santiago	103
Punta de Abona	131
Punta del Hidalgo	78
Punta de Teno	23, 106
Radfahren	34
Real Santuario del Santísimo Cristo	72
Reiseschecks	169
Reiseunterlagen	168
Ringen	28

Roque de las Ánimas	160
Roque Bermejo	75
Roque Chinchado	121
Roque de Taborno	74
Roques de García	24, 121
San Andrés	55f
Playa de las Teresitas	23, 56
San Juan de la Rambla	105
San Sebastián	144f
Casa de Colón	144
Iglesia de la Virgen de la Asunción	145
Torre del Conde	144
Santa Cruz de la Conquista	51
Santa Cruz de Tenerife	43ff
An einem Tag	46f
Auditorio	57
Auswärts essen	61
Castillo de San Juan	57
Círcule de Amistad II Enero	54
Einkaufen	63
Ermita de la Virgen de la Regla	57
Iglesia de Nuestra Señora de la Concepción	50f, 52
Iglesia de San Francisco	54
Karneval	6f, 64
Kunstmuseum	53f
Landkarte	45
Mercado de Nuestra Señora de Africa	58,63
Militärmuseum	59
Museum der Natur- und Menschheits- geschichte	51
Palmetum	58
Parque García Sanabria	59
Parque Marítimo	57f
Plaza 25 de Julio	58f
Plaza de la Candelaria	49
Plaza de España	45, 48f
Plaza de la Iglesia	50ff
Plaza del Príncipe de Asturias	53f
San Andrés	55f
Teatro Guimerá	21, 49, 64
Übernachten	60
Unterhaltung	20f, 64
Santiago del Teide	164
Schlucht der Hölle	158f
Schmetterlingsmuseum	97
Seilbahn	120
Selbstversorgerunterkünfte	35
Senioren	172
Siete Cañadas	121, 138
Silbo gomero	152, 156
Sitio Litre	112
Skifahren	122
Sonnenschutz	172
Sport	41f

Stockspiel	28
Studenten	172
Süden	113ff
Arico	132
Auswärts essen	135f
Candelaria	9, 128f
Costa Adeje	124f
Costa del Silencio	131
Einkaufen	137
El Médano	131
Granadilla de Abona	130f
In drei Tagen	116f
Landkarte	114f
Las Galletas	131
Los Cristianos	123f
Mirador de Don Martín	32
Parque Nacional del Teide	23, 118ff
Pirámides de Güímar	126f
Playa de las Américas	115, 124
Porís de Abona	131f
Übernachten	133f
Unterhaltung	137f
Vilaflor	130
Taborno	74, 162
Tacoronte	77
Iglesia del Cristo de los Dolores	77
Iglesia de Santa Catalina	77
Taganana	73f, 160
Tamargada	145
Tauchen und Schnorcheln	103, 112, 138, 149
Taxis	31, 34
Teatro Guimerá	21, 49, 64
Teleférico	120
Telefonieren	171
Teneriffa Zoo und Affenpark	125
Teno-Gebirge	163f
Toiletten	172
Torre del Conde	144
Touristeninformation	32, 168f
Touren, organisierte	42
Trinkgeld	38, 171
Trinkwasser	172
Übernachten	35f *siehe auch einzelne Regionen*
Unterhaltung	20f, 41f *siehe auch einzelne Regionen*
Valle Gran Rey	140, 141, 147ff
Vallehermosa	141, 145
Versicherung	172
Vilaflor	130
Vogelbeobachtung	82
Vulkanaktivität	24ff
Vueltas	149

Währung 169
Wal- und Delphinbeobachtung
42, 112, 138, 149, 156
Wanderungen & Touren
34, 42
La Gomera 149, 151, 156

Der Nordosten 73ff, 76f, 81, 82
Der Nordwesten 100, 106, 112
Der Süden 118ff, 158f
Wassersport 41, 82, 112, 138
Websites 168
Windsurfing 75, 82, 131, 138
Wirtschaft 15ff

Zahnärztlicher Service 172
Zeitzonen 169, 170
Zollbestimmungen 172
Zoos 104, 125

Abbildungsnachweis

Die Automobile Association dankt den folgenden Fotografen und Museen für Ihre Unterstützung bei der Herstellung dieses Buches.

Abkürzungen: (o) oben, (u) unten, (l) links, (r) rechts, (m) Mitte

Umschlag: (o) AA/C Jones; (u) AA/J Tims

5l Turismo de Tenerife; **5ul** AA/P Bennett; **5ur** AA/C Jones; **6/7** Cubo Images/Robert Harding; **9** Juan Medina/Reuters/Corbis; **10** AA/R Moore; **11** AA/R Moore; **12** Jerónimo Alba/Alamy; **13** JoeFoxTenerife/Alamy; **14** Turismo de Tenerife; **15** Turismo de Tenerife; **16** Mary Evans Picture Library; **17** The Art Archive/Harper Collins Publishers; **18** AA/C Sawyer; **19** Turismo de Tenerife; **20/21** Stephen Frink Collection/Alamy; **22/23** Turismo de Tenerife; **24** AA/C Jones; **25** Turismo de Tenerife; **26/27** AA/C Jones; **28** AA/C Sawyer; **29l** AA/C Jones; **29ul** AA/R Moore; **29ur** AA/C Jones; **43l** AA/C Jones; **43ul** AA/C Jones; **43ur** AA/C Jones; **44** Turismo de Tenerife; **46** Turismo de Tenerife; **47** AA/C Jones; **48** Hemis/Alamy; **49o** AA/J Tims; **49u** AA/R Moore; **50** AA/C Jones; **51** AA/C Jones; **52** AA/R Moore; **53** AA/C Sawyer; **54** AA/C Sawyer; **55** AA/C Jones; **56** Turismo de Tenerife; **57** AA/J Tims; **58o** AA/J Tims; **58u** AA/R Moore; **59** AA/C Sawyer; **65l** AA/J Tims; **65ul** AA/C Jones; **65ur** AA/J Tims; **66** AA/C Jones; **67o** AA/C Jones; **67u** AA/C Jones; **68** AA/J Tims; **69o** AA/C Jones; **69u** Turismo de Tenerife; **70** AA/C Jones; **71** AA/C Jones; **72** AA/C Jones; **73** AA/J Tims; **74** AA/C Sawyer; **75** AA/C Sawyer; **76** AA/C Jones; **77** AA/J Tims; **78** AA/C Jones; **83l** Turismo de Tenerife; **83ul** AA/N Setchfield; **83ur** AA/J Tims; **84** AA/C Jones; **85** AA/C Jones; **86** AA/K Paterson; **87o** AA/C Jones; **87u** AA/C Jones; **88/89** Rainer Jahns/Alamy; **89o** AA/C Jones; **90** AA/J Tims; **91** AA/C Jones; **92** AA/C Jones; **93** AA/C Sawyer; **94** Turismo de Tenerife; **95** AA/C Jones; **96** AA/C Sawyer; **97** AA/C Jones; **98** AA/C Jones; **99** AA/C Jones; **100** World Pictures/Photoshot; **101** LOOK Die Bildagentur der Fotografen GmbH/Alamy; **102** AA/R Moore; **103** Sergio Pitamitz/Robert Harding; **104** Turismo de Tenerife; **105** AA/C Jones; **106** AA/C Jones; **113l** AA/C Jones; **113ul** AA/C Jones; **113ur** Turismo de Tenerife; **115o** AA/J Tims; **115u** AA/J Tims; **116** AA/C Sawyer; **117** AA/C Jones; **118/119** AA/R Moore; **120** AA/C Jones; **121** AA/R Moore; **122** AA/C Sawyer; **123** AA/C Sawyer; **124** AA/C Jones; **125o** AA/R Moore; **126** AA/C Jones; **127** AA/C Jones; **128** AA/C Sawyer; **129** AA/R Moore; **130** Turismo de Tenerife; **131** AA/C Jones; **132** AA/C Jones; **139l** AA/C Jones; **139ul** AA/C Jones; **139ur** AA/C Jones; **140** AA/C Jones; **141o** AA/C Jones; **141u** AA/C Sawyer; **142** AA/C Sawyer; **143o** La Gomera Tourist Board; **143u** AA/L K Stow; **144** AA/C Jones; **145** AA/C Sawyer; **146** AA/C Sawyer; **147** AA/C Jones; **148** AA/C Sawyer; **149** AA/C Sawyer; **150** AA/C Sawyer; **151** AA/C Jones; **152** AA/C Sawyer; **157l** AA/C Jones; **157ul** AA/R Moore; **157ur** AA/C Jones; **158** AA/J Tims; **160** AA/C Jones; **162** AA/C Jones; **163** AA/R Moore; **164** AA/C Sawyer; **166** AA/C Jones; **167l** AA/R Moore; **167ul** AA/R Moore; **167ur** AA/J Tims; **171o** AA/C Jones; **171ul** AA/J Tims; **171ur** AA/J Tims.

Der Verlag hat keine Mühen gescheut die Copyright-Inhaber zu ermitteln, dennoch möchte sich der Verlag für mögliche Fehler entschuldigen. Hinweise und Korrekturen sind jederzeit willkommen.

Leserbefragung

Ihre Ratschläge, Urteile und Empfehlungen sind für uns sehr wichtig. Wir bemühen uns, unsere Reiseführer ständig zu verbessern. Wenn Sie sich ein paar Minuten Zeit nehmen, diesen kleinen Fragebogen auszufüllen, könnten Sie uns sehr dabei helfen.

Wenn Sie diese Seite nicht herausreißen möchten, können Sie uns auch eine Kopie schicken, oder Sie notieren Ihre Hinweise einfach auf einem separaten Blatt.

Bitte senden Sie Ihre Antwort an:
NATIONAL GEOGRAPHIC SPIRALLO-REISEFÜHRER, MAIRDUMONT GmbH & Co. KG,
Postfach 31 51, D-73751 Ostfildern,
E-Mail: spirallo@nationalgeographic.de

Über dieses Buch …
NATIONAL GEOGRAPHIC SPIRALLO-REISEFÜHRER TENERIFFA

Wo haben Sie das Buch gekauft? _____

Wann? Monat / Jahr

Warum haben Sie sich für einen Titel dieser Reihe entschieden? _____

_____

_____

_____

_____

_____

_____

Wie fanden Sie das Buch ?

Hervorragend ☐   Genau richtig ☐   Weitgehend gelungen ☐   Enttäuschend ☐

Können Sie uns Gründe angeben?

_____

_____

_____

_____

_____

_____

_____

Bitte umblättern …

Hat Ihnen etwas an diesem Führer ganz besonders gut gefallen?

_____
_____
_____
_____
_____

Was hätten wir besser machen können?

_____
_____
_____
_____
_____

Persönliche Angaben

Name _____

Adresse _____
_____
_____

Zu welcher Altersgruppe gehören Sie?
Unter 25 ☐   25–34 ☐   35–44 ☐   45–54 ☐   55–64 ☐   Über 65 ☐

Wie oft im Jahr fahren Sie in Urlaub?
Seltener als einmal ☐   Einmal ☐   Zweimal ☐   Dreimal oder öfter ☐

Wie sind Sie verreist?
Allein ☐   Mit Partner ☐   Mit Freunden ☐   Mit Familie ☐

Wie alt sind Ihre Kinder? _____

Über Ihre Reise …

Wann haben Sie die Reise gebucht? Monat / Jahr

Wann sind Sie verreist? Monat / Jahr

Wie lange waren Sie verreist? _____

War es eine Urlaubsreise oder ein beruflicher Aufenthalt? _____

Haben Sie noch weitere Reiseführer gekauft? ☐ Ja ☐ Nein

Wenn ja, welche? _____
_____

Herzlichen Dank dafür, dass Sie sich die Zeit genommen haben, diesen Fragebogen auszufüllen.